mémentos

APPRENDRE UTILE

2022/23

Droit constitutionnel et Institutions politiques

Jean-Claude Acquaviva

est Maître de conférences à l'Université de Corse.

Aline Gonzalez

est Docteur en droit Public, Avocat au Barreau de Nîmes et Chargée d'enseignement aux Universités de Montpellier et d'Aix-Marseille.

Suivez-nous sur www.gualino.fr

Contactez-nous gualino@lextenso.fr

1, Parvis de La Défense
92044 Paris La Défense Cedex
EAN 9782297201391
ISSN 2680-073X

mémentos

APPRENDRE UTILE

2022/23

Jean-Claude Acquaviva • Aline Gonzalez

Droit constitutionnel et Institutions politiques

25e

Cours intégral et synthétique + Tableaux et schémas

Gualino
un savoir-faire de Lextenso

mémentos

APPRENDRE UTILE

- C'est un cours complet et synthétique avec des aides pédagogiques différenciées.
- Il correspond à un enseignement dispensé en Licence et Master.
- Il est entièrement rédigé de manière structurée, claire et accessible.
- Il est à jour de l'actualité la plus récente.

Présentation

La discipline « Droit constitutionnel et institutions politiques » est l'une des matières les plus importantes pour les étudiants en 1re année de licence, pour ceux des Instituts d'études politiques et pour les candidats à certains concours de la fonction publique. D'une manière plus générale, elle concerne tous les citoyens qui désirent mieux connaître et mieux comprendre le fonctionnement des institutions politiques françaises.

La 25e édition de cet ouvrage présente, sous la forme de développements synthétiques, structurés et illustrés, l'ensemble des connaissances indispensables en droit constitutionnel et institutions politiques :

– ***la théorie générale du droit constitutionnel*** : l'État, la séparation des pouvoirs, la démocratie, la décentralisation, la Constitution, les exemples de la Grande-Bretagne, des États-Unis, de la Suisse et de l'Allemagne ;

– ***les institutions politiques françaises*** : l'histoire constitutionnelle, la présentation de la Ve République, le statut et les attributions du président de la République, le gouvernement, les parlementaires, le fonctionnement du Parlement, le domaine de la loi, l'élaboration des lois, le contrôle parlementaire sur le gouvernement et le Conseil constitutionnel.

L'étudiant qui souhaite « aller plus loin » trouvera, à la fin de chaque chapitre et à la fin du livre, une bibliographie sélective.

Plan de cours

PARTIE 1
Théorie générale du droit constitutionnel

PLAN DE COURS

PARTIE 2
Les institutions politiques françaises

PLAN DE COURS

PLAN DE COURS

Chapitre 15 Les parlementaires 177

Chapitre 16 Le fonctionnement du Parlement 189

PLAN DE COURS

Chapitre 17 Le domaine de la loi

Introduction

On distingue traditionnellement le droit privé, qui régit les particuliers, et le droit public, qui régit les États.

Le droit public comprend le droit international public, qui concerne les rapports entre États, et le droit public interne, qui se subdivise en trois branches : deux d'entre elles – le droit administratif et le droit financier – régissent, comme leurs noms l'indiquent, l'administration et les finances publiques. La troisième – le droit constitutionnel – assume la tâche délicate d'encadrer le pouvoir politique. Il convient de dire quelques mots de sa définition et de son étude.

1. LA DÉFINITION DU DROIT CONSTITUTIONNEL

On peut l'appréhender sous deux angles complémentaires.

A - Le droit constitutionnel détermine le statut de l'État

Comme l'écrivent MM. Prélot et Boulouis, il comprend « l'ensemble des institutions grâce auxquelles le pouvoir s'établit, s'exerce ou se transmet dans l'État ».

L'adjectif constitutionnel vient du fait que les règles essentielles qui encadrent le pouvoir de l'État sont généralement contenues dans une loi spéciale qu'on appelle la Constitution. Il est intéressant de prolonger cette définition par l'examen de la finalité du droit constitutionnel.

B - Le droit constitutionnel garantit les libertés des gouvernés

Le droit constitutionnel, comme l'ensemble du droit public, est plus récent et moins élaboré que le droit privé.

La raison de ce décalage est simple : les États ont très tôt conçu le droit privé afin d'encadrer l'activité des particuliers, mais ils ne se sont soumis eux-mêmes à des règles de droit – droit public, et en particulier, droit constitutionnel – que sous la pression des gouvernés qui entendaient défendre leurs libertés contre le pouvoir : les Constitutions sont nées de la volonté de limiter l'arbitraire du pouvoir royal ; la première Constitution écrite française date de 1791 ; elle est le fruit de la Révolution de 1789.

Le droit constitutionnel a donc pour but d'encadrer le pouvoir de l'État afin qu'il n'étouffe pas les libertés des individus. Comme l'écrivent MM. A. Hauriou et J. Gicquel, sa mission consiste à « organiser, dans le cadre de l'État, une coexistence pacifique du pouvoir et de la liberté ».

Ce qu'il est convenu d'appeler les libertés publiques, c'est-à-dire les libertés reconnues et garanties par l'État, le plus souvent dans sa Constitution, doit donc être rattaché au droit constitutionnel ; mais l'étude de ces libertés fait l'objet d'un cours distinct, enseigné en troisième année de licence. L'étude du droit constitutionnel menée en première année de licence s'en trouve quelque peu appauvrie, mais elle est en revanche enrichie par un apport extérieur au droit.

2. L'ÉTUDE DU DROIT CONSTITUTIONNEL : SON ENRICHISSEMENT PAR LA SCIENCE POLITIQUE

En 1954, les programmes officiels ont transformé l'intitulé du cours de droit constitutionnel en lui ajoutant l'expression institutions politiques. Certains auteurs ont même remplacé institutions politiques par science politique.

Pour appréhender ces modifications, il faut définir les institutions politiques et la science politique.

A - Les institutions politiques

1) La notion d'institution

Elle a été définie par le doyen Maurice Hauriou.

Une institution est une organisation qui acquiert la permanence, survit à ses fondateurs, parce qu'elle a été créée en vue de la réalisation d'une idée, et que cette idée a suscité de nombreuses adhésions.

Exemple : les associations et les partis politiques.

2) L'adjectif politique

Il vient du grec *polis* qui signifie la cité. Il désigne tout ce qui concerne le pouvoir. Les partis et les associations sont donc des institutions politiques car ils sont liés au pouvoir ou font pression sur lui.

Or, les partis et les associations ne rentrent pas toujours dans le cadre du droit constitutionnel. Pourtant, leur étude peut permettre de comprendre bien des mécanismes intéressants. C'est en cela que les institutions politiques complètent le droit constitutionnel.

B - La science politique

Si l'on parle non plus d'institutions mais de science politique, on élargit encore les perspectives, car les institutions ne sont que les organisations durables. Or, la science politique étudie même les phénomènes passagers, si ces phénomènes contribuent à une meilleure connaissance du pouvoir.

Exemple : tel sondage d'opinion, qui reflète l'humeur du public à un instant donné.

La science politique se donne pour objet l'étude du pouvoir en employant les méthodes de la sociologie. Comme toute discipline scientifique, elle se veut objective, donc, se contente d'observer la politique d'une manière impartiale.

Selon certains, la science politique a maintenant absorbé le droit constitutionnel. En fait, les deux disciplines restent distinctes, mais elles sont complémentaires.

Le droit constitutionnel	La science politique
Comme toute discipline juridique, il a un caractère normatif : il dit ce qui devrait être.	Comme la sociologie, elle a un caractère descriptif : elle dit simplement ce qui est.

L'étude du droit constitutionnel et des institutions politiques se subdivise traditionnellement en deux parties :
- la théorie générale du droit constitutionnel ;
- les institutions politiques françaises.

BIBLIOGRAPHIE

GICQUEL (J.) et GICQUEL (J.-E.), *Droit constitutionnel et institutions politiques*, 34e éd., 2020-2021, LGDJ, Précis Domat.

HAURIOU (M.), *Précis de droit constitutionnel*, 1929, Sirey, rééd. 1965, CNRS.

PRÉLOT (M.) et BOULOUIS (J.), *Institutions politiques et droit constitutionnel*, 1990, Dalloz.

PARTIE 1

Théorie générale du droit constitutionnel

CHAPITRE 1

L'État

Le mot État est employé dans deux sens différents mais complémentaires :
- *le sens large* : l'État désigne le pays dans son ensemble ;
- *le sens étroit* : l'État désigne seulement l'appareil politique qui dirige le pays.

1 • L'ÉTAT AU SENS LARGE

L'État est un groupe humain, vivant sur un territoire et dirigé par un pouvoir.

A - Le groupe humain : la nation

La nation n'est pas seulement une addition d'individus. C'est une communauté, c'est-à-dire un groupe présentant une certaine cohésion.

Il y a un désaccord sur les raisons de cette cohérence :
- certains ont une conception objective de la nation ;
- d'autres en ont une conception subjective.

1) La conception objective de la nation

Selon cette conception, les individus sont intégrés malgré eux dans une nation, car celle-ci se définit par des critères indépendants de leur volonté. Ainsi, il y a eu une conception allemande de la nation, fondée sur la race. Cette doctrine a donné lieu au nazisme. Elle est donc discréditée.

Un autre critère objectif est parfois avancé : c'est celui de la langue. Il est vrai que l'usage d'une même langue favorise l'intégration, mais il n'en existe pas moins des nations où l'on parle différentes langues, comme la Suisse par exemple.

2) La conception subjective de la nation

Selon cette conception, les individus forment une nation parce qu'ils le veulent bien. Quelle que soit leur race, quelle que soit leur langue, ils ont la volonté de vivre ensemble.

Bien sûr, il y a certains éléments qui suscitent ou qui renforcent cette volonté : à l'origine, il peut y avoir une communauté d'intérêts économiques, par exemple, et puis au fil du temps, se forge une communauté de souvenirs, heureux ou malheureux, tels que la prospérité ou la guerre.

Cette conception est la conception française. Elle a été défendue à la fin du XIXe siècle par Fustel de Coulanges, qui répondait à l'Allemand Mommsen. Ce dernier se servait de la conception raciale et linguistique de la nation pour justifier l'annexion de l'Alsace par l'Allemagne.

B - Le territoire

Le territoire a une très grande importance pour l'État. Maurice Hauriou a défini l'État comme « un phénomène essentiellement spatial ». Il peut exister temporairement une nation sans territoire, mais il ne peut exister d'État sans territoire.

Il faut distinguer les conceptions archaïques et la conception moderne du territoire.

1) Les conceptions archaïques du territoire

Ce sont les conceptions du territoire-objet et du territoire-sujet :

– la conception du territoire-objet fait du territoire ***la propriété de l'État***. Cette conception est en réalité antérieure à l'État. Elle avait cours au temps de la féodalité. Le seigneur, propriétaire des terres, se comportait aussi en propriétaire des hommes. On confondait la propriété, notion de droit privé, avec le pouvoir politique, notion de droit public. L'État moderne a mis fin à cette confusion. Désormais, les gouvernants ne sont heureusement propriétaires ni du pouvoir, ni du territoire, ni des gouvernés ;

– la conception du territoire-sujet est liée à ***une vision organiciste de l'État complètement dépassée***. Selon cette vision, l'État serait comparable à un être vivant. Les auteurs qui défendaient cette doctrine croyaient donc pouvoir transposer les connaissances acquises en matière de biologie sur le plan de la sociologie. Les résultats étaient désastreux car en appliquant aux États les théories de Darwin concernant les animaux, on aboutissait à justifier la guerre. Seuls, les États les plus forts devaient survivre en éliminant les plus faibles.

2) La conception moderne du territoire

Le territoire est tout simplement le cadre de l'exercice des compétences de l'État. Cette conception a été proposée au début du XXe siècle par Léon Duguit sous le nom de territoire-limite. Elle a l'avantage de la simplicité. L'État exerce une autorité exclusive dans les limites de son territoire.

C - Le pouvoir

Le sociologue allemand Max Weber a réussi à dégager le critère qui caractérise le pouvoir de l'État : c'est « le monopole de la contrainte physique légitime ». L'État détient en effet la force publique : police et armée. Cela lui permet de faire respecter ses décisions.

Lorsque dans une société, se créent des milices privées, c'est que l'État se désagrège.

L'exemple du Liban a été révélateur à cet égard.

Le pouvoir, c'est l'État au sens étroit.

2. L'ÉTAT AU SENS ÉTROIT

En ce sens, l'État désigne les gouvernants, par opposition aux gouvernés. L'État ainsi entendu se compose de trois éléments : c'est une personne morale, souveraine mais limitée par le droit.

A - La personnalité morale

1) *La notion de personnalité morale*

Les personnes, c'est-à-dire les individus, sont titulaires de droits et d'obligations. On va considérer l'État comme une personne collective. Donc, tout comme les personnes qui le composent, il va avoir ses droits et ses obligations. C'est ce qu'on appelle la personnalité morale.

Il y a eu un débat sur la personnalité morale de l'État :

- certains auteurs, comme Léon Duguit, critiquaient cette notion en disant qu'elle n'est qu'une fiction ;
- d'autres auteurs, comme Maurice Hauriou, sont allés jusqu'à dire que la personnalité morale de l'État est un phénomène naturel qui vient du fait que l'idée d'entreprise qui est à la base de l'État dépasse en importance les individus qui le composent.

En réalité, la personnalité morale semble bien être une fiction, un artifice imaginé par les juristes, mais c'est une fiction utile.

2) *Les avantages de la personnalité morale de l'État*

La personnalité morale de l'État est le résultat de son institutionnalisation, c'est-à-dire que l'État se détache en quelque sorte de ses fondateurs, et leur survit, parce que l'idée qu'il véhicule entraîne l'adhésion de ses bénéficiaires. Cela présente ***deux avantages*** :

- premier avantage : cela permet d'***éviter la confusion entre l'État et les gouvernants.*** Le pouvoir n'est plus individualisé, c'est-à-dire confondu avec la personne qui l'assume, mais institutionnalisé, c'est-à-dire distinct de celui qui l'exerce. Les gouvernants ne peuvent plus se comporter en propriétaires du pouvoir, du territoire et des gouvernés ; ce qui garantit la liberté de ces derniers ;
- deuxième avantage : ***l'État*** étant une personne distincte de ceux qui le composent, il ***est permanent***. Les gouvernants représentent l'État, mettent en œuvre ses droits et ses obligations. Mais lorsque les gouvernants changent, l'État demeure. C'est ce qu'on appelle la continuité de l'État. Cela implique que les gouvernants actuels soient liés par les actes de leurs prédécesseurs.

B - La souveraineté

La notion de souveraineté, imaginée par le légiste Jean Bodin au XVIe siècle en réaction contre le morcellement du pouvoir politique dans la féodalité, est à l'origine de l'État moderne. Cette notion caractérise l'État : seuls, les États sont souverains.

La souveraineté comporte ***deux aspects*** :

- premier aspect : ***la souveraineté externe***, qui est l'indépendance de l'État à l'égard des puissances étrangères ;
- deuxième aspect : ***la souveraineté interne***, qui est la supériorité de l'État par rapport à tous les individus et à tous les groupes qui se trouvent sur son territoire.

Aux XIXe et XXe siècles, d'éminents juristes ont défini la souveraineté.

Le Français Laferrière a expliqué que c'était un pouvoir de droit, initial, inconditionné et suprême :

- ***de droit***, parce qu'il s'inscrit dans une Constitution ;
- ***initial***, parce que toutes les normes de droit interne procèdent de lui ;
- ***inconditionné***, parce que lui-même ne procède d'aucune norme extérieure ;
- ***suprême***, parce qu'aucun pouvoir ne lui est supérieur dans l'ordre international, et tous lui sont inférieurs dans l'ordre interne.

L'Allemand Jellinek a résumé tout cela en disant que l'État est souverain parce qu'il est le seul à avoir « la compétence de ses compétences ».

Sous la monarchie, c'était le roi qui était titulaire de la souveraineté, parce qu'il l'avait reçue de Dieu.

Puis, à la Révolution, on a admis que la souveraineté appartenait à l'ensemble des citoyens qui pouvaient soit l'exercer par eux-mêmes, soit la déléguer à des gouvernants.

C - La limitation par le droit

Les juristes ont forgé la notion de souveraineté, mais ils ne l'ont jamais confondue avec la notion d'arbitraire. L'État est souverain, mais il doit être aussi limité par le droit, et notamment par le droit constitutionnel. Lorsque cette limitation échoue, on est en présence d'États despotiques ou totalitaires ; lorsqu'elle réussit, on est en présence d'États de droit.

Tous les juristes s'accordent sur la nécessité de limiter l'État par le droit, mais ils se divisent sur les modalités de cette limitation :

- pour ***les positivistes***, il n'existe qu'un seul droit : celui qui est posé par l'État. Donc, la limitation de l'État ne peut être qu'une autolimitation ;
- pour ***les jusnaturalistes***, au contraire, il existe un droit naturel, supérieur à l'État, mais ni son origine, ni son contenu ne sont bien définis ;
- certains ***juristes*** ont donc tenté de « renvoyer dos à dos » positivistes et jusnaturalistes en élaborant leurs propres théories.

1) Les théories positivistes

La théorie de Hans Kelsen est appelée le ***normativisme***. Elle prétend qu'il y a une confusion totale entre l'État et le droit. L'État ne serait que « l'ensemble des règles juridiques qui sont applicables à un groupe humain déterminé, sur un territoire donné ». En d'autres termes, il ne serait qu'un système de normes. Donc, si l'État est le droit, sa limitation ne peut être qu'une autolimitation.

La théorie de Raymond Carré de Malberg prétend que ***l'État crée le droit***. Il n'existerait pas de droit antérieur à l'État. Là encore, la limitation de l'État ne peut être qu'une autolimitation. Mais Carré de Malberg fait valoir que l'État a une bonne raison de s'autolimiter : c'est que s'il ne respecte pas lui-même le droit qu'il pose, il risque d'avoir du mal à exiger des gouvernés le respect de ce droit.

2) Les théories jusnaturalistes

Toutes croient en un droit supérieur et antérieur à l'État, mais le désaccord règne quant à l'origine de ce droit :

- de l'Antiquité jusqu'au XVIIe siècle, on pensait que ce droit avait une origine divine ;
- à partir du XVIIe siècle, on a plutôt pensé à une origine rationnelle ; ce serait la raison qui permettrait d'en découvrir les règles ;
- au XVIIIe siècle, on parle surtout des droits naturels, c'est-à-dire des droits de l'homme. Pour Jean-Jacques Rousseau, notamment, les hommes auraient primitivement vécu dans un état de nature antérieur à la société et a fortiori à l'État ; et c'est par un contrat – le contrat social – qu'ils auraient créé la société et l'État.

Les révolutionnaires s'inspireront de cette doctrine lorsqu'ils rédigeront la Déclaration des droits de l'Homme et du citoyen de 1789. Selon cette Déclaration, l'État se doit de conserver les droits naturels de l'homme. Cette théorie ne prétend pas décrire un processus historique. C'est simplement une manière de dire que le pouvoir ne peut se créer valablement sans un minimum de consentement de la part des gouvernés.

3) *Les théories* sui generis

La théorie de Léon Duguit est appelée ***théorie du droit objectif***. Comme les jusnaturalistes, Duguit pense qu'il existe un droit supérieur et extérieur à l'État. Mais il critique les jusnaturalistes pour leur discours métaphysique. Sa propre théorie se veut au contraire scientifique. Elle se base sur la sociologie. Pour lui, le droit émane de la société. Il varie donc avec les changements sociaux, ce qui le distingue du droit naturel qui est censé être immuable. L'État est, selon Duguit, le produit d'un rapport de force. Il n'a aucun fondement juridique, mais il est obligé de respecter le droit objectif car dans le cas contraire, les gouvernés n'obéiraient plus.

La théorie de Maurice Hauriou est basée sur ***la notion d'institution***. Hauriou rectifie la théorie du contrat social. Pour lui, l'État résulte bien d'un accord de volontés, mais l'accord n'est pas un contrat, c'est une fondation. Dans un contrat, chaque partie a un but différent, alors que la fondation ou institution est le fruit de volontés tendant vers un même but. L'État est créé pour réaliser une idée d'ordre social à laquelle les individus adhèrent et qui lui permet de survivre à ses fondateurs. C'est donc sa logique propre – son institutionnalisation – qui l'entraîne à respecter le droit pour l'avènement duquel il a vu le jour.

Ces divergences doctrinales ne concernent en rien les modalités de la limitation de l'État par le droit constitutionnel, qui consistent dans :

- la séparation des pouvoirs (Chapitre 2) ;
- la participation des gouvernés au pouvoir ou démocratie (Chapitre 3) ;
- la décentralisation du pouvoir (Chapitre 4).

Ces différents moyens sont mis en œuvre par la Constitution (Chapitre 5), qui représente l'instrument de la limitation.

Leur efficacité varie avec les époques et les pays. Si l'État de droit est acquis depuis longtemps en Grande-Bretagne (Chapitre 6), aux États-Unis (Chapitre 7) ou en Suisse (Chapitre 8), il est plus récent en Allemagne (Chapitre 9).

BIBLIOGRAPHIE

BURDEAU (G.), *L'État*, 1970, Le Seuil, Points.

CARRÉ DE MALBERG (R.), *Contribution à la théorie générale de l'État*, 1922, Sirey, 2 tomes, rééd. 1962, CNRS.

DUGUIT (L.), *Traité de droit constitutionnel*, 1929, De Boccard, 5 vols., rééd. 1972, CNRS.

HAURIOU (M.), *Précis de droit constitutionnel*, 1929, Sirey, rééd. 1965, CNRS.

KELSEN (H.), « Aperçu d'une théorie générale de l'État », RDP 1926, p. 561.

KELSEN (H.), *Théorie pure du droit*, 1962, Dalloz, rééd. 1999, LGDJ-Bruylant, La Pensée juridique.

ROUSSEAU (J.-J.), *Du contrat social*, 1762, rééd. 2011, Poche.

WEBER (M.), *Le savant et le politique*, 1919.

CHAPITRE 2

La séparation des pouvoirs

1. LE PRINCIPE DE LA SÉPARATION DES POUVOIRS

Le principe de la séparation des pouvoirs a d'abord été dégagé empiriquement en Angleterre. Puis, à la suite de cette expérience, il a été exprimé théoriquement par Locke et par Montesquieu.

A - L'origine empirique de la séparation des pouvoirs en Angleterre

Au Moyen Âge, le régime féodal s'étendait sur toute l'Europe et la coutume féodale voulait que les rois convoquent de temps à autre leurs vassaux pour leur demander conseil.

Au XIe siècle, l'Angleterre était une monarchie absolue, c'est-à-dire que le roi détenait à la fois le pouvoir de faire les lois (pouvoir législatif) et celui de les exécuter (pouvoir exécutif). Seulement, cette monarchie absolue allait peu à peu se tempérer grâce à la coutume féodale de la réunion des vassaux.

Le roi réunissait les barons du royaume en une assemblée qu'on appelait le Grand Conseil et il consultait ces barons sur l'exercice de son pouvoir législatif.

Au début, le roi ne réunissait cette assemblée que lorsqu'il le voulait bien. De plus, l'assemblée n'avait qu'un pouvoir consultatif, c'est-à-dire que le roi pouvait ne pas suivre ses avis.

Mais le Grand Conseil allait prendre de plus en plus d'importance.

À la fin du XIIe siècle, il se réunissait périodiquement.

Au début du XIIIe siècle, par la Grande Charte de 1215, le roi (Jean sans Terre) s'est engagé à ne plus lever d'impôt sans le consentement du Conseil et a reconnu à ce dernier le droit de lui présenter des pétitions.

Au milieu du XIIIe siècle, la composition du Conseil s'est élargie. À côté des barons, le roi a convoqué des représentants des bourgs et des comtés. L'assemblée s'est alors divisée en deux chambres :

- ***le Grand Conseil*** proprement dit, qui réunissait les nobles ;
- ***le Conseil des communes*** qui réunissait les roturiers.

On voit déjà s'esquisser ce qui deviendra le Parlement anglais, avec la Chambre des lords et la Chambre des communes. Mais pour devenir un Parlement au sens où nous l'entendons aujourd'hui, le Conseil a dû conquérir le pouvoir législatif.

Il a conquis ce pouvoir très simplement.

La Charte de 1215 lui ayant donné le double pouvoir de faire des pétitions et de consentir à l'impôt, il a utilisé le pouvoir financier pour faire pression sur le roi.

Il élaborait des propositions de loi par une discussion entre ses deux chambres, puis il utilisait son droit de pétition pour demander au roi d'adopter ces propositions. Si le monarque manifestait une réticence, le Conseil le menaçait de ne pas donner son consentement à l'impôt.

Au XVIe siècle, les rois sont parvenus à reprendre le dessus et à restaurer la monarchie absolue.

Mais en 1628, le Parlement a rédigé une pétition des droits, qui contenait une liste de libertés et le roi (Charles 1er) a été obligé de l'adopter pour pouvoir prélever ses impôts.

Le non-respect de cette pétition par le monarque a provoqué une révolution en 1640, au cours de laquelle Charles 1er a été exécuté. Par la suite, les rois d'Angleterre ont montré beaucoup d'égards vis-à-vis du Parlement.

En 1689, cent ans avant notre Révolution française, le roi (Guillaume III) a accepté un nouveau texte élaboré par le Parlement, le Bill des droits, qui interdit au monarque de suspendre l'exécution des lois ou de dispenser certains privilégiés de leur application.

C'est ainsi qu'en Angleterre, la confusion des pouvoirs législatif et exécutif entre les mains du roi a laissé place à une séparation des pouvoirs :

- un Parlement élabore les lois et en contrôle l'exécution ;
- le roi ne fait qu'exécuter les lois sous la surveillance du Parlement.

Cette évolution a été possible parce que la féodalité n'a pas affaibli le pouvoir royal ; la noblesse féodale et la bourgeoisie, qui devaient former le Parlement, ont été conduites à s'unir contre le roi.

En France, c'est l'évolution inverse qui s'est produite. La féodalité a presque effacé le pouvoir royal ; donc, c'est la noblesse féodale qui a opprimé la bourgeoisie ; celle-ci s'est alors alliée avec le roi contre la noblesse féodale, et a renforcé le monarque. De plus, les états généraux, qui étaient l'équivalent français du Grand Conseil, n'étaient pas divisés en deux ordres mais en trois (noblesse, clergé et tiers état), ce qui a favorisé leur désunion.

La France est donc passée de la monarchie limitée à la monarchie absolue et il a fallu la Révolution de 1789 pour conquérir la séparation des pouvoirs. Mais avant cela, deux grands auteurs en avaient exprimé la théorie.

B - L'expression théorique de la séparation des pouvoirs

Le premier auteur à avoir traité de la question est naturellement un anglais : c'est John Locke. Mais l'auteur qui en a donné l'expression la plus achevée est le français Montesquieu.

1) John Locke

À la fin du XVIIe siècle (1690), John Locke publie un ouvrage intitulé « *Essai sur le gouvernement civil* » où il tire les enseignements de ce qui s'est passé dans son pays, c'est-à-dire de l'émergence d'un Parlement distinct du roi et qui s'impose à ce dernier.

D'après Locke, il devrait exister trois pouvoirs dans l'État :

- ***le pouvoir législatif***, qui s'acquitte de la noble tâche de fixer les finalités de l'action politique et qui doit appartenir au Parlement, c'est-à-dire à l'organe le plus représentatif de la population ;
- ***le pouvoir exécutif***, qui ne s'occupe que de l'application des lois et de la gestion des affaires ;
- ***le pouvoir confédératif***, qui se consacre aux rapports internationaux (diplomatie, armée).

Dans la théorie de Locke, les pouvoirs exécutif et confédératif doivent être réunis car ils disposent tous deux de la force publique, qui exige des commandements cohérents.

En revanche, les pouvoirs législatif et exécutif doivent être séparés, car s'ils étaient aux mains des mêmes personnes, celles-ci pourraient se dispenser d'obéir aux lois qu'elles font.

Locke ne parle pas de pouvoir juridictionnel.

2) Montesquieu

Montesquieu est considéré comme l'un des précurseurs de la science politique.

Son livre intitulé *De l'Esprit des lois* paraît au milieu du XVIIIe siècle (1748), mais il est déjà basé sur l'observation des mœurs telle que la pratiqueront les sociologues aux XIXe et XXe siècles. Il avait donc observé la société anglaise et il en avait retiré cette originalité que constituait la séparation des pouvoirs. Il avait quelque peu idéalisé la réalité anglaise de l'époque pour forger sa théorie.

Dans cette théorie, il distingue trois pouvoirs :

- le pouvoir de faire les lois, ou ***puissance législative*** ;
- le pouvoir de les exécuter, ou ***puissance exécutrice*** (nous dirions aujourd'hui exécutive) ;
- le pouvoir de punir les infractions et de trancher les différends selon la loi, ou ***puissance de juger*** (nous dirions aujourd'hui juridictionnelle).

S'il a ajouté ce troisième pouvoir, c'est parce qu'il était magistrat. Mais en fait, il était conscient de la différence existant entre le juge et les autres pouvoirs : le juge ne fait pas partie des gouvernants.

S'agissant des gouvernants proprement dits, Montesquieu pose le problème et en donne la solution :

- ***le problème***, c'est que « Tout homme qui a du pouvoir est porté à en abuser (...). Lorsque dans la même personne (...) la puissance législative est réunie à la puissance exécutrice, il n'y a point de liberté, parce qu'on peut craindre que le même monarque (...) ne fasse des lois tyranniques pour les exécuter tyranniquement » ;
- ***la solution*** : « Pour qu'on ne puisse pas abuser du pouvoir, il faut que, par la disposition des choses, le pouvoir arrête le pouvoir. »

On s'est beaucoup interrogé sur le sens exact de la pensée de Montesquieu. Il est évident qu'il voulait séparer les organes : un Parlement et un gouvernement. Mais voulait-il vraiment séparer les fonctions, c'est-à-dire cantonner chaque organe dans sa fonction ?

Ses contemporains avaient jugé qu'il prônait une séparation des fonctions : un Parlement qui aurait pour tâche exclusive de faire les lois et un gouvernement qui aurait pour seul rôle de les exécuter.

Mais des auteurs du XXe siècle ont remarqué une phrase qui était passée jusque-là inaperçue : « Ces puissances seront forcées d'aller de concert. » Cela peut vouloir dire :

– le gouvernement a pour rôle principal et non exclusif d'exécuter les lois. Il peut accessoirement participer à leur élaboration ;
– le Parlement a pour tâche principale et non exclusive de faire les lois. Il peut accessoirement contrôler leur exécution.

2. LES MODALITÉS DE LA SÉPARATION DES POUVOIRS

La pratique de la séparation des pouvoirs a donné lieu à trois types de régimes : le régime parlementaire, le régime présidentiel et le régime d'assemblée.

A - La séparation souple des pouvoirs ou régime parlementaire

1) *L'historique du régime parlementaire*

Ce régime est né en Angleterre.

Face à l'émergence d'un Parlement qui a réussi à conquérir le pouvoir législatif, le roi anglais, dès le XVIIe siècle, a commencé à s'entourer de conseillers qu'on a appelés des ministres.

Puis les ministres se sont regroupés, constituant ce qu'on a dénommé le cabinet ou le gouvernement au sens étroit du terme. Ce gouvernement a fini par devenir un second organe de l'exécutif, distinct du roi.

Cette distinction entre le roi et le cabinet est due au fait que l'un des rois d'Angleterre, par les hasards de la généalogie, venait d'Europe continentale (l'Allemagne actuelle), et ne parlait pas l'anglais ! Ce monarque, George 1er, n'assistait donc pas aux réunions de son gouvernement. Les ministres se réunissaient dans une petite pièce, le cabinet, qui donnera son nom au gouvernement. L'un des ministres venait avec un interprète faire des comptes rendus au roi ; c'est ainsi qu'est né le Premier ministre.

Au début, les ministres ne dépendaient que du roi, qui les nommait et les révoquait à sa guise.

Mais le Parlement n'allait pas tarder à intervenir dans ce processus. Au XVIIIe siècle, les chambres étaient devenues tellement puissantes que le roi a jugé plus prudent de choisir ses ministres parmi les parlementaires.

Malgré cela, le Parlement a instauré une procédure lui permettant de juger les ministres qui avaient commis une faute grave, un acte criminel, dans l'exercice de leurs fonctions. Cette procédure portait le nom d'impeachment. La Chambre des communes jouait le rôle d'accusateur et la Chambre des lords, celui de juge. Les sanctions étaient très lourdes : elles pouvaient aller jusqu'à la peine de mort !

Le Parlement s'est peu à peu servi de cette procédure pour exercer une pression sur les ministres : les parlementaires menaçaient de mettre en œuvre l'impeachment lorsque la politique menée ne leur convenait pas. Même si les membres du gouvernement n'avaient rien à se reprocher, ils craignaient les enquêtes qui ne manqueraient pas d'être déclenchées sur leur gestion et préféraient démissionner.

Le résultat, c'est qu'ils n'étaient plus seulement responsables pénalement et individuellement, mais encore politiquement et collectivement devant le Parlement (lorsqu'il s'agit de politique, le cabinet est solidaire et tous ses membres se démettent).

Cependant, certains Premiers ministres avaient trouvé la riposte : puisque la Chambre des communes était élue, ils demandaient au roi de la dissoudre, c'est-à-dire de renvoyer les députés devant leurs électeurs.

Le peuple jouait donc un rôle d'arbitre dans le conflit entre le gouvernement et le Parlement. Si les députés hostiles au gouvernement étaient de nouveau majoritaires, celui-ci n'avait plus qu'à démissionner. Si les députés favorables au gouvernement devenaient majoritaires, l'exécutif triomphait.

En résumé, l'histoire du régime anglais s'est traduite par un effacement progressif du roi (légitimité héréditaire) et un renforcement corrélatif du Parlement (légitimité essentiellement démocratique). On peut y distinguer trois phases :

- la phase de ***monarchie limitée***, durant laquelle le Parlement conquiert le pouvoir législatif détenu auparavant par le monarque absolu. Ce dernier conserve toutefois le pouvoir de choisir et de révoquer ses ministres ;
- la phase de ***parlementarisme dualiste***, appelée ainsi parce que le cabinet est à la fois responsable devant le roi (qui conserve le pouvoir de le faire démissionner) et devant le Parlement (qui acquiert aussi ce pouvoir) ;
- la phase de ***parlementarisme moniste***, qui est la situation actuelle, où le cabinet n'est plus responsable que devant le Parlement. Le monarque a perdu son pouvoir de révoquer ses ministres.

2) Les caractéristiques du régime parlementaire

Trois caractéristiques.

a) L'exécutif est divisé en deux éléments

Le premier élément est stable : c'est le chef de l'État. Sa stabilité vient de son irresponsabilité politique. Le Parlement ne peut faire démissionner que les ministres. Sa stabilité tient aussi à la durée. Soit c'est un monarque (Angleterre) ; soit c'est un Président élu pour un long mandat par le Parlement (IIIe et IVe Républiques françaises). Ses pouvoirs sont variables suivant le type de parlementarisme :

Dans un parlementarisme dualiste	Dans un parlementarisme moniste
Il joue un rôle dans la détermination de la politique, et il peut révoquer les ministres au même titre que le Parlement (ce type de régime appartient plutôt au passé).	Il ne joue qu'un rôle symbolique et n'a plus le pouvoir de révoquer les ministres.

Le deuxième élément de l'exécutif est instable : c'est le gouvernement ou cabinet. Les ministres sont dirigés par un chef de gouvernement appelé le Premier ministre. Celui-ci est nommé par le chef de l'État. Les autres ministres le sont aussi, mais sur la proposition du premier d'entre eux. Les membres du gouvernement sont pris parmi les parlementaires et il faut que leur nomination soit acceptée par un vote du Parlement. Une fois en place, ils ont constamment besoin du soutien de la majorité parlementaire pour se maintenir au pouvoir car ils sont solidairement responsables de leur politique devant le Parlement.

b) Le gouvernement est responsable devant le Parlement

C'est le critère essentiel.

Le Parlement participe à la fonction exécutive en contrôlant l'action du gouvernement, et dans le cas où celle-ci ne le satisfait pas, il peut renverser le cabinet.

Lorsque le Parlement est bicaméral, c'est-à-dire divisé en deux chambres, c'est en principe la chambre élue au suffrage universel direct qui peut mettre en cause la responsabilité des ministres.

Il y a deux moyens pour vérifier si le gouvernement a la confiance de la majorité de la chambre :

Un moyen à l'initiative du gouvernement	Un moyen à l'initiative des députés
La ***question de confiance***. Un ministre, généralement le chef du gouvernement, pose la question, et l'Assemblée y répond par un vote.	Un certain nombre d'entre eux, hostiles au gouvernement, proposent un texte, appelé ***motion de défiance***, énumérant les griefs contre la politique menée. L'assemblée vote pour ou contre ce texte.

Dans les deux cas, si les votes de défiance l'emportent sur les votes de confiance, le gouvernement doit démissionner. Mais il peut alors dissoudre l'Assemblée.

c) Le gouvernement peut dissoudre le Parlement

Le gouvernement participe à la fonction législative en ayant le droit de déposer des projets de loi. Cela constitue le pendant à la participation du Parlement à la fonction exécutive. Mais surtout, le gouvernement dispose d'un moyen d'action sur le Parlement en ayant le droit de le dissoudre. Cela représente la riposte au droit de révocation exercé par le Parlement.

Lorsque le Parlement est bicaméral, c'est la chambre élue au suffrage universel direct qui peut être dissoute. On procède alors à de nouvelles élections qui donnent la possibilité au peuple d'arbitrer entre les deux pouvoirs.

En résumé, le régime parlementaire est un régime de séparation souple des pouvoirs car chacun des deux organes participe à la fonction de l'autre et dispose de moyens d'action sur l'autre.

Ce schéma classique est surtout valable dans les pays où existent de nombreux partis politiques (multipartisme) et où aucun parti n'a à lui seul la majorité absolue au Parlement. Le gouvernement ne peut y être soutenu que par une alliance et il risque d'être renversé. C'est le cas de l'Italie. Certains régimes remédient à cette majorité défaillante grâce à un ***parlementarisme rationalisé*** qui consiste à réglementer les rapports entre les pouvoirs afin d'empêcher le Parlement de renverser trop souvent le gouvernement. C'est le cas de l'Allemagne (v. *infra,* Chapitre 9).

Mais dans les pays où existent seulement deux partis dominants (bipartisme) ce schéma est déformé. Un seul parti a la majorité au Parlement et le gouvernement est constitué par des parlementaires de ce parti. Le Premier ministre en est le chef. En désignant leurs députés, les électeurs choisissent donc indirectement leur Premier ministre. En conséquence, le gouvernement ne risque plus, sauf exception, d'être renversé et il n'a aucune raison de menacer de dissoudre l'Assemblée. À l'équilibre Parlement/gouvernement, se substitue une subordination du premier au second. Le Premier ministre concentre un maximum de pouvoirs, et seule l'opposition parlementaire fait contrepoids. C'est le cas de l'Angleterre (v. *infra*, Chapitre 6).

B - La séparation rigide des pouvoirs ou régime présidentiel

Le seul exemple réussi de régime présidentiel est le fait des États-Unis (v. *infra*, Chapitre 7).

Lorsque les colonies anglaises d'Amérique du Nord ont acquis leur indépendance pour former les États-Unis d'Amérique, elles se sont inspirées du régime de leur ancienne métropole. Mais c'est le régime anglais tel qu'il était dans la première de ses trois phases qui a été copiée : la monarchie limitée.

À ce stade, les pouvoirs étaient encore strictement séparés : le roi gouvernait lui-même avec des ministres qu'il choisissait librement et qui ne formaient pas encore un gouvernement autonome. Ces ministres n'étaient donc pas encore politiquement responsables devant le Parlement, et de son côté le roi ne pouvait dissoudre la Chambre des communes sauf s'il y avait un doute sur la régularité de son élection.

La Constitution américaine de 1787 s'est inspirée de ce modèle en remplaçant le roi par un Président.

Le régime présidentiel a donc trois caractéristiques opposées à celles du régime parlementaire.

1) L'exécutif appartient en totalité à un Président élu par le peuple

En effet, l'exécutif n'est pas divisé en deux. Le Président, chef de l'État, est aussi chef du gouvernement, puisqu'il dirige personnellement ses ministres. Ceux-ci sont choisis et révoqués par lui librement. Ils ne forment pas un gouvernement tel qu'on l'entend en régime parlementaire, c'est-à-dire un organe collectif. Ils sont seulement les collaborateurs du Président, ses secrétaires.

Le Président est élu par le peuple. Il est donc l'égal du Parlement puisqu'il représente lui aussi la nation.

2) Les ministres ne sont pas responsables devant le Parlement

Le Président n'a d'ailleurs pas le droit de les choisir au sein du Parlement.

Il en résulte une très grande stabilité de l'exécutif puisque même si le Président est l'élu d'une majorité opposée à celle du Parlement, celui-ci ne peut obliger les ministres à démissionner.

3) Le Président ne peut pas dissoudre le Parlement

Il ne peut pas non plus participer à la fonction législative en déposant des projets de loi. Le Parlement est donc très indépendant, surtout si sa majorité est opposée à celle du Président. Il peut par exemple refuser le vote du budget, provoquant la fermeture des administrations – *shutdown* – et le chômage des fonctionnaires. Un conflit entre le Président Donald Trump et la majorité démocrate de la Chambre des représentants a ainsi provoqué le plus long *shutdown* de l'histoire : 35 jours.

En résumé, le régime présidentiel est un régime de séparation stricte des pouvoirs car chacun des deux organes est cantonné dans sa fonction et ne dispose d'aucun moyen d'action sur l'autre.

Chaque organe peut seulement empêcher l'autre. C'est le système des freins et contrepoids (*checks and balances*) appliqué aux États-Unis.

D'un côté, l'une des deux chambres du Parlement	De l'autre côté, le Président
Peut refuser les nominations de fonctionnaires et la signature des traités internationaux qui sont le fait du Président.	A un droit de veto sur les lois votées par le Parlement. Celui-ci ne peut le surmonter que par un vote à une majorité des deux tiers dans chaque chambre.

Appliqué à la lettre, ce régime risque de conduire au blocage. C'est là qu'il convient de se souvenir de la phrase de Montesquieu selon laquelle les pouvoirs sont obligés d'aller de concert. En pratique, il y a des dialogues officieux entre parlementaires et secrétaires qui permettent d'assouplir les positions. C'est ce qu'on a appelé de manière imagée le « parlementarisme de couloirs ».

Un essai de combinaison entre régime parlementaire et régime présidentiel a été mené à bien en France par la Constitution de la Ve République. On parle à ce propos de régime semi-parlementaire ou semi-présidentiel. Ces institutions font en effet coexister :

- un gouvernement politiquement responsable devant le Parlement et un droit de dissolution de ce dernier comme en régime parlementaire ;
- un président de la République élu par le peuple comme en régime présidentiel.

En période de cohabitation, la Ve République française fonctionne vraiment comme un régime parlementaire car le gouvernement est soutenu par une majorité au Parlement et le président de la République, issu d'une majorité opposée, est obligé de s'effacer.

Mais en dehors des périodes de cohabitation, la Ve République fonctionne comme un régime présidentiel car le président de la République dispose de la majorité au Parlement et détient de ce fait la totalité de l'exécutif ; le gouvernement ne fait que mettre en œuvre sa politique. La puissance conférée dans ce cas au chef de l'État permet même de qualifier le régime de présidentialiste, par comparaison à certains régimes sud-américains ou africains qui s'en différencient, il est vrai, par leur aspect autoritaire.

De tous ces régimes, il convient de distinguer le régime d'assemblée.

C - La séparation formelle des pouvoirs ou régime d'assemblée

Dans un régime d'assemblée, il y a en apparence deux organes distincts – un exécutif et un législatif – mais ce n'est que pour la forme, car en réalité l'un des deux est soumis à l'autre : l'exécutif, qui porte ici bien son nom, est subordonné à l'Assemblée.

On appelle aussi ce type de régime un régime conventionnel car en France, sa première apparition a eu lieu pendant la période de la Convention, de 1792 à 1795 (v. *infra*, Chapitre 10).

Actuellement, seule la Suisse pourrait correspondre à ce modèle (v. *infra*, Chapitre 8).

La subordination de l'exécutif à l'Assemblée se caractérise par trois traits.

1) L'exécutif est collégial et nommé par le Parlement

La collégialité – plusieurs personnes avec des pouvoirs égaux – affaiblit encore un peu plus l'exécutif en évitant la personnalisation du pouvoir.

2) *L'exécutif peut être censuré par le Parlement mais il ne peut pas démissionner*

Donc le Parlement dicte sa conduite à l'exécutif, il peut voter la défiance, mais l'exécutif ne peut pas se démettre pour autant. Il doit simplement infléchir sa politique pour se conformer à la volonté des parlementaires.

Cette impossibilité de démissionner se comprend dans un régime où l'exécutif est subordonné, car la menace de démission peut être un moyen de pression sur le Parlement.

En Suisse, l'exécutif peut théoriquement ne pas être réélu.

Cependant, comme aux États-Unis, la pratique diffère de la théorie. Les parlementaires suisses, élus pour quatre ans, se renouvellent, alors que les membres de l'exécutif sont presque automatiquement réélus. En conséquence, l'exécutif connaît parfaitement les dossiers et peut convaincre le Parlement de sa compétence. Sa subordination juridique fait place à une réelle liberté. Certains auteurs en tirent argument pour dénier au régime suisse la qualification de régime d'assemblée.

3) *L'exécutif ne peut pas dissoudre le Parlement*

Un tel droit de dissolution serait en effet incompatible avec la subordination de l'exécutif.

BIBLIOGRAPHIE

BASTID (P.), *Le Gouvernement d'assemblée*, 1956, Joly éditions.

COLLIARD (J.-C.), *Les régimes parlementaires*, 1978, FNSP.

EISENMANN (Ch.), « L'Esprit des lois et la séparation des pouvoirs », in *Mélanges Carré de Malberg*, 1933, p. 165.

GOGUEL (F.), « Réflexion sur le régime présidentiel », RF sc. pol. 1962, p. 289.

LALUMIÈRE (P.) et DEMINCHEL (A.), *Les régimes parlementaires européens*, 1978, PUF.

LAUVAUX (Ph.), *Le parlementarisme*, 1987, PUF, Que sais-je ?

LOCKE (J.), *Traité du Gouvernement civil*, 1984, Garnier-Flammarion.

MONTESQUIEU, *De l'Esprit des lois*, 1748, rééd. 2013, Garnier-Flammarion, 2 vol.

TROPER (M.), *La séparation des pouvoirs et l'histoire constitutionnelle française*, 1980, LGDJ.

CHAPITRE 3

La démocratie

1. LES FONDEMENTS DE LA DÉMOCRATIE

La démocratie s'est imposée dans les esprits avant de s'imposer dans les faits.

A - Les théories justificatives de la démocratie

Les deux théories fondamentales, celle de Jean-Jacques Rousseau et celle d'Emmanuel-Joseph Sieyès, sont aujourd'hui mélangées.

1) La souveraineté populaire, théorie de Rousseau, implique la démocratie directe

Dans son ouvrage intitulé *Du Contrat social* (1762), Jean-Jacques Rousseau traite de la souveraineté, pouvoir suprême qui caractérise l'État. Dans la monarchie absolue, la souveraineté appartient à un seul individu – le roi – qui est censé l'avoir reçue de Dieu. Pour Rousseau, au contraire, chaque individu détient une parcelle de souveraineté, et le contrat social, passé entre tous les individus, réunit toutes les parcelles et crée la souveraineté.

Cette conception implique que pour prendre une décision souveraine, c'est-à-dire pour faire une loi, il faut convoquer tout le peuple, afin de reconstituer la souveraineté dans son entier, de réunir toutes les parcelles.

Chaque citoyen a donc un droit de suffrage lui permettant de participer personnellement au vote de chaque loi.

En d'autres termes, toutes les lois doivent être adoptées par le peuple : c'est la démocratie directe.

Cela n'exclut pas pour autant l'existence d'un Parlement, destiné à préparer les lois et à les voter, mais Rousseau pose deux conditions à cette existence :

- il faut que les parlementaires soient obligés de se plier aux directives de leurs électeurs, sous peine d'être révoqués par eux. C'est ce qu'on appelle le mandat impératif : les parlementaires ne sont que des mandataires ; ils doivent se conformer à la volonté des citoyens, leurs mandants ;
- il faut que de toute façon, la loi votée par les parlementaires soit ratifiée par un référendum : « Toute loi que le peuple n'a pas ratifiée est nulle », écrit Rousseau.

Donc, dans cette conception, le Parlement n'est qu'un organe subsidiaire. C'est le peuple qui est le seul législateur.

2) *La souveraineté nationale, théorie de Sieyès, implique la démocratie représentative*

Dans sa brochure intitulée « *Qu'est-ce que le tiers-état ?* » (1789), Emmanuel-Joseph Sieyès considère que la souveraineté est indivisible. Chaque citoyen ne peut donc en détenir une parcelle ; c'est la collectivité des citoyens qui la détient tout entière. Cette collectivité – la Nation – est considérée comme une personne morale, c'est-à-dire comme une entité distincte des individus qui la composent : c'est la France et non les Français.

Chaque individu n'a donc aucun droit à participer par lui-même à l'exercice de cette souveraineté, c'est-à-dire au vote des lois. Donc, cela exclut le référendum. Il ne reste plus aux individus qu'à participer à l'élection d'un Parlement qui va exercer la souveraineté au nom de la Nation : c'est la démocratie représentative.

Les conséquences de cette théorie sont opposées à celles de la précédente.

Dans la souveraineté populaire, le suffrage est un droit ; ici, aucun individu n'a le droit de parler au nom de la Nation. Le suffrage est donc simplement une fonction.

Dans la souveraineté populaire, le suffrage est forcément universel puisqu'il est un droit ; ici, le suffrage n'étant qu'une fonction, la Nation, par l'intermédiaire du Parlement qui parle en son nom, peut estimer que seuls certains citoyens sont capables de l'accomplir. Le suffrage peut donc être restreint. Ainsi, en 1791, alors que la Révolution était accomplie, seuls les citoyens riches avaient-ils le droit de voter.

Dans la souveraineté populaire, chaque parlementaire doit obéir aux consignes de ses électeurs. C'est le mandat impératif ; ici, chaque parlementaire est indépendant de ses électeurs car il représente la Nation dans son ensemble. C'est le mandat représentatif. Sous la IIIe République, cela explique qu'en 1871, les parlementaires alsaciens et lorrains aient continué à siéger alors que l'Alsace et la Lorraine avaient été conquises par l'ennemi.

3) *Le mélange des deux théories permet une démocratie semi-directe*

La démocratie directe a pu être pratiquée dans la Grèce antique grâce au faible nombre de citoyens. Elle ne peut plus l'être dans des États très peuplés. La seule démocratie viable est donc la démocratie représentative : il existe toujours un Parlement qui élabore les lois. La démocratie directe est seulement utilisée à titre complémentaire. On ne parle plus que de démocratie semi-directe.

En pratique, ce mélange entre démocratie représentative et démocratie directe fonctionne parfaitement. On l'a justifié en mélangeant les théories de la souveraineté nationale et de la souveraineté populaire :

À la souveraineté nationale	À la souveraineté populaire
On a emprunté le principe d'un Parlement qui représente la Nation indivisible. Cela implique le mandat représentatif.	On a emprunté la possibilité d'organiser des référendums ainsi que la conception selon laquelle le suffrage est un droit. Tout cela n'est possible que si on accepte l'idée que chaque citoyen possède une part de souveraineté.

Philosophiquement, les deux théories sont inconciliables car l'indivisibilité de la Nation est incompatible avec la possession individuelle d'une part de souveraineté.

Cela n'a pas empêché les IVe et Ve Républiques d'adopter cette conception mixte. Ainsi, l'article 3 de la Constitution de 1958 dispose-t-il : « La souveraineté nationale appartient au peuple qui l'exerce par ses représentants et par la voie du référendum. »

B - L'acquisition du droit de suffrage

Il a fallu une longue évolution pour que le suffrage devienne universel, égal et secret.

1) L'universalité du suffrage

Trois étapes devront être franchies avant d'y parvenir.

a) La période du suffrage restreint

Le suffrage restreint, qui découlait de la théorie de l'électorat-fonction, avait pour but inavoué d'écarter le peuple du pouvoir. Il existait deux types de restrictions :

Le suffrage censitaire	Le suffrage capacitaire
Seuls les citoyens payant un impôt assez élevé étaient électeurs. C'était le cas dans la Constitution française de 1791. Aux États-Unis, le paiement de taxes électorales permettait d'aboutir au même résultat ; ces taxes n'ont été supprimées qu'en 1964.	Seuls les citoyens possédant un diplôme étaient électeurs. Ainsi, aux États-Unis, il fallait que les gens soient capables de commenter la Constitution pour avoir le droit de voter.

b) La période du suffrage universel masculin

La France a été le premier État à instituer un tel suffrage. C'était sous la Ire République, en 1792. Mais cela a coïncidé avec la phase de la Terreur révolutionnaire, et donc, on est revenu prudemment au suffrage censitaire dès 1795.

On a instauré de nouveau le suffrage universel masculin sous la IIe République, en 1848, et cette fois, il n'a plus été remis en cause.

En Angleterre, l'instauration du suffrage universel masculin a été plus progressive et plus tardive. Ce n'est qu'en 1918 qu'on a supprimé les dernières traces de régime censitaire.

Aux États-Unis, il a fallu attendre 1965 pour la suppression des discriminations à l'égard des Noirs, alors qu'on avait donné, dès 1920, le droit de vote aux femmes.

c) L'avènement du suffrage universel

Les femmes ont acquis le droit de vote en 1919 en Allemagne, en 1920 aux États-Unis et en 1928 en Angleterre. La Suisse, en revanche, n'a franchi cette étape qu'en 1971. Quant à la France, elle a opéré cette réforme en 1944. Il en avait souvent été question sous la IIIe République mais les progressistes s'y opposaient car ils craignaient que l'électorat féminin ne soit trop conservateur.

Dans les années 1970, ce mouvement a été complété par l'abaissement de la majorité électorale de 21 à 18 ans : l'Angleterre dès 1969, les États-Unis en 1970, la France en 1974.

2) L'égalité du suffrage

On est passé des inégalités flagrantes à des inégalités plus subtiles sans parvenir à l'égalité parfaite.

a) Les inégalités flagrantes

Elles ne sont pas incompatibles avec le principe du suffrage universel. Tous les électeurs disposent d'au moins une voix, mais il y a des électeurs privilégiés qui en disposent de plusieurs. Il y a trois systèmes :

- ***le système du vote plural*** consiste à permettre à certains électeurs de glisser plusieurs bulletins dans l'urne. Ainsi, en France, sous la Restauration, une loi de 1820 permettait-elle un double vote aux électeurs les plus fortunés ;
- ***le système du vote multiple*** consiste à permettre à certains électeurs de voter dans plusieurs circonscriptions. Ainsi, en Angleterre, les chefs d'entreprise et les universitaires pouvaient-ils voter à la fois à leur domicile et au siège de leur entreprise ou de leur université. Ce système n'a été supprimé qu'en 1951 ;
- ***le système du vote familial*** permet au chef de famille de voter autant de fois qu'il a d'enfants. Il a été appliqué en Belgique jusqu'en 1921.

b) Les inégalités plus subtiles

Elles respectent le principe un électeur, une voix, mais le vident de sa substance grâce à des astuces techniques. Il y a trois astuces :

- ***le suffrage indirect*** consiste, pour les électeurs, à choisir d'autres électeurs qui choisiront les représentants. C'est l'exemple du Sénat en France. Il est élu par des élus locaux qui représentent des collectivités très diversement peuplées ;
- ***la taille des circonscriptions*** permet d'instaurer l'inégalité. Si la circonscription X contient deux fois plus d'électeurs que la circonscription Y, c'est comme si chaque électeur de Y avait deux voix alors que chaque électeur de X n'en a qu'une ;
- ***la forme des circonscriptions*** est peut-être l'astuce la plus subtile. En découpant les frontières entre deux circonscriptions voisines, on peut englober dans l'une des électeurs qui votaient auparavant dans l'autre, pour changer le résultat des élections.

Aux États-Unis, un gouverneur nommé Gerry découpait, au début du XIXe siècle, les circonscriptions de telle manière qu'elles ressemblaient à des salamandres. On a surnommé ces découpages *salamanders*, puis, *gerrymanders* ! Le charcutage électoral porte depuis ce temps le nom de *gerrymandering*.

3) La liberté de suffrage

Cette liberté est garantie par le secret. En France, le principe du vote secret a été affirmé dès 1817, mais il n'a été effectif qu'en 1871. Aux États-Unis et en Angleterre, il a été mis en œuvre en 1872. Malgré cela, la liberté de l'électeur peut être limitée par des pressions :

- les pressions ***physiques*** sont les procédés les plus rudimentaires ;
- les pressions ***sociales*** ont une efficacité considérable mais difficilement mesurable, car elles sont diffuses ;
- les pressions ***idéologiques*** résultent de la propagande politique. Elles ne sont pas illégitimes dès lors que chaque force politique dispose de moyens égaux pour convaincre les citoyens.

Si leur organisation est durable, c'est précisément parce qu'elle véhicule un projet susceptible de provoquer des adhésions : les partis politiques ne sont autres que des institutions.

Leur structure n'a pas d'importance en elle-même. Elle n'est que l'organisation la mieux adaptée aux buts qu'ils poursuivent. Les partis de notables sont par hypothèse conservateurs ; les partis d'électeurs traduisent l'acceptation de la société telle qu'elle est par un éventail de population plus large que les seuls notables ; les partis de militants portent au contraire l'aspiration à transformer la société.

2) Le rôle des partis dans l'élection

Les partis jouent un double rôle.

a) L'information des électeurs

Les partis captent les aspirations diffuses exprimées par la société et les traduisent en un programme structuré dont le rôle est pédagogique et informatif. Sans eux, l'électeur se bornerait à désigner des représentants sans connaître leurs orientations ; l'élection ne serait qu'un plébiscite. Grâce à eux l'électeur choisit une politique en connaissance de cause ; il se conduit en citoyen.

b) L'encadrement des élus

Au Parlement, les élus d'un même parti forment un groupe, et on distingue les partis rigides des partis souples.

Les partis rigides	Les partis souples
Sont ceux qui imposent une discipline de vote à leurs parlementaires.	Sont ceux qui laissent à leurs parlementaires une certaine liberté de vote.

En principe, les partis de cadres, dans lesquels le groupe parlementaire a préexisté à la structure partisane, sont souples ; les partis de masse, où le groupe parlementaire est issu de la structure partisane, sont rigides. Mais il existe des partis de cadres rigides. Le parti conservateur britannique en est un exemple.

3) L'importance des partis dans le fonctionnement des régimes politiques

Le fonctionnement des régimes politiques dépend de la stabilité des majorités parlementaires, elle-même fonction du nombre des partis (le multipartisme implique des alliances, souvent fragiles, alors que le bipartisme confère en principe une certaine stabilité).

Or, si le nombre de partis est déterminé par les contradictions de la société, il est également influencé par les modes de scrutin. À cet égard, M. Duverger a formulé trois lois sociologiques :

- *le scrutin majoritaire* à un tour tend au bipartisme car les partis idéologiquement proches ont intérêt à se regrouper sous peine de disparaître ;
- *la représentation proportionnelle* tend à des partis multiples et indépendants les uns des autres, car chaque tendance, aussi minoritaire soit-elle, a une chance d'être représentée en tant que telle ;
- *le scrutin majoritaire à deux tours* tend à un multipartisme tempéré par des alliances, car tous les partis peuvent tenter leur chance au premier tour mais doivent souvent s'allier au second.

3. LA DÉMOCRATIE SEMI-DIRECTE

La démocratie semi-directe est un mélange de démocratie représentative et de démocratie directe. Le pouvoir est exercé par des représentants mais les citoyens peuvent intervenir dans son exercice.

À côté de l'élection, qui consiste à choisir des personnes, il y a la votation, qui consiste, pour les citoyens, à délibérer directement sur certaines affaires.

Cette votation, qui fait l'originalité de la démocratie semi-directe, revêt plusieurs modalités, mais fait l'objet de certaines polémiques.

A - Les procédés de la démocratie semi-directe

Il y a deux types de procédés :
- le droit, pour le peuple, de ***proposer*** une loi au Parlement ;
- le droit, pour le peuple, de ***s'opposer*** à une loi faite par le Parlement.

1) Le droit de proposition ou initiative populaire

Ce droit existe par exemple en Suisse et en Italie.

La proposition de loi qui est élaborée par des citoyens, prend la forme d'une pétition, qui doit recueillir un nombre déterminé de signatures, pour pouvoir être déposée au Parlement.

Il peut y avoir trois modalités :
- première modalité : ***le Parlement discute de la proposition, la transforme et l'adopte*** sans que le peuple puisse dire si le travail du Parlement le satisfait ;
- deuxième modalité : au contraire, ***le peuple se prononce directement sur la proposition sans que le Parlement intervienne***. Cela ne peut se faire que si la proposition se présente sous la forme d'un texte parfaitement élaboré ;
- troisième modalité : ***la proposition est soumise au Parlement qui l'adopte telle quelle, la transforme ou encore la rejette*** ; et le peuple se prononce sur la décision du Parlement. C'est lui qui a le dernier mot.

2) Le droit d'opposition ou référendum

Le droit d'opposition est le référendum au vrai sens du terme : il faut que les lois ne soient adoptées par les représentants que sous réserve d'en référer au peuple (en latin : *ad referendum*).

Mais il y a deux modalités du référendum : la votation peut être mise en œuvre à l'instigation des citoyens ou à l'instigation des gouvernants.

a) Le référendum à l'instigation des citoyens

Il comporte deux modalités :
- ***le veto populaire*** (existant en Suisse). Dans un premier temps, la loi est votée par le Parlement. Mais elle n'acquiert de force juridique que si le peuple n'a pas manifesté son opposition au bout d'un certain délai. Donc, si dans ce délai, aucune pétition n'est déposée contre la loi, on suppose que le peuple est d'accord. C'est l'application de l'adage « qui ne dit mot consent ». Si, au contraire, une pétition réunissant le nombre de signatures voulu est déposée dans le délai contre la loi, le

référendum aura lieu. C'est un référendum pour ou contre la pétition : si le peuple dit non à la pétition, la loi sera confirmée ; s'il dit oui, la loi n'entrera pas en vigueur. Il ne faut donc pas que le citoyen pense que le vote oui vaut approbation de la loi ;
- ***le référendum abrogatif*** (existant en Italie). Il s'applique à une loi déjà entrée en vigueur, dont le peuple a pu apprécier les avantages et inconvénients. Une pétition réunissant le nombre de signatures exigé propose de l'abroger et là encore, on vote pour ou contre la pétition.

b) Le référendum à l'instigation des gouvernants

Contrairement au référendum à l'instigation des citoyens, la proposition des gouvernants est directement soumise au peuple qui y répond explicitement par oui ou par non. Ce type de référendum comporte plusieurs modalités applicables en France :
- il peut être ***antérieur à une délibération du Parlement***. On l'appelle alors référendum de consultation. Il porte sur le principe de la législation, puisque par hypothèse, la législation elle-même n'a pas encore été adoptée. En France, lorsque des modifications touchant une collectivité territoriale sont envisagées, la loi peut ainsi décider de consulter les populations intéressées ;
- il peut être ***postérieur à une délibération du Parlement***. On l'appelle alors référendum de ratification. Il porte sur la législation elle-même, telle qu'elle a été adoptée par le Parlement. C'est le cas en France pour les lois constitutionnelles ;
- le référendum peut même ***remplacer une délibération du Parlement***. C'est le cas en France pour certaines lois ordinaires.

B - Les polémiques sur la démocratie semi-directe

La votation, qui est l'expression la plus parfaite de la démocratie, peut être aussi le meilleur moyen de la détourner.

Les polémiques concernent aussi bien la forme que le sujet de la votation.

1) Polémiques sur la forme de la votation

Le problème se pose à propos du référendum à l'instigation des gouvernants.

En effet, à partir du moment où c'est le pouvoir qui prend l'initiative de mettre en œuvre le référendum il décide quand et comment se déroulera la consultation et fait en sorte qu'elle lui soit favorable.

Le référendum est ainsi détourné de son sens : au lieu de servir les gouvernés, il conforte les gouvernants. On dit alors qu'il devient un plébiscite.

Le mot plébiscite vient du latin *plebis scitum*. Dans l'Antiquité romaine, il n'avait pas le caractère péjoratif qu'on lui donne aujourd'hui. Il désignait simplement les décisions souveraines de la plèbe.

En France, c'est surtout depuis la dictature napoléonienne qu'il désigne une déviation de la démocratie.

Théoriquement, le plébiscite se reconnaît à deux caractères :
- ***la question est formulée de manière à obtenir la réponse désirée***. Soit que l'une des branches de l'alternative proposée fasse peur ; soit, au contraire, que l'un des termes de la question, assez attractif, soit destiné à faire oublier l'autre ;

– surtout, ***la consultation porte sur un homme et non sur un texte***. Cependant, elle peut apparemment porter sur un texte tout en concernant réellement l'homme qui l'a proposé. Autrement dit, le plébiscite prend l'aspect du référendum.

Aussi, pour éviter les déviations plébiscitaires, la seule méthode fiable serait de supprimer le référendum à l'instigation des gouvernants. L'initiative et le veto populaires ne recèlent pas, en revanche, de danger plébiscitaire.

2) *Polémiques sur le sujet de la votation*

Il y a des sujets dangereux : ce sont les thèmes qui suscitent les passions.

Lorsqu'il y a des consultations populaires sur ce genre de thèmes, les conditions ne sont jamais réunies pour que la raison l'emporte et les droits de l'homme et du citoyen risquent d'en pâtir.

Ainsi, la Suisse a-t-elle été le dernier État occidental à instaurer le suffrage universel car jusqu'en 1971, les citoyens consultés au niveau fédéral se prononçaient contre le droit de vote des femmes.

Dans ce même pays, le demi-canton d'Appenzell Rhodes-intérieures, célèbre pour sa pratique de la démocratie directe à l'état pur (les citoyens se réunissent périodiquement dans un champ pour délibérer des affaires publiques comme on le faisait dans la Grèce antique), n'a jamais voulu reconnaître le droit de vote des femmes. Il a fallu une décision du Tribunal fédéral de 1990 pour le leur conférer !

BIBLIOGRAPHIE

Bouissou (M.), « Pour une réhabilitation de l'institution référendaire », in *Mélanges Burdeau*, 1977, p. 25.

Burdeau (G.), *La démocratie*, 1956, Le Seuil, Points.

Carré de Malberg (R.), *Contribution à la théorie générale de l'État*, 1922, Sirey, rééd. 1962, CNRS.

Charlot (J.), *Les partis politiques*, 1971, Armand Colin, U2.

Cotteret (J.-M.) et Emeri (C.), *Les systèmes électoraux*, 1994, PUF, Que sais-je ?

Duverger (M.), *Les partis politiques*, 1976, Armand Colin, Points.

Gicquel (J.) et Gicquel (J.-E.), *Droit constitutionnel et institutions politiques*, 34e éd. 2020-2021, LGDJ, Précis Domat.

Guillaume-Hofnung (M.), *Le référendum*, 2008, PUF, Que sais-je ?

Pouvoirs n° 7, « Le régime représentatif est-il démocratique ? », 1978.

Pouvoirs n° 38, « La représentation proportionnelle », 1985.

Robert (J.), Quermonne (J.-L.) et Sur (S.), « À propos du référendum », RDP 1985, p. 576.

Rousseau (J.-J.), *Du contrat social*, 1762, rééd. 2011, Poche.

Sieyès (E.), *Qu'est-ce que le tiers-état ?*, 1988, Flammarion, Champs.

CHAPITRE 4

La décentralisation : État simple, État composé, « composé d'États »

La décentralisation du pouvoir est une manière de limiter l'État qui s'apparente à la séparation des pouvoirs (les pouvoirs locaux font contrepoids au pouvoir central) et à la démocratie (les citoyens participent à l'exercice des pouvoirs locaux).

La décentralisation n'est pas une notion statique mais une notion dynamique ; elle est susceptible de degrés : plus elle est poussée et plus l'État est limité par les collectivités décentralisées qui le composent ; si on décentralise plus encore, les collectivités en question deviennent elles-mêmes des États et l'État qui se superposait à elles disparaît. Mais l'évolution peut aussi se produire dans l'autre sens : un certain nombre d'États peuvent décider, par un traité international, de s'associer, puis de créer un État qui se superpose à eux et dont ils deviennent des collectivités décentralisées ; cet État peut ensuite les intégrer davantage en accentuant sa centralisation.

On distingue trois types d'institutions :

- l'État simple ou unitaire ;
- l'État composé ou fédéral ;
- le « composé d'États ».

1 • LES ÉTATS SIMPLES OU UNITAIRES

Les États unitaires sont les plus nombreux. Ils sont appelés ainsi parce que leur pouvoir politique est unique : une seule Constitution prévoyant un seul Parlement, un seul gouvernement et une seule justice. L'État unitaire est donc par définition politiquement centralisé. En revanche, il peut être administrativement centralisé ou décentralisé.

A - L'État unitaire centralisé

C'est celui dans lequel la centralisation administrative s'ajoute à la centralisation politique. Juridiquement, cela se traduit par le fait que la seule personne morale de droit public est l'État. On peut en tirer trois conséquences :

- du point de vue ***des compétences***, toutes les tâches administratives sont attribuées à l'État sur l'ensemble du territoire ;
- du point de vue ***des organes***, toutes les autorités administratives sont des agents de l'État ;

– du point de vue du ***contrôle exercé par l'État*** sur ces autorités, on est dans un système hiérarchique, permettant au supérieur de mettre en cause une décision de ses subordonnés simplement parce qu'il l'estime inopportune.

Une telle centralisation est purement théorique. Sur le territoire de l'État, existent toujours au moins des communes, dotées de la personnalité morale de droit public et possédant leur propre administration.

B - L'État unitaire décentralisé

La décentralisation territoriale consiste à conférer la personnalité morale de droit public à des portions de territoire (communes, départements, régions) pour qu'elles s'administrent librement :

– du point de vue ***des compétences***, le Parlement vote des lois reconnaissant un certain nombre d'attributions administratives aux collectivités territoriales ;
– du point de vue ***des organes***, chaque collectivité est administrée par un conseil délibérant élu par la population locale et par un exécutif qui dirige sa propre administration, distincte de celle de l'État ;
– du point de vue ***du contrôle exercé par l'État*** sur ces collectivités, il existe un contrôle de légalité qui garantit simplement la conformité des décisions locales à la loi sans s'attacher à leur opportunité.

Il existe des degrés dans la décentralisation territoriale : les compétences transférées aux collectivités décentralisées peuvent être plus ou moins nombreuses et plus ou moins importantes. Lorsque ces compétences ne sont pas seulement administratives mais législatives, comme dans les régions italiennes ou espagnoles, on se trouve à la lisière de l'État unitaire et de l'État fédéral. C'est pour cela que certains auteurs qualifient des pays comme l'Italie ou l'Espagne d'« États régionaux ».

2. LES ÉTATS COMPOSÉS OU FÉDÉRAUX

Les États fédéraux sont assez nombreux. On en trouve sur tous les continents. Ils se caractérisent par une décentralisation non seulement administrative mais politique : l'État partage son pouvoir politique avec les collectivités qui le composent.

Celles-ci portent des noms divers (cantons en Suisse, pays en Allemagne, Républiques en Union Soviétique, États aux États-Unis), mais on les qualifie généralement d'États fédérés, qui sont membres de l'État fédéral. Certains juristes sont en désaccord avec cette appellation d'États, car l'État se caractérise par la souveraineté et la souveraineté est un pouvoir qui n'est subordonné à aucun autre.

Or, seul l'État fédéral existe du point de vue du droit international. Les États fédérés dépendent de lui ; il leur manque donc l'une des deux composantes de la souveraineté : l'indépendance extérieure. Leur souveraineté interne n'est pas non plus intacte puisque l'État fédéral se superpose à eux, mais cette superposition est atténuée par deux caractéristiques, mises en évidence par le professeur Georges Scelle : l'autonomie et la participation.

A - L'autonomie des États fédérés par rapport à l'État fédéral

Cette autonomie se reconnaît au triple point de vue des compétences, des organes et des relations avec l'État fédéral :

– du point de vue ***des compétences***, les États fédérés n'ont pas seulement des attributions administratives, mais des attributions constituantes, législatives et juridictionnelles. Autrement dit, ils ont leur propre Constitution, leurs propres lois et leur propre justice. C'est pour cela que même si leur souveraineté est limitée, ils méritent le nom d'États. En outre, ces compétences leur sont attribuées non par la loi mais par la Constitution de l'État fédéral. Celle-ci énumère limitativement les compétences que la fédération se réserve (généralement, cela comporte au moins les affaires étrangères, la défense, les douanes, la monnaie et les télécommunications) et tout ce qui n'est pas dans cette liste ressortit à la compétence des États fédérés ;
– du point de vue ***des organes***, il y a dans chaque État fédéré un Parlement, un gouvernement et un système juridictionnel (les trois pouvoirs qui caractérisent l'organisation étatique) ;
– du point de vue ***des relations avec l'État fédéral***, il n'y a pas, à proprement parler, de contrôle exercé par la fédération sur les États fédérés. Ceux-ci sont libres d'agir comme ils l'entendent dans le cadre des compétences que la Constitution fédérale leur a conférées. Il existe simplement un organisme fédéral qui arbitre les conflits de compétences entre la fédération et ses composantes (la Cour suprême aux États-Unis). Cette autonomie des États fédérés est garantie par leur participation au pouvoir fédéral.

B - La participation des États fédérés à l'exercice du pouvoir fédéral

En premier lieu, les États fédérés ont participé à l'élaboration de la Constitution fédérale, et ils participent aussi à toutes ses modifications. On ne peut donc pas réduire leurs compétences à leur insu.

En deuxième lieu, les États fédérés participent à l'élaboration de la législation fédérale. Cela est possible parce que le Parlement d'un État fédéral comprend toujours deux assemblées :

– l'une des assemblées représente la nation dans son ensemble, sans distinguer entre les États fédérés (aux États-Unis, c'est la Chambre des représentants) ;
– l'autre assemblée est composée de représentants des États fédérés ; sauf exception, chaque État a droit à un nombre égal d'élus, quelles que soient sa population et sa superficie (aux États-Unis, c'est le Sénat).

Comme généralement, les deux assemblées ont les mêmes droits dans l'élaboration de la législation, les États fédérés peuvent s'opposer, par le biais de l'Assemblée qui les représente, à une loi fédérale qui les désavantagerait.

En troisième lieu, il arrive que les États fédérés participent même au pouvoir exécutif de l'État fédéral. Ainsi, aux États-Unis, le Président est élu dans le cadre des États fédérés.

Les États fédéraux paraissent être un compromis idéal entre l'autorité de l'État et l'autonomie de ses composantes. Mais ce point d'équilibre est généralement remis en cause au profit de l'État pour trois types de raisons :

- *des raisons politiques* : les politiciens ambitieux ne peuvent se cantonner au pouvoir local ; ils aspirent à être reconnus au niveau fédéral ;
- *des raisons juridiques* : d'une part, la Constitution fédérale réserve les impôts les plus avantageux à la fédération ; d'autre part, l'organe chargé d'arbitrer les conflits de compétences est institué au niveau fédéral et ses décisions s'en ressentent ;
- *des raisons économiques* : l'efficacité en ce domaine exige une réglementation homogène, donc centralisée.

Cette tendance à la centralisation a peut-être aussi des raisons plus profondes : l'État fédéral est en effet le point extrême de la décentralisation. Au-delà de ce seuil, l'État composé disparaît et laisse place à un « composé d'États ».

3. LES « COMPOSÉS D'ÉTATS »

Même si de nombreux auteurs les classent dans la catégorie des États composés, au même titre que les États fédéraux, on peut préférer avec MM. Prélot et Boulouis, regrouper certaines communautés dans une catégorie à part ; empruntée à la terminologie germanique (*staatenbund*), l'expression « composés d'États » a le mérite de montrer que ces institutions ne sont pas en elles-mêmes des États, mais des associations d'États.

On distingue deux sortes d'associations.

A - Les confédérations

Les États associés dans une confédération sont des États à part entière, disposant de leur souveraineté. L'association ne donne pas lieu à un nouvel État qui se superposerait aux États associés. Elle se fait par le biais d'un traité international aux termes duquel certaines compétences des États sont déléguées à des organes communs.

L'exercice de ces compétences communes ne porte pas pour autant atteinte à la souveraineté des États confédérés, car les organes communs sont composés de délégués de tous les États qui ne prennent de décision qu'à l'unanimité et *ad referendum* (c'est-à-dire sous réserve d'en référer à leurs gouvernements respectifs).

Chaque État peut donc à tout moment bloquer une décision qui ne lui convient pas, et même se retirer de la confédération. Les deux principes d'autonomie et de participation sont donc poussés au maximum. Les confédérations sont rares car elles sont très instables :

- *parfois, elles se transforment en fédérations*. Ainsi, la confédération des États-Unis, formée en 1777, est-elle devenue un État fédéral en 1787 ; de même, la confédération helvétique, créée dès 1291, a donné lieu à une fédération en 1848 tout en conservant son ancienne dénomination, qui ne correspond plus à la réalité juridique. Peut-être l'Union européenne, qui s'apparente actuellement à une confédération, se transformera-t-elle également en fédération ; une convention de 105 membres, présidée par Valéry Giscard d'Estaing, a débuté ses travaux en 2002 avec l'ambition d'« ouvrir la voie vers une Constitution pour l'Europe ». Après deux ans de discussion, les États de l'Union européenne, alors au nombre de 25, ont trouvé un accord sur la Constitution lors du Conseil européen de Bruxelles le 18 juin 2004. Cette Constitution opérait la fusion de tous les traités de l'Union en vue d'en simplifier le fonctionnement. Elle prévoyait un Président et un ministre des Affaires étrangères pour représenter l'Union, envisageait l'extension du vote à la majorité qualifiée plutôt qu'à l'unanimité et renforçait le rôle du Parlement européen. La Charte des droits fondamentaux de l'Union était inscrite dans ce traité constitutionnel, qui n'en conservait pas moins une orientation économique très libérale. Cela pouvait représenter un obstacle à sa ratification par tous les pays membres, condition nécessaire à son entrée en vigueur. En France, cette ratification a été refusée par le peuple lors du référendum du 29 mai 2005. À défaut de se doter d'une Constitution, l'Union européenne s'est de plus en plus étendue. Le 1er janvier 2007, la Bulgarie et la Roumanie y ont adhéré, portant le nombre d'États membres à 27 ; le 1er juillet 2013, la Croatie en a fait autant, devenant ainsi le 28e État membre ; cette dynamique s'est inversée avec le référendum du 23 juin 2016 par lequel 51,9 % des Britanniques ont opté pour la sortie du Royaume-Uni ; après un vote du Parlement britannique imposé par la Cour suprême du Royaume, la Première ministre a notifié le 29 mars 2017 au président du Conseil européen sa décision de recourir à l'article 50 du traité de Lisbonne déclenchant deux ans de négociations en vue du retrait ; mais en 2019, la Chambre des communes, très divisée sur le Brexit, a rejeté à la fois l'accord négocié par Madame May avec l'Union européenne et une sortie sans accord, reportant ainsi la sortie. Le 24 mai, Theresa May a annoncé sa démission. Le 24 juillet 2019, Boris Johnson a été élu à la tête du parti conservateur et devient le Premier ministre britannique. Le 17 octobre 2019, il négocie avec l'Union européenne un nouvel accord sur le Brexit et le 29 octobre, obtient l'approbation des députés pour des élections législatives anticipées qui se déroulent le 12 décembre et confèrent au parti conservateur une majorité importante, approuvant le 20 décembre l'accord de retrait conclu par Monsieur Johnson ; la Chambre des Lords ayant aussi donné son aval, le Brexit s'est réalisé le 31 janvier 2020, déclenchant de nouvelles discussions sur les relations entre l'Union européenne et un Royaume-Uni désormais indépendant ;

– ***la Constitution a été remplacée par le traité de Lisbonne***, signé le 13 décembre 2007. Cette convention se contente de modifier les traités existants sans les fusionner, mais elle reprend, en les amendant quelque peu, nombre de dispositions du traité constitutionnel rejeté par le peuple français. L'Union est dotée d'un président élu par le Conseil européen pour deux ans et demi et d'un haut représentant pour les Affaires étrangères (qui ne porte pas le titre de ministre) ; le vote à la majorité qualifiée devient la règle ; le rôle du Parlement est renforcé ; et bien que la Charte des droits fondamentaux ne soit pas incluse dans le traité, l'Union reconnaît les droits qu'elle énonce. Mais cette fois, c'est l'Irlande, seul pays à se prononcer par référendum, qui a refusé d'autoriser la ratification du traité de Lisbonne le 12 juin 2008 ; certes le peuple irlandais s'est renié lors d'un nouveau référendum organisé un an plus tard, mais de telles péripéties ne font que confirmer un divorce persistant entre l'Union européenne et les citoyens de ses États membres ; finalement ratifié par les 27 États membres, le traité de Lisbonne est entré en vigueur le 1er décembre 2009 ;

– ***il peut aussi se faire que des fédérations évoluent en confédérations***. Ainsi l'URSS, État fédéral mais totalitaire, a suscité lors de son éclatement un projet de confédération, la Communauté des États Indépendants (CEI), qui ne semble guère se concrétiser.

B - Les unions d'États

Elles n'ont qu'un intérêt historique. On en a connu deux types.

1) Les unions personnelles

Elles n'existent que par la personne du chef de l'État. Deux États indépendants l'un de l'autre ont pourtant un même chef. Le plus souvent, il s'agit d'États monarchiques, et ce sont les aléas des successions qui placent un même monarque à leur tête. C'était notamment le cas de l'union de l'Angleterre et du Hanovre qui dura de 1714 à 1837.

2) Les unions réelles

Elles prolongent les unions personnelles car non seulement le monarque est commun, mais il institue des ministères communs pour gérer certaines affaires (le plus souvent les affaires étrangères et la défense). Dans les autres domaines, les gouvernements demeurent distincts. Il en était ainsi de l'union entre l'Autriche et la Hongrie qui dura de 1867 à 1918.

BIBLIOGRAPHIE

Barthalay (B.), *Le fédéralisme*, 1981, PUF, Que sais-je ?

Pelloux (R.), « Brèves réflexions sur la notion de fédéralisme », in *Mélanges J.-J. Chevallier*, 1977, p. 217.

Prelot (M.) et Boulouis (J.), *Institutions politiques et droit constitutionnel*, 1990, Dalloz.

Rivero (J.), « Fédéralisme et décentralisation : harmonie ou contradiction ? », in *Pages de doctrine*, 1980, LGDJ, p. 213.

Scelle (G.), *Précis du droit des gens*, 1934, Sirey, rééd. 1984, CNRS.

CHAPITRE 5

La Constitution

1. LES DÉFINITIONS DE LA CONSTITUTION

A - La Constitution au sens matériel

La Constitution peut toujours se définir par sa matière, c'est-à-dire par son contenu.
C'est l'ensemble des règles relatives à l'organisation des pouvoirs publics et souvent, aux droits des citoyens d'un État, quels que soient la source (législative ou coutumière) et le rang de ces règles.

B - La Constitution au sens formel

La Constitution peut parfois se définir par sa forme.
C'est alors une Constitution rigide, c'est-à-dire une loi qu'on ne peut élaborer et réviser que selon une procédure plus complexe que la procédure des lois ordinaires, et qui est donc supérieure à elles. Cette supériorité étant parfois sanctionnée par un contrôle.
Lorsqu'elle se confond par sa forme avec les lois ordinaires, c'est une Constitution souple.

C - Les rapports entre les deux sens

La définition formelle ne coïncide pas toujours avec la définition matérielle :
- des règles qui se rattachent à l'organisation des pouvoirs publics, donc qui sont matériellement constitutionnelles, ne figurent pas forcément dans la Constitution formelle. Ainsi, le mode de scrutin pour les élections des députés ne figure pas dans la Constitution française de 1958. Il est simplement mentionné dans une loi ordinaire ;
- à l'inverse, des règles qui ne se rattachent pas du tout à l'organisation des pouvoirs publics, donc, qui ne sont pas matériellement constitutionnelles, figurent parfois dans la Constitution formelle. Ainsi, la Constitution des USA a été modifiée en 1918 par un amendement qui instituait la prohibition de l'alcool, et en 1933, un autre amendement a aboli cette prohibition.

2. LE CONTENU DE LA CONSTITUTION

L'État est une institution, c'est-à-dire une organisation permanente créée pour réaliser une idée d'ordre social. Ce n'est donc pas une fin en soi. Ce n'est qu'un moyen au service de cette idée. La Constitution a une ***double fonction*** :

- d'une part, elle doit encadrer le pouvoir politique ;
- mais d'autre part, elle doit ***définir l'ordre social*** que ce pouvoir politique est appelé à promouvoir.

C'est cet ordre qui est le plus important, car c'est lui qui suscite l'adhésion des gouvernés. Donc, ce que Maurice Hauriou appelle la constitution sociale commande la constitution politique.

A - La Constitution politique

Elle contient cinq éléments.

1) Le statut des gouvernants

Il définit la composition et le fonctionnement de chacun des pouvoirs :

- dans la ***rubrique composition***, la Constitution fixe le mode d'élection des parlementaires et le mode de désignation des membres de l'exécutif. Elle détermine aussi le nombre de chambres que doit comporter le Parlement. Il peut être monocaméral (une chambre), bicaméral (deux chambres)... Elle définit enfin la forme de l'exécutif. Il peut être divisé en deux éléments, confié tout entier à un chef d'État, ou encore, exercé sous forme collégiale ;
- dans la ***rubrique fonctionnement***, la Constitution s'intéresse à la façon dont les pouvoirs se réunissent pour travailler. Le Parlement ne sera pas toujours réuni en assemblée plénière. Il se divisera en commissions, c'est-à-dire en formations plus restreintes, pour préparer le travail. L'exécutif ne sera pas non plus toujours réuni en entier. Il pourra aussi comporter différentes formations. La Constitution peut aussi fixer la périodicité de ces réunions, ainsi que les organes chargés de les diriger.

2) Les attributions des gouvernants

La Constitution définit la façon dont le Parlement élabore la loi et contrôle son application par l'exécutif. Si le Parlement est bicaméral, la Constitution définit les attributions respectives des deux chambres.

Si l'exécutif est divisé en deux éléments – le chef de l'État et le gouvernement – la Constitution décide des attributions de l'un et de l'autre. C'est elle, aussi, qui indique si l'exécutif doit être cantonné dans son rôle d'exécution des lois, ou s'il peut aussi participer à leur élaboration.

3) Les relations entre les gouvernants

La Constitution détermine si la séparation des pouvoirs doit être souple, rigide ou simplement formelle, c'est-à-dire si le régime doit être parlementaire, présidentiel ou d'assemblée.

Elle définit aussi les relations que les pouvoirs exécutif et législatif peuvent avoir avec le pouvoir juridictionnel. C'est donc de la Constitution que dépend le degré d'indépendance des juges.

4) La forme de la démocratie

La Constitution précise si elle doit être représentative ou semi-directe. Et dans le second cas, elle indique si les gouvernants seront ou non les seuls à prendre l'initiative du référendum.

5) Le degré de décentralisation du pouvoir

La Constitution décide si l'État doit être unitaire ou fédéral. Et dans le second cas, elle détermine les compétences respectives de la fédération et des États fédérés.

B - La Constitution sociale

Si la Constitution politique concerne les gouvernants, la Constitution sociale concerne les gouvernés. Elle consiste à énumérer les droits de l'homme. Les Constitutions sociales varient à la fois par leur style et par les droits qui y sont énumérés.

1) Le style

Il faut distinguer principalement les textes anglais, américains et français.

a) Les textes anglais

Les Anglais ont été les premiers à édicter des textes concernant les droits de l'homme. On peut citer la Grande Charte de 1215, la Pétition des droits de 1628, l'acte d'*Habeas Corpus* de 1679, le *Bill of rights* de 1689 ou encore, l'Acte d'établissement de 1701. Mais dans tous ces textes, on retrouve le tempérament pragmatique des Anglais. Ils n'ont jamais cherché à proclamer de grands principes philosophiques. Ils se sont contentés de garantir leurs droits dans la pratique, par des procédures concrètes. Par exemple : l'acte d'*Habeas Corpus* garantit le droit de ne pas être arrêté arbitrairement en décrivant dans le détail la procédure à suivre pour que tout prisonnier puisse se présenter devant un juge dans un délai de trois jours. Ces garanties sont efficaces en Angleterre, mais elles sont tellement liées aux institutions anglaises, tellement particulières, qu'il est impossible de les exporter.

b) Les textes américains

Le style des Constitutions sociales américaines est un peu différent : elles contiennent des dispositions très pragmatiques, mais elles les sous-tendent par des principes plus généraux. Les 13 colonies anglaises d'Amérique font précéder leurs Constitutions politiques par des Déclarations des droits, qui mêlent des principes et des procédures. La première en date de ces déclarations est aussi la plus célèbre. C'est celle de l'État de Virginie, qui remonte à 1776. On y trouve l'affirmation générale que « tous les Hommes sont nés également libres et indépendants », mais en même temps, on y trouve une description détaillée d'un procès pénal où l'on traite de l'accusation, des témoins, du jury et même des cautions. Ces particularismes constituent autant d'obstacles à l'exportation de ces textes.

c) Les textes français

À l'inverse, le style français consiste à faire précéder la Constitution politique d'une Déclaration des droits qui s'en tient à des principes très généraux et très abstraits. Ainsi, la Constitution de 1791 est-elle précédée par la fameuse Déclaration des droits de l'Homme et du citoyen de 1789. Cette Déclaration est si abstraite qu'elle a pu être exportée partout. C'est grâce à elle que les droits de l'homme ont acquis une valeur universelle. Mais pour éviter que l'abstraction ne nuise à l'efficacité, on a complété la Déclaration des droits par des garanties plus concrètes intégrées dans la Constitution de 1791 elle-même. Parmi les Constitutions françaises qui se sont succédé jusqu'en 1875, toutes les Constitutions républicaines maintiennent ce double système : les droits de l'homme sont d'abord déclarés puis garantis. En revanche, les Constitutions monarchistes ou dictatoriales ont supprimé les Déclarations. Elles ne contiennent que des pseudo-garanties. En 1875, la tradition se perd complètement puisque la Constitution de la IIIe République n'est qu'une Constitution politique. Elle ne comporte ni déclaration ni garanties des droits. La Constitution de 1946, celle de la IVe République, renoue avec la tradition, puisqu'elle comporte une Déclaration sous forme de préambule. Mais cette Déclaration n'est pas assortie de garanties. Quant à notre Constitution actuelle, celle de la Ve République, elle a choisi de renvoyer purement et simplement à deux textes antérieurs : la Déclaration de 1789 et le Préambule de 1946. Ces deux textes, complétés par la Charte de l'environnement de 2004, forment donc notre Constitution sociale actuelle.

2) Les droits

Les droits de l'homme qui sont énumérés dans les Constitutions sociales ont été sans cesse enrichis. On peut, en simplifiant, distinguer trois périodes :

- dans une première période, qui irait du milieu du XVIIIe au milieu du XIXe siècle, les droits énumérés ne sont que des libertés individuelles. Par exemple : la liberté d'opinion, ou la liberté d'aller et venir ;
- dans une deuxième période, qui irait du milieu du XIXe au milieu du XXe siècle, on ajoute à ces libertés individuelles des libertés collectives. Par exemple : la liberté de réunion ou la liberté d'association ;
- et dans une troisième période, qui débuterait au milieu du XXe siècle, on ajoute à ces libertés d'autres droits de l'homme qui sont des droits de créance sur l'État.

Par exemple : le droit à l'éducation ou le droit à la santé, qui obligent l'État à créer des écoles et des hôpitaux.

Ces trois périodes sont approximatives. En réalité, certaines déclarations du XVIIIe siècle contenaient déjà des libertés collectives ou même des droits de créance. Mais elles étaient des exceptions.

C - L'influence de la Constitution sociale sur la Constitution politique

On peut mesurer cette influence en comparant les Constitutions sociales et les Constitutions politiques correspondantes. L'État n'étant qu'un moyen de réaliser un projet d'ordre social, son appareil politique s'adapte à l'évolution de ce projet. M. Bernard Chantebout a mis en évidence cette adaptation.

Si l'on prend les trois grandes périodes mentionnées plus haut à propos de la Constitution sociale, on peut dégager globalement pour chacune d'elles une modification de la Constitution politique :

- dans une première période, qui va du milieu du XVIIIe au milieu du XIXe siècle, la bourgeoisie détrône l'aristocratie, mais elle n'entend pas se faire détrôner à son tour par le peuple. Les Déclarations des droits de cette époque sont donc très individualistes. Les Constitutions politiques correspondantes prévoient le suffrage restreint pour l'élection des représentants ;
- dans la deuxième période, qui va du milieu du XIXe au milieu du XXe siècle, la pression du peuple amène à reconnaître des libertés collectives. Dans la Constitution politique, cela se traduit par l'élection des représentants au suffrage universel, la généralisation de la représentation proportionnelle, voire même l'adoption de la démocratie semi-directe. Dans tous les États, on assiste à une prépondérance du Parlement sur l'exécutif. C'est en effet le Parlement qui pourra voter les textes autorisant les réunions, les associations, les syndicats. C'est lui qui pourra aussi développer le droit du travail, en interdisant le travail des enfants, en limitant la durée du travail ou en instituant les congés payés... ;
- enfin, dans la troisième et dernière période, celle qui débute au milieu du XXe siècle, les Déclarations de droits ajoutent aux libertés individuelles et collectives des droits de créances. Concrètement, ces droits demandent que l'État crée des services publics. Il faut donc développer l'administration. Or, l'administration est le prolongement du pouvoir exécutif. Donc, dans tous les États, les Constitutions politiques substituent la prépondérance de l'exécutif à celle du Parlement.

3. LA FORME DE LA CONSTITUTION

Il existe deux sortes de droit : le ***droit coutumier***, qui se forme spontanément, au fil de l'histoire ; et le ***droit écrit***, qui est posé par un législateur.

Il existe donc deux sortes de Constitution : les Constitutions coutumières et les Constitutions écrites.

Cependant, on devrait plutôt dire : les ***Constitutions à dominante coutumière*** et les ***Constitutions à dominante écrite***, car les Constitutions coutumières comportent souvent des parties de droit écrit et les Constitutions écrites sont transformées par des coutumes.

A - Les Constitutions à dominante coutumière

Elles ont existé jusqu'à la fin du XVIIIe siècle. Après, elles ont été remplacées par des Constitutions écrites partout sauf en Angleterre.

On peut donc prendre deux exemples de Constitutions à dominante coutumière :

- un exemple historique : la Constitution française de l'Ancien Régime ;
- un exemple actuel, le seul qui subsiste : la Constitution anglaise.

1) La France de l'Ancien Régime

Beaucoup de gens pensent que la France de l'Ancien Régime n'avait pas de Constitution. C'est une erreur.

Il y avait une ébauche de Constitution à dominante coutumière qu'on appelait les Lois fondamentales du royaume. Mais ce n'était qu'une ébauche, car :

- d'une part, ***ces Lois fondamentales ne concernaient pas les gouvernés***. Il n'y avait pas de Constitution sociale ;
- d'autre part, ***la Constitution politique était très incomplète***. Elle ne parvenait pas à limiter réellement l'arbitraire royal.

Seules, certaines règles avaient fini par s'imposer au roi : c'étaient principalement les règles de dévolution de la couronne et d'inaliénabilité du domaine royal :

- d'une part, ***le roi ne pouvait pas transmettre sa couronne librement*** ;
- d'autre part, ***le roi ne pouvait pas disposer du domaine de la couronne*** comme s'il s'agissait de sa propriété. Le domaine ne pouvait être vendu.

Ces règles sont importantes parce qu'avant elles, le roi était propriétaire de sa couronne, de son domaine et de ses sujets. C'était une conception patrimoniale du pouvoir, qui menait au despotisme.

Lorsque ces coutumes se sont peu à peu imposées, elles ont enlevé au roi la propriété du pouvoir. Il exerçait le pouvoir mais ne le possédait plus. L'État devenait une réalité qui dépassait la personne du monarque. On passait d'un pouvoir patrimonialisé à un pouvoir institutionnalisé.

Cependant, cette institutionnalisation était insuffisante. Les décisions d'un roi n'étaient pas encore envisagées comme engageant l'État, personne morale. Elles n'engageaient que le roi lui-même. Le résultat, c'est que le successeur du roi devait expressément les reprendre à son compte pour qu'elles continuent à être exécutées.

Les Lois Fondamentales du royaume n'étaient pas toutes coutumières. L'inaliénabilité du domaine de la couronne avait été formalisée dans un texte de 1565 : l'ordonnance de Moulins.

2) La Constitution anglaise

La Constitution anglaise est également coutumière, mais elle comporte aussi une partie écrite.

La majeure partie de la Constitution politique est coutumière. C'est la coutume qui a dégagé ce que nous appelons aujourd'hui le régime parlementaire (création d'organes aussi essentiels que le cabinet, procédures comme l'engagement de la responsabilité des ministres devant le Parlement...).

En revanche, les Anglais ont estimé préférable de faire appel au droit écrit pour leur Constitution sociale. La Grande Charte de 1215, la Pétition des droits de 1628, l'acte d'*Habeas Corpus* de 1679, le *Bill of rights* de 1689 et l'Acte d'établissement de 1701 sont des lois écrites. Cela prouve que le droit écrit est plus sûr que le droit coutumier. On ne fait pas confiance à la coutume pour garantir les droits de l'homme.

Le droit coutumier cumule trois inconvénients :

- d'abord, ***il n'est pas rationnel***. Il s'apparente à la tradition : plus une pratique est ancienne et plus elle se sacralise. Mais si les ancêtres connaissaient l'esclavage, est-ce une raison pour le conserver ?
- ensuite, ***la coutume est incertaine et incomplète***. S'il n'y a pas d'écrit, il est bien difficile de savoir exactement ce que dit le droit. Donc, les citoyens ne sont jamais sûrs que le droit est de leur côté ;

- enfin, ***les règles coutumières sont mouvantes*** parce que c'est souvent le droit du plus fort qui prévaut. Donc, le pouvoir politique risque d'agir à peu près à sa guise.

Les ***Constitutions écrites*** s'opposent point par point à ces caractères :

- elles sont ***rationnelles***. Elles sont le produit de la raison et non pas le produit de la tradition ;
- elles sont ***claires***, puisqu'elles ont un support écrit que tout le monde peut consulter ;
- elles sont ***permanentes***, tant qu'on ne les a pas révisées expressément.

Ces avantages ont conduit à l'abandon presque complet des Constitutions à dominante coutumière au profit des Constitutions à dominante écrite.

B - Les Constitutions à dominante écrite

Elles se sont imposées à la fin du XVIIIe siècle. Les plus célèbres sont celle des États-Unis d'Amérique, qui date de 1787, et celle de la France, qui date de 1791 mais dont le préambule est la Déclaration des droits de l'Homme et du citoyen de 1789. Le prestige de cette Déclaration est pour beaucoup dans l'expansion ultérieure des Constitutions écrites.

Tout au long du XIXe siècle, beaucoup de juristes vont être persuadés qu'on peut tout régler par écrit et que la coutume n'a plus désormais aucune place dans le droit constitutionnel. Ainsi, Carré de Malberg affirmait qu'il y a incompatibilité entre Constitution et coutume.

Cependant, force va être d'admettre que certaines Constitutions écrites sont incomplètes. C'était le cas notamment de la Constitution française de 1875. On va donc accepter l'existence d'une coutume *praeter legem*, c'est-à-dire d'une coutume qui complète la loi constitutionnelle, ou à la rigueur, qui l'interprète lorsqu'elle est obscure. Ainsi, la Constitution de 1875 prévoyait un régime parlementaire mais elle avait omis de créer un chef du gouvernement. C'est la coutume qui va peu à peu imposer un ministre pour diriger le gouvernement. On l'a appelé le président du Conseil. Depuis 1958, on l'appelle le Premier ministre et il est expressément prévu par la Constitution.

Mais ce que la majorité des juristes a du mal à accepter, c'est l'existence d'une coutume *contra legem*, c'est-à-dire d'une coutume qui va à l'encontre de la loi constitutionnelle lorsque celle-ci est claire.

Cette réticence est parfaitement fondée car la Constitution est faite pour limiter les gouvernants. La coutume, elle, naît de la pratique des gouvernants. Si on reconnaît à cette coutume la possibilité d'aller à l'encontre de la Constitution, c'est comme si on reconnaissait aux gouvernants le droit de s'affranchir de cette Constitution. Dès lors, le pouvoir de l'État ne serait plus limité par le droit.

En réalité, la Constitution écrite peut être modifiée par la pratique des gouvernants à condition que cette pratique constitue vraiment une coutume au sens juridique du terme. Il faut pour cela qu'elle réunisse quatre caractères :

- premier caractère : ***la répétition***. Un seul acte ne suffit pas. Une fois n'est pas coutume. Il faut que d'autres actes identiques le suivent. De cette façon, le premier acte deviendra ce qu'on appelle un précédent. Il faut que cette répétition ait lieu pendant une longue période. Au moins 10 ans. Le régime parlementaire anglais

s'est formé en 150 ans. Les Lois fondamentales de dévolution de la couronne en France ont mis deux siècles pour s'imposer ;
- deuxième caractère : ***la constance***. Il faut que l'acte soit répété à l'identique pour donner lieu à une coutume. S'il y a des actes en sens contraire, la coutume ne peut se former. Par exemple, aux États-Unis, le Président G. Washington avait décidé de ne pas se présenter une troisième fois à l'élection présidentielle. Les autres ont fait de même, si bien que la coutume était de ne faire que deux mandats. Mais le Président F. D. Roosevelt s'est fait élire trois fois. La coutume a donc été réduite à néant. On a dû insérer cette règle dans la Constitution écrite pour la rendre obligatoire ;
- troisième caractère : ***la clarté***. Il faut que les actes qui donneront lieu à la coutume ne soient pas susceptibles d'interprétations contradictoires. Par exemple, en France, sous la IIIe République, c'est à cause de telles interprétations que le droit, pour le Sénat, de renverser le gouvernement n'a jamais été unanimement admis alors même qu'il figurait dans la Constitution de 1875 ;
- quatrième caractère. C'est le plus important en matière constitutionnelle : il faut qu'il y ait ***consensus***. Un acte des gouvernants ne peut aller à l'encontre de la Constitution écrite que si c'est admis comme nécessaire par les autres organes politiques, par les juristes et par le peuple. Sinon, l'acte en question est une violation pure et simple de la Constitution. Par exemple, la Constitution de 1875 prévoyait que le président de la République aurait de larges pouvoirs. Le Président Mac Mahon en a profité pour tenter de restaurer la monarchie. Lorsque le Président Grévy a succédé à Mac Mahon et qu'il a promis de ne plus utiliser certains pouvoirs que la Constitution lui accordait, tout le monde a été soulagé. Donc, même si cette attitude allait à l'encontre de la Constitution, elle a donné lieu à une coutume parce que l'accord était général. En revanche, lorsque le général de Gaulle a fait en 1962 un référendum non conforme à la lettre de la Constitution de 1958, il avait contre lui l'Assemblée nationale, le Sénat et la grande majorité des juristes. Cette pratique du référendum ne devrait donc pas s'imposer comme une coutume.

Pour conclure, on peut dire que la coutume est utile pour faire évoluer des Constitutions écrites progressivement, à condition qu'elle soit unanimement acceptée.

4. L'ÉLABORATION ET LA RÉVISION DE LA CONSTITUTION

Lorsqu'un État n'a pas encore de Constitution parce qu'il vient de se créer, ou lorsqu'il n'en a plus à la suite d'une révolution par exemple, il faut élaborer une Constitution qui sera à l'origine de l'État ou du nouveau régime. Ce pouvoir d'élaboration d'une Constitution s'appelle donc le pouvoir constituant originaire.

Lorsqu'au contraire, une Constitution est en vigueur et qu'on estime nécessaire, non pas de la remplacer mais seulement de la modifier, on le fait selon les règles établies par la Constitution elle-même. Chaque Constitution prévoit en effet la façon dont on peut la modifier. Ce pouvoir de modification qui découle de la Constitution s'appelle donc le pouvoir constituant dérivé ou encore, le pouvoir constituant institué.

A - L'élaboration des Constitutions : pouvoir constituant originaire

Que ce soit lors de la création de l'État ou lors de l'établissement d'un nouveau régime, ce sont les individus qui se trouvent être au pouvoir qui décideront librement des modalités d'élaboration de la Constitution.

La caractéristique du pouvoir constituant originaire, c'est qu'il n'est conditionné par aucune règle juridique. Il est inconditionné.

Autrement dit, le caractère plus ou moins démocratique de la procédure dépendra uniquement de la volonté des gouvernants en place.

On peut distinguer quatre modalités, qui vont de la moins démocratique à la plus démocratique.

1) L'octroi

Cette modalité consiste, pour un monarque, à élaborer lui-même une Constitution qu'il octroie ensuite à ses sujets sans les consulter.

L'exemple le plus connu est celui du roi Louis XVIII qui a entendu restaurer le régime monarchique après la Révolution et qui a octroyé pour cela à ses sujets la Charte de 1814. Ce système dit de la Charte octroyée coïncide avec la théorie de la souveraineté royale.

En 1830, le peuple a fait une nouvelle révolution pour renverser la monarchie, mais le régime qui a succédé à la révolution était encore une monarchie. Le nouveau roi, Louis-Philippe, a accepté une nouvelle Constitution, la Charte de 1830, qui avait été rédigée par le Parlement. Ce système dit de la Charte négociée s'accommode de la théorie de la souveraineté nationale.

2) L'approbation par plébiscite

Elle paraît plus démocratique, mais ce n'est souvent qu'une illusion. L'individu au pouvoir élabore toujours lui-même la Constitution, mais au lieu de l'octroyer, il l'a fait approuver par un référendum.

Ce n'est pas vraiment démocratique car la Constitution est rédigée en dehors du peuple et le référendum s'assimile davantage à un plébiscite. C'est l'approbation d'un homme plus que la ratification d'un texte.

La Constitution de l'an VIII, qui a inauguré la dictature napoléonienne a été élaborée de la sorte.

Il en a été de même pour la Constitution de 1852 qui a fondé le Second Empire. Dans ce dernier cas, le peuple n'avait approuvé que quelques principes de base et la Constitution n'a été entièrement rédigée qu'ultérieurement.

Enfin, le dernier exemple de cette méthode est plus étonnant. C'est celui de notre Constitution actuelle : la Constitution de 1958. C'est le gouvernement du général de Gaulle qui l'a rédigée, même si des représentants du Parlement ont été consultés.

3) L'œuvre d'une assemblée constituante

Cette modalité est vraiment démocratique. Le peuple élit une assemblée qui sera spécialement chargée d'élaborer la Constitution. Les débats de l'assemblée sont publics et chacun peut se faire une opinion.

Ce sont les Américains qui ont inauguré cette méthode. Les 13 colonies anglaises d'Amérique ont élaboré ainsi chacune de leurs Constitutions, puis, la Constitution fédérale de 1787.

La France a copié la méthode pour élaborer sa première Constitution écrite : celle de 1791. Elle l'a ensuite utilisée pour les Constitutions de 1848 et de 1875 (IIe et IIIe Républiques).

L'assemblée chargée du travail s'appelle une convention dans la terminologie américaine ou une assemblée constituante dans la terminologie française.

4) L'œuvre d'une assemblée constituante approuvée par référendum

C'est la modalité la plus démocratique. Elle consiste, pour le peuple, à élire une assemblée chargée de rédiger la Constitution, puis, une fois que l'assemblée a fait son travail, à ratifier ce travail par référendum.

Le référendum ne risque plus de conduire au plébiscite car le peuple se prononce sur un texte dont il a suivi la rédaction à travers les débats de l'assemblée.

Cette méthode a été utilisée à trois reprises dans notre histoire constitutionnelle française :

- d'abord, pour les deux Constitutions de la première République : Constitutions de 1793 et de 1795 ;
- ensuite, pour la Constitution de 1946 (IVe République).

Dans ce dernier cas, le peuple a refusé l'œuvre de l'assemblée constituante et il a dû élire une seconde assemblée dont il a accepté le travail. L'élaboration de la Constitution a donc nécessité deux élections et deux référendums.

B - La révision des Constitutions : pouvoir constituant dérivé

Le pouvoir constituant dérivé est le pouvoir de modifier une Constitution prévue par la Constitution elle-même.

Donc, il se distingue sur deux points du pouvoir constituant originaire :

- d'abord, ***il est conditionné***, c'est-à-dire qu'il doit respecter des règles juridiques préétablies par la Constitution ;
- ensuite, et par voie de conséquence, ***il ne sert qu'à modifier la Constitution et non à la remplacer par une autre***, car s'il faisait cela, il supprimerait son propre fondement.

Les Constitutions prévoient la possibilité de se modifier car pour mieux durer, il faut pouvoir s'adapter. D'ailleurs, si elles ne sont pas révisées expressément, c'est souvent la coutume qui se charge de leur adaptation.

La distinction essentielle quant au pouvoir constituant dérivé est celle des Constitutions souples et des Constitutions rigides :

- les ***Constitutions souples*** sont celles qui se révisent facilement, par une simple loi ordinaire ; elles sont au même niveau que les lois ordinaires dans la hiérarchie des normes ;
- les ***Constitutions rigides*** sont celles qui se révisent difficilement. Il faut employer une procédure beaucoup plus complexe que pour le vote des lois ordinaires. Ces

Constitutions se situent donc clairement au-dessus des lois ordinaires et c'est logique car la Constitution doit s'imposer à tous les organes de l'État.

1) Les Constitutions souples

La Constitution de Grande-Bretagne est l'exemple le plus connu de Constitution souple. La coutume a mis des siècles à l'élaborer et elle peut être révisée par une simple loi votée par le Parlement britannique.

Il ne faudrait pas en déduire que les Constitutions coutumières sont forcément souples. Il existe des Constitutions coutumières rigides et des Constitutions écrites souples.

Les Lois fondamentales du royaume de France étaient par exemple une Constitution coutumière rigide, et même très rigide, puisqu'elle était censée être l'œuvre de la divine providence. Aucune loi humaine ne pouvait la modifier.

Il existe aussi des Constitutions écrites souples. C'était le cas des Chartes françaises de 1814 et de 1830.

Cependant, les Constitutions souples sont de plus en plus rares car elles sont dangereuses. En effet, c'est la Constitution qui prévoit la nature du régime politique. Si une Constitution prévoit un régime démocratique et qu'elle peut être révisée par une simple loi ordinaire, cela veut dire que la démocratie ne tient qu'à un fil.

Les Constitutions rigides sont une meilleure garantie.

2) Les Constitutions rigides

Les Constitutions rigides ne peuvent être révisées que suivant une procédure spéciale, plus complexe que la procédure législative ordinaire, et donc plus difficile à mettre en œuvre.

Cette procédure comporte généralement trois phases.

a) L'initiative de la révision

C'est un droit d'autant plus ouvert que le régime est plus démocratique.

Dans une dictature, l'initiative est réservée au seul gouvernement. C'était le cas pour la Constitution napoléonienne.

Dans les démocraties, il peut arriver que l'initiative soit réservée au Parlement. C'est le cas aux États-Unis.

Il est souvent prévu qu'elle puisse émaner aussi bien du Parlement que du gouvernement. C'est le cas dans les Constitutions françaises de 1875 et 1958.

Enfin, dans les États pratiquant la démocratie semi-directe, l'initiative peut émaner du gouvernement, du Parlement, mais aussi du peuple, par voie de pétition (initiative populaire). C'est le cas en Suisse et en Italie.

b) La révision proprement dite

Cette révision peut être faite par une convention ou par le Parlement. Aux États-Unis, on peut utiliser indifféremment les deux systèmes.

La solution de la convention a l'avantage d'être logique. Lorsque c'est une convention qui a élaboré la Constitution, il est normal que ce soit une convention qui la modifie. Elle a aussi l'avantage de souligner le caractère exceptionnel de la procédure puisque la convention est une assemblée élue spécialement pour cela.

La solution du Parlement est moins spectaculaire mais il y a des procédés qui permettent de la rendre tout aussi exceptionnelle. Ainsi, sous la IIIe République, fallait-il que les deux assemblées du Parlement se réunissent pour réviser la Constitution.

c) *L'approbation de la révision*

La solution la plus démocratique consiste à confier cette approbation au peuple, par la voie du référendum. Mais le référendum est une procédure lourde à mettre en œuvre. Donc, lorsqu'il s'agit de révisions mineures, les Constitutions prévoient parfois la possibilité d'une approbation par le Parlement lui-même, mais à une très forte majorité. Ainsi, la Constitution française actuelle prévoit les deux solutions :

- soit l'approbation par référendum ;
- soit l'approbation par les deux assemblées réunies à la majorité des 3/5e.

Toutes ces précautions sont destinées à rendre difficiles les révisions constitutionnelles.

Parfois, il existe d'autres précautions destinées à rendre certaines révisions impossibles. Ainsi, les Constitutions françaises des IIIe, IVe et Ve Républiques prévoient-elles que la forme républicaine du gouvernement ne peut faire l'objet d'une révision. Malheureusement, cette interdiction est contournable. Le pouvoir constituant dérivé n'a pas le droit de l'enfreindre, mais rien ne l'empêche de la supprimer !

5. L'AUTORITÉ DE LA CONSTITUTION

Lorsque la Constitution est rigide, la loi ordinaire doit la respecter. Mais si rien n'est prévu pour garantir ce respect, l'autorité de la Constitution n'est que théorique. Il faut donc contrôler la conformité des lois à la Constitution. Pour cela deux systèmes sont envisageables : ***le contrôle politique*** et ***le contrôle juridictionnel***.

A - Le contrôle politique

On a expérimenté trois sortes de contrôle politique.

1) Le contrôle par les citoyens

C'est le premier en date car c'est le plus rudimentaire.

Les rédacteurs des Constitutions du XVIIIe siècle étaient optimistes : ils se disaient que les principes constitutionnels étaient tellement évidents qu'ils s'imposeraient d'eux-mêmes à la raison.

La Constitution française de 1791 s'en remettait à la vigilance des citoyens pour assurer son respect. On pensait que si le législateur violait la Constitution, l'opinion publique réagirait.

Et si vraiment cette violation aboutissait à l'oppression, on prévoyait pour les citoyens un droit de résistance à l'oppression. Ce droit apparaît pour la première fois dans la Déclaration des droits de l'Homme de l'État américain du Maryland, en 1776. Il est repris par la Déclaration française de 1789 et par celle de 1793, qui lui donne une forme particulièrement dramatique : « Que tout individu qui usurperait la souveraineté soit à l'instant mis à mort par les Hommes libres. » Il est évident qu'un tel droit est une solution du désespoir.

2) *Le contrôle par les parlementaires eux-mêmes*

Les parlements sont constitués d'assemblées comportant plusieurs centaines de membres et l'on peut penser qu'un certain nombre d'entre eux au moins réagiront si leurs collègues entendent élaborer une loi contraire à la Constitution.

C'est pourquoi le droit parlementaire prévoit toujours la possibilité pour tout membre d'une assemblée, de soulever ce qu'on appelle l'exception d'irrecevabilité, au moment de la discussion d'un texte de loi. Cette procédure a pour objet de faire décider qu'il n'y a pas lieu de délibérer parce que la loi qu'on s'apprête à discuter serait inconstitutionnelle. L'assemblée vote, et si l'exception est adoptée, cela équivaut au rejet du texte. Mais c'est un procédé souvent peu efficace car quand la discussion d'un texte est envisagée, c'est que la majorité de l'assemblée l'a voulu.

3) *Le contrôle par un organe politique spécialisé*

C'est à Sieyès que l'on doit l'idée de faire contrôler les lois par un organe prévu expressément à cet effet.

Cela a été mis en œuvre dans la Constitution napoléonienne de l'an VIII. Une assemblée appelée le Sénat conservateur avait un rôle de gardien de la Constitution. Elle devait dénoncer l'inconstitutionnalité des lois votées par les autres assemblées.

Cela s'est révélé complètement inefficace car le régime était dictatorial. Toutes les assemblées, y compris le Sénat conservateur, étaient aux ordres de Napoléon.

La Constitution de 1852, celle du Second Empire, avait institué un système identique sans plus de succès.

La dernière tentative de notre histoire constitutionnelle a été le fait d'un régime républicain : la Constitution de 1946 prévoyait que le président de la République et la Chambre haute pouvaient conjointement contester la constitutionnalité d'une loi votée par la Chambre basse, devant un organe appelé le Comité constitutionnel. Cet organe était politique car composé du chef de l'État lui-même, des présidents des deux chambres et de membres élus par chacune d'elles. S'il estimait une loi non conforme à la Constitution, c'était la Constitution qui devait être révisée. Ce mécanisme paradoxal dans un système de Constitution rigide n'a jamais fonctionné.

Après cette succession d'échecs, on conçoit qu'on se soit tourné vers un autre type de contrôle.

B - Le contrôle juridictionnel

Il est beaucoup plus efficace car ce sont des tribunaux qui sont chargés de condamner les lois inconstitutionnelles.

On distingue le système américain et le système européen de contrôle juridictionnel ; mais quel que soit le système, il est inévitable que se produisent des interactions entre les tribunaux et les pouvoirs politiques qu'ils contrôlent.

1) *Le système américain : le contrôle par l'ensemble des juridictions*

Aux États-Unis, tous les tribunaux, depuis le plus modeste jusqu'à la Cour suprême, peuvent contrôler la constitutionnalité des lois. Ils le font à l'occasion de n'importe quel procès. On ne saisit donc pas un tribunal dans le but de contester la constitutionnalité d'une loi ; mais dans tous les procès, le juge applique des lois ; lorsqu'une des parties au procès invoque une loi à son avantage, la partie adverse peut se défendre en invoquant l'inconstitutionnalité de ladite loi. Le problème de la constitutionnalité s'ajoute donc indirectement au procès : on dit que le juge en est saisi par voie d'exception.

Une fois que le problème a été soulevé, le juge ne peut plus continuer son procès sans l'avoir réglé. On dit que ce problème constitue pour lui une question préalable. S'il juge la loi inconstitutionnelle, il ne l'appliquera pas. Mais comme sa décision aura été prise à l'occasion du procès, elle ne vaudra que pour ce procès. On dit qu'elle ne s'exercera qu'*inter partes*, entre les parties.

La loi continuera donc à s'appliquer à l'égard des tiers, et si un plaideur se la voit appliquer à l'occasion d'un autre procès, c'est à lui qu'il appartiendra d'invoquer son inconstitutionnalité.

Le système américain est le plus ancien. Il n'était pas prévu par la Constitution de 1787 mais il s'est développé à l'initiative des tribunaux eux-mêmes, à partir de 1803.

Les Européens ont intégré beaucoup plus tard la nécessité d'un contrôle juridictionnel des lois. Ils ont adopté un système différent.

2) Le système européen : le contrôle par une juridiction spécialisée

C'est le professeur de droit public autrichien Hans Kelsen qui est à l'origine de ce système. Dans sa conception, l'État n'est qu'un ensemble de normes hiérarchisées. La Constitution est au sommet de la hiérarchie et il faut en faire respecter l'autorité par les normes inférieures. Même si on peut objecter que l'État ne se réduit pas à un ensemble de normes, la hiérarchie existe et elle est importante. Kelsen a eu l'idée de la faire respecter par une Cour créée spécialement à cet effet et la Constitution autrichienne de 1920 a mis ce projet en application.

La Constitution tchécoslovaque de 1920 en a fait de même et l'Espagne les a imitées en 1931. La guerre a ensuite éclaté en Europe et les régimes fascistes se sont caractérisés par les violations des Constitutions.

C'est pourquoi, après la Libération, l'Autriche a rétabli sa Cour constitutionnelle, alors que la RFA et l'Italie ont été les premiers pays à se doter de juridictions comparables.

Plus tard, dans les années 1970, les pays qui se libèrent des régimes autoritaires vont avoir la même attitude. Le Portugal et la Grèce se dotent de Cours constitutionnelles et l'Espagne rétablit la sienne.

Dans les années 1990, ce sont les pays de l'Est qui, en se libérant du communisme, se dotent à leur tour de Cours constitutionnelles.

On évoquera l'exemple allemand, qui est très attractif.

La Cour constitutionnelle allemande peut être saisie directement pour contester la constitutionnalité d'une loi.

On dit qu'elle est saisie par voie d'action. Le droit de la saisir ainsi est largement ouvert. Il peut d'abord être utilisé par des autorités politiques : le gouvernement fédéral, un tiers des membres de la diète fédérale (*Bundestag*) et les gouvernements des États fédérés (*Länder*). Il peut même être utilisé par les citoyens, s'ils estiment qu'une loi porte atteinte à leurs droits fondamentaux. Mais cette saisine ne peut se faire qu'après avoir épuisé toutes les autres voies de recours.

Cette possibilité de saisir la Cour constitutionnelle directement par les citoyens fait de l'Allemagne un des pays les plus avancés en matière de protection des droits de l'homme.

La Cour peut aussi être saisie sur renvoi d'un juge ordinaire. Les plaideurs peuvent en effet, comme aux États-Unis, soulever la question de l'inconstitutionnalité de la loi qu'on veut leur appliquer devant n'importe quel juge. Mais la différence avec le système américain, c'est que le juge ordinaire ne peut pas répondre lui-même à la question. C'est normal puisqu'il existe une juridiction dont c'est la spécialité.

Le juge ordinaire est donc obligé d'interrompre son procès – on dit qu'il sursoit à statuer – et de renvoyer la question devant la Cour constitutionnelle. Ce n'est qu'une fois que celle-ci a rendu son verdict que le juge ordinaire pourra statuer. Pour ce juge, la question de la constitutionnalité n'est pas une question préalable mais une question préjudicielle, c'est-à-dire relevant d'une autre juridiction.

Le Conseil constitutionnel français, créé en 1958, n'a acquis ce droit de statuer sur renvoi préjudiciel des juges ordinaires que depuis une réforme de 2008 (v. *infra*, Chapitre 20).

L'existence d'une juridiction spéciale comporte deux avantages :

- d'abord, on ***supprime le risque de jurisprudences divergentes*** puisque toute question de constitutionnalité est centralisée devant la même juridiction ;
- ensuite, celle-ci ***prononce de véritables annulations des lois***. Puisqu'elle se détermine dans l'absolu et non dans le cadre de tel ou tel procès, ses sentences sont valables erga omnes, c'est-à-dire à l'égard de tous. Les autres tribunaux se doivent ensuite d'en tirer les conséquences dans le cadre de leurs différents procès.

3) Les interactions entre les juridictions et les pouvoirs politiques

Les juridictions chargées de contrôler la constitutionnalité des lois ont quelque rapport avec la politique, de par leur composition et de par leur jurisprudence.

a) Leur composition est déterminée par les pouvoirs politiques

Dans le système américain, tous les tribunaux peuvent contrôler la constitutionnalité des lois, mais la Cour suprême se prononce en dernier ressort. Or, ses membres, au nombre de neuf, sont tous nommés par le Président des États-Unis avec l'accord du Sénat. L'originalité, c'est qu'ils sont nommés à vie. Les Américains disent volontiers que ces neuf juges « ne démissionnent jamais et meurent rarement ». Le problème, c'est que lorsque se succèdent à la Maison Blanche des présidents d'un même bord, ils nomment à la Cour suprême des hommes de confiance, qui entreront en conflit avec le Président suivant s'il est du bord opposé.

En Allemagne, la Cour constitutionnelle est composée de 16 juges élus par le Parlement. Chacune des deux assemblées en désigne 8 à la majorité des 2/3. Cette majorité étant très large, la désignation ne peut se faire qu'au terme d'un accord entre majorité et opposition.

b) Leur jurisprudence est déterminante pour les pouvoirs politiques

La jurisprudence de ces juridictions concerne en effet la conformité des lois votées par les différentes majorités parlementaires, aux principes constitutionnels :

- si le contrôle se limite à la Constitution politique, la Cour ne fait qu'arbitrer des conflits de compétence entre les pouvoirs publics (gouvernement, Parlement) ;
- mais si le contrôle s'étend à la Constitution sociale, c'est-à-dire s'il entend protéger les droits de l'homme contre la loi, des conflits graves en résulteront car la majorité parlementaire pourra avoir une conception des droits de l'homme différente de celle

des juges. Bien sûr, ces derniers ne font qu'appliquer la Constitution ; mais la Constitution ne dit pas tout. Les juges ont donc le redoutable pouvoir d'interpréter sa lettre, voire son esprit. Cela peut leur permettre de contrecarrer sciemment la politique de la majorité. C'est ce qu'on a appelé en Amérique le gouvernement des juges. De 1880 à 1936, la Cour suprême était exclusivement composée de juges conservateurs qui s'opposaient à toutes les lois « libérales ».

On a parfois utilisé ces conflits pour prétexter une incompatibilité entre le contrôle de constitutionnalité des lois, qui représente le stade ultime de la soumission de l'État au droit, et la démocratie. La loi étant l'expression de la volonté du peuple, il serait choquant que des juges qui ne sont même pas élus aient le pouvoir de s'y opposer.

Le raisonnement est contestable car si les juges n'abusent pas de leurs pouvoirs, ils ne font que garantir le respect de la Constitution par la loi ordinaire. Or, dans un État démocratique, la Constitution est élaborée de telle façon qu'elle est, plus encore que la loi ordinaire, l'expression de la volonté du peuple. Ce dernier a d'ailleurs toujours la possibilité de la modifier. Si les juges abusent de leurs pouvoirs, l'histoire montre que le peuple finit toujours par prévaloir. Aux États-Unis, le gouvernement des juges n'a eu qu'un temps.

BIBLIOGRAPHIE

Bon (P.) et Maus (D.), *Les grandes décisions des cours constitutionnelles européennes*, 2009, Dalloz.

Capitant (R.), « La coutume constitutionnelle », RDP 1979, p. 959.

Chantebout (B.), *Droit constitutionnel*, 2015, Sirey.

Chevallier (J.), « La coutume et le droit constitutionnel français », RDP 1970, p. 1375.

Eisenmann (Ch.), *La justice constitutionnelle et la haute cour constitutionnelle d'Autriche*, 1928, rééd. 1986, Economica.

Favoreu (L.), *Les cours constitutionnelles*, 1996, PUF, Que sais-je ?

Favoreu (L.), « Actualité et légitimité du contrôle juridictionnel des lois en Europe occidentale », RDP 1984, p. 1147.

Hauriou (M.), *Précis de droit constitutionnel*, 1292, Sirey, rééd. 1965, CNRS.

Kelsen (H.), « La garantie juridictionnelle de la Constitution », RDP 1928, p. 197.

Kelsen (H.), « Le contrôle de constitutionnalité des lois », The Journal of Politics, 1942, trad. Favoreu L., Revue française de droit constitutionnel 1990, 1, p. 17.

La Déclaration des droits de l'Homme et du citoyen de 1789, ses origines, sa pérennité (Communications du colloque des 6, 7 et 8 mars 1989 à la Sorbonne et à l'Assemblée nationale), 1990, La Documentation française.

Lévy (D.), « De l'idée de coutume constitutionnelle à l'esquisse d'une théorie des sources du droit constitutionnel et de leur sanction », in *Mélanges Eisenmann*, 1975, p. 81.

Maestre (J.-C.), « À propos des coutumes et des pratiques constitutionnelles : l'utilité des Constitutions », RDP 1973, p. 1275.

Rivero (J.) et Vedel (G.), « Les principes économiques et sociaux de la Constitution : le Préambule », in *Pages de doctrine*, 1980, LGDJ, p. 93.

Rousseau (D.), « Une résurrection : la notion de Constitution », RDP 1990, p. 5.

Troper (M.), « Justice constitutionnelle et démocratie », Revue française de droit constitutionnel 1990, 1, p. 31.

Troper (M.), « Nécessité fait loi, réflexions sur la coutume constitutionnelle », in *Mélanges Charlier*, 1981, p. 309.

CHAPITRE 6

L'exemple de la Grande-Bretagne

La Grande-Bretagne possède une Constitution à la fois coutumière et souple, qui est à l'origine du régime parlementaire.

1• LA DÉCENTRALISATION

Le Royaume-Uni de Grande Bretagne et d'Irlande du Nord était un État unitaire faiblement décentralisé mais il se rapproche maintenant, à certains égards, de l'État régional, depuis le processus de « dévolution des pouvoirs », c'est-à-dire de décentralisation entrepris à la fin du XXe siècle.

En 1997, des référendums locaux, organisés par le gouvernement travailliste de Tony Blair, ont fait bénéficier l'Écosse et le Pays de Galles d'une décentralisation spécifique. L'Écosse a été dotée d'un Parlement pouvant légiférer dans tous les domaines non réservés au Parlement du Royaume et possédant certaines compétences fiscales. Le Pays de Galles a été doté d'une assemblée beaucoup plus modeste, dénuée de pouvoir législatif et fiscal. Lors d'un référendum en septembre 2014, les Écossais ont refusé l'indépendance à 55 %. Mais aux législatives britanniques de mai 2015, le parti nationaliste écossais (SNP) a remporté la quasi-totalité des sièges représentant l'Écosse à la Chambre des communes. Le Royaume-Uni ayant décidé de sortir de l'Union européenne par le référendum du 23 juin 2016, les Écossais, majoritairement pro-européens, ont demandé à être de nouveau consultés sur leur indépendance.

En 1998, un accord de paix a été conclu en Irlande du Nord (Ulster), mettant fin à trente ans de guerre civile entre les unionistes, partisans du maintien de cette province dans le Royaume-Uni, et les catholiques, partisans de son rattachement à la République d'Irlande. Cet accord, ratifié par référendum, prévoit que l'avenir de l'Ulster sera conforme au vote de la majorité de sa population.

La province bénéficie d'une certaine autonomie. Elle est gérée par un Parlement local élu à la proportionnelle et par un gouvernement représentant toutes les tendances.

Un conseil Nord-Sud, composé de ministres de l'Ulster et de la République d'Irlande, peut faire des propositions aux deux Parlements pour améliorer la coopération entre les deux parties de l'île. Cela va dans le sens des républicains.

Un conseil irlando-britannique, composé de représentants des deux États et des autorités autonomes d'Ulster, d'Écosse et du Pays de Galles, a un pouvoir consultatif. Cela va dans le sens des unionistes.

Cet équilibre risque d'être rompu à la suite du référendum du 23 juin 2016, car l'Irlande du Nord a, comme l'Écosse, voté en faveur du maintien dans l'Union européenne.

Les Républicains irlandais ont donc réclamé un référendum sur l'unification des deux Irlandes.

2. LE POUVOIR LÉGISLATIF

Il est confié à un Parlement divisé en deux chambres :
– la Chambre des lords ;
– la Chambre des communes.

A - La Chambre des lords

À l'origine, elle était entièrement héréditaire et avait l'essentiel du pouvoir législatif. Mais avec l'avènement de la démocratie, sa composition s'est transformée et ses attributions ont été fortement réduites.

1) La composition

Pendant longtemps, la chambre a été composée de quatre catégories de lords : les lords héréditaires, les lords judiciaires, les lords viagers et les lords spirituels :
– ***les lords héréditaires*** sont environ au nombre de 800. Ils sont créés par le monarque et portent des titres de noblesse. La transmission du titre se fait dans l'ordre de primogéniture. Mais en 1999, le *House of Lords Act* a supprimé le droit, pour les lords héréditaires, de siéger à la chambre ; seuls 92 d'entre eux, élus par leurs pairs, continueront à siéger jusqu'à ce qu'une réforme transforme définitivement la chambre haute ;
– ***les lords judiciaires*** étaient au nombre de 12. C'étaient de hauts magistrats nommés à vie pour exercer les fonctions juridictionnelles de la chambre. Mais en 2005, le *Constitutional Reform Act* a programmé la suppression de ces fonctions et, en 2009, a été mise en place une Cour suprême indépendante de la chambre ;
– ***les lords viagers*** sont au nombre de 535. Ils existent depuis 1958. Ce sont des hommes et des femmes nommés par le monarque en raison de leurs compétences ou de leur notoriété ;
– ***les lords spirituels*** sont au nombre de 26. Ce sont des dignitaires de l'Église anglicane nommés à vie.

Le projet de réforme présenté en 2007 par le gouvernement Blair prévoyait qu'une moitié des lords viagers resterait nommée alors que l'autre serait élue. Mais le 7 mars 2007, à la suite de scandales impliquant des proches du Premier ministre (attribution de titres de lords à des personnes finançant le parti travailliste), la Chambre des communes s'est prononcée à une large majorité pour une Chambre des lords entièrement élue (à l'exception des lords spirituels). Le poids de la coutume pourrait toutefois faire obstacle à cette position de la Chambre basse...

2) Les attributions

Pendant longtemps, il y a eu deux types d'attributions :
– ***les attributions judiciaires*** : elles n'étaient exercées que par les 12 juges nommés à cet effet. La chambre était une sorte de « super cour d'appel » en matière civile et pénale. Elle ne se saisissait que des affaires les plus importantes et ne rendait

qu'une trentaine de décisions par an. Mais en 2005, le *Constitutional Reform Act* a prévu la suppression de ces fonctions juridictionnelles et la création d'une Cour suprême indépendante de la Chambre des lords qui a été mise en place en 2009 ; cette juridiction comprend 12 juges nommés par la reine après avis du Premier ministre ;

– ***les attributions législatives*** : elles ont subi une grande évolution. Depuis l'origine jusqu'au milieu du XIXe siècle, la Chambre des lords élaborait les lois alors que la Chambre des communes avait un pouvoir minime. Pendant la seconde moitié du XIXe siècle, les deux chambres avaient des pouvoirs égaux ; l'adoption d'une loi nécessitait leur accord. Mais en 1911, le *Parliament Act* n'a conféré aux lords qu'un veto suspensif, réduit de 2 à 1 an en 1949 ; ils ne peuvent plus que retarder l'adoption d'une loi votée par les communes.

B - La Chambre des communes

1) La composition

Depuis les élections de 2010, elle comprend 650 députés élus pour cinq ans au suffrage universel et au scrutin uninominal majoritaire à un tour. En principe, ce mode de scrutin clarifie la vie politique en conservant le bipartisme et en assurant à l'un des deux partis une majorité stable. Toutefois, lorsqu'exceptionnellement, un troisième parti réalise un score électoral important, aucun des deux partis principaux ne dispose de la majorité et le fonctionnement du régime s'en trouve perturbé. Ce cas de figure s'est produit en 1974 et en 2010.

2) Le fonctionnement

Certaines particularités sont intéressantes :

– alors que la plupart des locaux parlementaires sont des hémicycles, le local des communes est rectangulaire : majorité et opposition se font face ;
– le président de la Chambre porte le titre de *speaker*, parce qu'à l'origine, il était le porte-parole de la Chambre auprès du roi. Cette institution remonte au Moyen Âge. De nos jours, le *speaker* est toujours coiffé d'une perruque et vêtu d'une robe. Son impartialité est très grande car il est élu par l'ensemble des députés à la suite d'un accord entre les deux partis ;
– par tradition, le discours du trône, prononcé par le monarque, ouvre chaque année la session parlementaire. Il est rédigé par le Premier ministre et définit le programme du gouvernement.

3) Les attributions

La Chambre des communes a théoriquement beaucoup de pouvoirs. Elle peut modifier la Constitution par un simple vote puisque cette Constitution est souple. Un vieil adage anglais dit que « le Parlement peut tout faire sauf transformer un homme en femme » ! Ses attributions principales sont l'élaboration des lois et le contrôle du gouvernement :

Pour l'élaboration des lois	Pour le contrôle du gouvernement
Les députés ont le droit d'initiative mais le gouvernement aussi. Comme ce dernier est soutenu par une majorité sans faille, ce sont ses projets qui prévalent. Les députés peuvent proposer des amendements, mais le speaker peut, en toute impartialité, « sauter » les amendements les plus complexes afin de faire progresser la discussion par larges bonds. C'est le procédé dit du « kangourou ».	Les questions orales sont le moyen privilégié. Ce procédé est apparu dès le début du XVIIIe siècle en Grande-Bretagne et tous les parlements du monde l'ont adopté par la suite. Théoriquement, le contrôle peut déboucher sur le vote d'une motion de censure qui oblige le gouvernement à démissionner, mais en réalité, cela arrive très rarement car la majorité qui le soutient est très stable.

Le pouvoir du Parlement, dont l'étendue vient de l'absence d'une Constitution rigide, a trouvé une limite avec le *Human Rights Act* de 1998, qui a incorporé au droit britannique la Convention européenne des droits de l'Homme en précisant que la législation nationale doit la respecter. Les citoyens peuvent ainsi obtenir des juridictions la censure des lois portant atteinte à leurs droits fondamentaux.

3. LE POUVOIR EXÉCUTIF

Il est divisé en deux éléments :
- la Couronne ;
- le gouvernement.

A - La Couronne

1) *La dévolution*

La transmission de la Couronne est héréditaire. Elle se fait dans l'ordre de primogéniture et sans exclusion des femmes. Cependant, une règle coutumière voulait qu'à degré de parenté égal, les femmes passent après les hommes et que l'héritier ne puisse pas épouser une personne de religion catholique. À l'initiative du Premier ministre David Cameron, il a été mis fin à ces discriminations.

2) *Les attributions*

Le monarque :
- nomme le Premier ministre mais en réalité, il est obligé de désigner le leader du parti majoritaire à la Chambre des communes ;
- a le droit de dissolution de la Chambre des communes mais en réalité, ce droit est exercé par le Premier ministre ;
- a le droit de sanctionner ou de ne pas sanctionner les lois votées par le Parlement mais en réalité, il est obligé de les accepter car son droit de veto est tombé en désuétude ;
- à l'époque actuelle, le monarque n'a donc plus aucune attribution politique réelle. Il règne mais ne gouverne pas. Il ne fait que symboliser l'unité et la continuité de la nation. Le Trésor verse chaque année une somme – la Liste civile – destinée à entretenir la famille royale.

B - Le gouvernement

1) La composition

Il y a deux originalités dans la composition du gouvernement britannique :

- ***le Conseil privé du roi***, bien qu'il n'ait aucun pouvoir, existe toujours. Il est composé de nobles, de dignitaires religieux, d'anciens ministres et même, des ministres en exercice. Son rôle le plus typique est de proclamer l'avènement d'un nouveau monarque à la suite du décès ou de l'abdication du précédent ;
- ***le gouvernement ne se confond pas avec le cabinet***. Le gouvernement est l'ensemble le plus vaste ; il regroupe une centaine de personnes. Ses membres sont tous pris parmi les parlementaires. C'est ce qui explique son importance numérique : il sera d'autant plus stable qu'une grande partie des députés qui le soutiennent seront amenés à en faire partie. Le cabinet est l'organe directeur du gouvernement. Il ne comprend qu'une trentaine de ministres ; les plus importants (le ministre des Affaires constitutionnelles, le ministre des Finances ou Chancelier de l'échiquier...).

2) Les attributions

Les attributions du gouvernement, et surtout de son organe directeur, le cabinet, sont très larges : il détermine les orientations de la politique intérieure et internationale, contrôle l'administration et peut dissoudre la Chambre des communes.

C'est le Premier ministre qui dispose de tous ces pouvoirs, car il nomme l'ensemble des ministres, choisit leur affectation et la change si elle ne lui convient pas.

4. LE FONCTIONNEMENT DU RÉGIME

Il est conditionné par le bipartisme.

A - Le bipartisme

Les Anglais parlent du « *two party system* ».

L'origine du bipartisme est sociologique. L'antagonisme a d'abord été de nature religieuse. Il opposait ***les tories*** (partisans de l'Église anglicane et défenseurs de l'absolutisme royal contre le Parlement) et ***les whigs*** (dont les positions étaient inverses). L'opposition est ensuite devenue purement politique. Les *tories*, qui étaient majoritairement aristocrates, sont devenus les conservateurs. Les *whigs*, qui étaient majoritairement marchands, sont devenus les libéraux. Mais un troisième parti, né en 1906, a définitivement remplacé le parti libéral en 1924 : le ***Labour*** ou parti travailliste. Le parti libéral, appelé parti libéral-démocrate depuis 1988, subsiste quand même avec quelques députés aux Communes. Le nouveau bipartisme se résume donc à l'antagonisme entre conservateurs et travaillistes, c'est-à-dire entre la droite et la gauche.

L'organisation des deux partis est particulièrement importante. Au parti conservateur, le leader est élu par le groupe parlementaire ; au parti travailliste, il est élu par un collège composé des députés et des militants. Ce sont les partis qui choisissent les candidats aux élections législatives. Ce sont eux, ensuite, qui encadrent les élus. Certains parlementaires sont chargés, par leur parti, de rappeler à l'ordre les députés de base et d'assurer la discipline de vote ; on les surnomme les *whips* (fouets).

Le bipartisme subit parfois quelques altérations lorsque le parti libéral recueille un nombre de suffrages important aux législatives. Le mode de scrutin ne permet pas pour autant de conférer à ce troisième parti un grand nombre de sièges aux Communes, mais il prive l'un des deux principaux partis de majorité.

La chambre élue en février 1974 a ainsi été dissoute quelques mois plus tard car les travaillistes n'y détenaient pas une majorité suffisante. Les élections d'octobre 1974 se sont soldées par des résultats assez comparables, obligeant le *Labour* à s'allier avec les Libéraux. Événement rare au Royaume Uni, ce gouvernement *« Lib-Lab »* a été renversé par une motion de censure en 1979, à l'initiative du leader conservateur Margaret Thatcher.

Les législatives de mai 2010 se sont également soldées par un « Parlement suspendu », c'est-à-dire dans lequel aucun des deux grands partis n'a de majorité absolue. Le Premier ministre travailliste, Gordon Brown, a démissionné car les conservateurs l'ont emporté. Mais pour disposer d'une majorité, ces derniers ont dû s'allier au troisième parti : le leader conservateur, David Cameron, a formé un vrai gouvernement de coalition avec comme vice Premier ministre son homologue libéral-démocrate, Nick Clegg, ainsi que des ministres des deux partis. Cela n'était pas arrivé depuis le gouvernement d'union nationale associant des conservateurs et des travaillistes entre 1940 et 1945 sous l'autorité de Winston Churchill. Mais pour s'assurer du soutien libéral-démocrate, David Cameron a dû promettre un référendum sur le mode de scrutin. Cette consultation, qui a eu lieu en mai 2011, permettait d'opter entre le scrutin majoritaire à un tour et un mode de scrutin alternatif intégrant une dose de proportionnelle. En décidant à 68 % de conserver leur mode de scrutin traditionnel, les Britanniques ont montré leur attachement au bipartisme. Aux législatives de mai 2015, le scrutin majoritaire à un tour a retrouvé son efficacité en restaurant le bipartisme. Les conservateurs de David Cameron ont obtenu à eux seuls la majorité des sièges aux communes, reléguant les travaillistes à l'opposition. Le parti pour l'indépendance du Royaume-Uni, xénophobe et anti-européen, arrive en troisième position avec 13 % des suffrages mais le mode de scrutin ne lui confère qu'un député.

B - Les conséquences du bipartisme

Si l'on s'en tenait au schéma classique du parlementarisme, on pourrait penser que le régime anglais est un régime où les pouvoirs sont séparés mais égaux grâce à leurs moyens d'action réciproques (renversement du gouvernement/dissolution de la Chambre).

Mais en réalité, le bipartisme, lorsqu'il ne subit pas d'altération, modifie complètement ce schéma. La séparation des pouvoirs n'est qu'une illusion. Il y a union entre l'exécutif et la Chambre des communes car l'un des partis est assuré d'avoir la majorité aux communes et son leader est forcément nommé Premier ministre. En élisant leurs députés, les Britanniques élisent indirectement leur Premier ministre. Si ce dernier démissionne durant la législature, son parti élit un nouveau leader que la reine nomme chef du gouvernement. C'est ainsi que Theresa May a succédé à David Cameron, démissionnaire après le référendum perdu sur le Brexit du 23 juin 2016. Suite aux difficultés rencontrées dans les négociations du « Brexit », Theresa May a démissionné le 24 mai 2019. Boris Johnson a été élu à la tête du parti conservateur le 23 juillet 2019, et est devenu le Premier ministre britannique. Les législatives anticipées du 12 décembre 2019 qu'il a déclenchées ont conféré au parti conservateur une large majorité et lui ont permis de réaliser le Brexit le 31 janvier 2020. Boris Johnson sera resté Premier ministre jusqu'au 7 juillet 2022. À la suite d'une soixantaine de départs au sein de son gouvernement, il n'a pas eu le choix que de quitter la tête du parti conservateur. Une période d'incertitude débute donc au Royaume-Uni.

Comme les partis sont très disciplinés, la majorité qui soutient le Premier ministre est très stable. Il n'y a aucun risque qu'une motion de censure soit votée.

Le droit de dissolution est utilisé souvent, mais il ne sert plus de riposte comme dans le schéma classique. Lorsque le Premier ministre se rend compte que les sondages lui sont favorables, il dissout l'assemblée afin de gagner les élections suivantes. C'est ce qu'a fait Theresa May le 2 mai 2017 afin de renforcer sa majorité parlementaire en vue des négociations avec l'Union européenne sur le Brexit. Mais le pari a échoué. À l'issue des législatives anticipées du 8 juin 2017, le parti conservateur a perdu sa majorité absolue, obligeant la Première ministre à s'allier à un petit parti nord-Irlandais pour tenter de se maintenir au pouvoir.

L'équilibre du régime parlementaire est donc remis en cause, mais cela ne risque pas de dégénérer en dictature car l'opposition dispose d'une situation privilégiée.

La Chambre des communes lui sert de tribune et le gouvernement joue le jeu de la démocratie parlementaire. Il n'annonce jamais ses décisions dans les médias sans les avoir d'abord exposées à la chambre. L'opposition dialogue avec lui d'égal à égal. Le parti qui est dans l'opposition constitue un véritable gouvernement virtuel – le *shadow* cabinet (gouvernement fantôme) – susceptible d'assurer le pouvoir sans difficulté en cas d'alternance. Lors des débats aux communes, les ministres fantômes répondent aux ministres en exercice et le leader de l'opposition répond au Premier ministre. Ce leader est reconnu officiellement. Il porte le titre de « leader de l'opposition de Sa Majesté ». Il est rémunéré par l'État au même titre que le Premier ministre et il est consulté par ce dernier sur les problèmes importants.

BIBLIOGRAPHIE

CHARLOT (M.), *Le pouvoir politique en Grande-Bretagne*, 1998, PUF, Thémis.

DAVID (R.) et BLANC-JOUVAN (X.), *Le droit anglais*, 2001, PUF, Que sais-je ? Pouvoirs n° 37, « La Grande-Bretagne », 1986.

CHAPITRE 7

L'exemple des États-Unis

La Constitution américaine de 1787 est la plus vieille Constitution écrite encore en vigueur. Elle représente le modèle du régime présidentiel.

1. LE CONGRÈS

Le Congrès est le Parlement bicaméral des États-Unis.

A - La composition du Congrès

Il comporte la Chambre des représentants (reflet de l'ensemble de la population américaine) et le Sénat (dont le rôle est de représenter les États fédérés).

1) *La Chambre des représentants*

Elle est composée de 435 membres élus au suffrage universel direct et au scrutin uninominal majoritaire à un tour.

La durée du mandat n'est que de deux ans. Cela favorise la démagogie. On dit souvent que le représentant emploie la première année de son mandat à faire oublier les promesses impossibles qu'il a faites pendant sa campagne, et la seconde année à en faire d'autres, pour se faire réélire !

Le nombre des représentants varie suivant l'importance de la population des États fédérés (53 en Californie ; 1 au Wyoming).

Les circonscriptions ne sont pas découpées par la Chambre des représentants mais par les parlements des États fédérés.

2) *Le Sénat*

Étant donné qu'il a pour objet de représenter les États fédérés en tant que tels, chaque État a droit à deux sénateurs quelle que soit sa population (50 États = 100 sénateurs).

Les sénateurs sont également élus au suffrage universel direct, mais pour six ans renouvelables par tiers tous les deux ans. Ce renouvellement partiel coïncide avec le renouvellement total de la Chambre des représentants.

B - Le fonctionnement du Congrès

Les deux assemblées du Congrès se réunissent en même temps pour une session qui dure de janvier à juillet.

Dans chaque assemblée, il y a des commissions permanentes spécialisées dont le pouvoir est énorme :

– elles peuvent ***empêcher l'inscription d'un texte à l'ordre du jour*** ;
– elles peuvent ***faire comparaître toute personne susceptible de livrer des informations utiles à leur travail***. Ce pouvoir a permis au Congrès de contrôler très étroitement l'exécutif, ce qui constitue une atténuation de la séparation rigide des pouvoirs.

C - Les attributions du Congrès

1) Les attributions communes aux deux chambres

Elles sont de trois ordres :

– ***attributions législatives*** : les deux chambres ont des pouvoirs égaux. En cas de désaccord entre elles, on réunit immédiatement une commission de conciliation. Si elle échoue, on abandonne car aucune des deux chambres ne peut imposer sa volonté à l'autre ;
– ***attributions constituantes*** : les deux chambres ont aussi des pouvoirs égaux, mais la procédure est plus complexe ; elle fait intervenir les parlements des États fédérés. La Constitution fédérale, en effet, ne peut être révisée sans leur accord. Les modifications de la Constitution sont appelées des amendements. Depuis 1787, seulement 27 amendements ont été adoptés. Les dix premiers l'ont été en 1791 ; ils représentent la Déclaration des droits de l'Homme de la Constitution américaine. D'autres amendements ont été adoptés aux XIXe et XXe siècles, qui complètent le dispositif, étendent le droit de suffrage et modifient l'organisation des pouvoirs publics ;
– ***attributions juridictionnelles*** : les deux chambres se répartissent les rôles dans la procédure d'*impeachment* qui permet de juger le Président, le vice-président et tout fonctionnaire en cas de « trahison, concussion ou autres crimes et délits » : la Chambre des représentants est l'accusateur (à la majorité simple) et le Sénat est le juge (à la majorité des deux tiers). La culpabilité entraîne la destitution.

Contre le Président, l'*impeachment* n'a été engagé que quatre fois dans l'histoire des États-Unis : en 1868, Johnson, accusé d'avoir révoqué irrégulièrement un de ses secrétaires, a été acquitté par le Sénat ; en 1974, Nixon, impliqué dans l'affaire du Watergate, a démissionné avant que la procédure n'aille à son terme ; en 1998, la Chambre des représentants a mis en accusation Bill Clinton pour parjure et entrave à la justice car il avait voulu dissimuler une liaison avec une jeune stagiaire à la Maison-Blanche ; mais en 1999, il a été innocenté par le Sénat ; en 2019, peu après l'annonce de sa candidature pour un second mandat, Donald Trump a téléphoné au Président ukrainien, lui demandant d'enquêter sur Hunter Biden, ancien membre du Conseil d'administration d'une entreprise de gaz qui fut un temps soupçonnée de corruption. Hunter étant le fils de Joe Biden, candidat à l'investiture démocrate et probable rival de Donald Trump à la présidentielle de 2020, cet appel téléphonique à un dirigeant étranger à des fins politiques pouvait relever de l'abus de pouvoir. Un lanceur d'alerte ayant révélé l'existence de la conversation, la présidente démocrate de la Chambre des représentants a déclenché la procédure d'impeachment le 24 septembre 2019. Mais le chef de l'État a refusé de coopérer. Le 18 décembre, la Chambre l'a donc mis en accusation pour abus de pouvoir et obstruction au Congrès. Le 5 février 2020, le Sénat, dont la majorité est républicaine, a acquitté le Président Trump.

2) Les attributions propres au Sénat

Les États fédérés qu'il représente sont soumis aux décisions de l'administration fédérale sur le plan de la politique intérieure et ne peuvent participer en tant que tels à la politique extérieure.

On a donc donné au Sénat des pouvoirs politiques, administratifs et diplomatiques qui compensent indirectement cette infériorité des États fédérés :

- ***attributions politiques*** : le Sénat donne son accord pour la nomination des secrétaires du Président. Cela aurait pu transformer le régime présidentiel en régime parlementaire si le Sénat avait pris l'habitude de subordonner son accord à des motifs politiques. Mais il se contente de prendre en compte des critères de moralité ;
- ***attributions administratives*** : le Sénat donne son accord sur la nomination des hauts fonctionnaires mais il n'a pas à donner son accord pour leur destitution. Il est extrêmement exigeant pour la nomination des juges de la Cour suprême et des ambassadeurs ;
- ***attributions diplomatiques*** : le Sénat autorise à la majorité des 2/3 la ratification des traités négociés par le Président. C'est un pouvoir énorme car il permet de bloquer toute la politique extérieure. C'est pourquoi se sont développés des accords exécutifs (*executive agreements*), que le Président peut signer sans avoir à consulter le Sénat. Au début, ces accords ne concernaient que des problèmes mineurs, mais peu à peu, même les traités les plus fondamentaux ont été pris sous cette forme.

2. LE PRÉSIDENT DES ÉTATS-UNIS

A - La désignation du Président

Elle se déroule en deux phases : la sélection du candidat, l'élection du Président.

1) La sélection, par chaque parti politique de son candidat

Dans chaque parti, les candidats à la candidature sont départagés dans une convention nationale, comprenant des délégués de tous les États fédérés. Dans certains États, ces délégués sont désignés par des comités de militants (système des *caucus*). Mais le plus souvent, ils sont élus par l'ensemble des électeurs du parti (système des élections primaires). Dans les primaires fermées, seuls les électeurs déclarant adhérer au parti peuvent voter ; dans les primaires ouvertes, tout électeur peut participer.

La convention nationale établit le programme du parti tout en choisissant le candidat. Pour ce faire, les délégués votent État par État et il faut réunir la majorité absolue des suffrages pour être investi.

Le candidat investi choisit immédiatement celui qui serait son vice-président, et la convention ratifie ce choix. Celui qui est destiné à la vice-présidence a une personnalité complémentaire de celle du candidat de manière à séduire l'électorat le plus large. Ainsi, Barack Obama, premier Président noir de l'histoire des États-Unis, élu en 2008, a choisi Joe Biden, un blanc, plus âgé que lui, pour être vice-président.

Ce dernier sera élu Président le 30 novembre 2020. Il a pris ses fonctions à compter du 20 janvier 2021. Il est le Président le plus âgé entrant dans la Maison Blanche. Il a choisi à ses côtés, et pour la première fois, une femme en la personne de Kamala Harris pour être sa vice-présidente.

2) L'élection du Président au suffrage universel indirect

Les électeurs de base élisent des électeurs présidentiels. Cette élection se fait dans le cadre des États, au scrutin de liste majoritaire à un tour.

Chaque État a autant d'électeurs présidentiels qu'il a de sièges dans les deux chambres du Congrès réunies. Les grands États jouent donc un rôle légitimement prépondérant dans l'élection présidentielle car leurs sièges à la Chambre des représentants sont proportionnels à l'importance de leur population.

Avant leur désignation, les électeurs présidentiels indiquent pour quel parti ils comptent voter. En choisissant les électeurs présidentiels, l'électorat de base choisit donc en fait le Président. Le suffrage indirect n'est plus qu'une apparence.

Cependant il peut se produire des distorsions pour deux raisons :

- ***le fédéralisme***. Les petits États ont peu de sièges à la Chambre des représentants mais ils bénéficient, comme les grands États, de deux sièges au Sénat. Ils possèdent donc un nombre d'électeurs présidentiels supérieur à l'importance de leur population ;
- ***le scrutin majoritaire à un tour***. Dans ce type de scrutin, une liste arrivée en tête, même avec un écart de voix infime, se voit attribuer tous les sièges. Donc, lorsqu'on additionne les résultats de tous les États, les électeurs présidentiels du candidat X peuvent être élus de justesse tout en étant plus nombreux que ceux du candidat Y, qui sont élus triomphalement. Dans ce cas, X l'emporte alors que si l'élection avait été directe, c'est Y qui aurait été élu.

Une telle distorsion, qui ne s'était produite que deux fois, à la fin du XIXe siècle, s'est reproduite lors des élections présidentielles de 2000 (George W. Bush, élu alors qu'il totalisait moins de suffrages populaires qu'Al Gore) et de 2016 (Donald Trump, élu dans les mêmes conditions face à Hillary Clinton). Le 18 juin 2019, le Président Trump a débuté la campagne pour sa réélection.

Lors de l'élection de 2000, s'est ajouté un problème inédit : du fait des difficultés d'interprétation de bulletins de vote complexes, mal imprimés et mal perforés, l'incertitude a plané pendant plus d'un mois sur les résultats de l'État de Floride dont dépendait l'issue finale du scrutin. C'est finalement la Cour suprême des USA qui a assuré la victoire de George W. Bush en s'opposant au recomptage manuel des bulletins rejetés par les machines à voter.

Les électeurs présidentiels se réunissent dans chaque État pour élire le Président et ils envoient les résultats de leur vote au président du Sénat qui les proclame. C'est une élection pour la forme. Toutefois, la Constitution prévoit que si aucun candidat n'obtient la majorité absolue des électeurs présidentiels (cela se produit lorsqu'il y a plus de deux candidats), le Congrès se substitue à ces électeurs : la Chambre des représentants élit le Président et le Sénat, le vice-président. Ce n'est arrivé que deux fois, au début du XIXe siècle.

Le Président est élu pour quatre ans, mais ne peut pas faire plus de deux mandats. Le vice-président ne participe pas au pouvoir exécutif. Il est président de droit du Sénat, mais le plus souvent, il abandonne cet honneur à un sénateur élu par ses pairs.

Le vice-président n'existe que pour prendre la place du président des États-Unis en cas de défaillance de ce dernier. La défaillance peut être définitive (décès, démission) ou provisoire (maladie). Le Président peut se faire remplacer de sa propre initiative, mais il peut aussi être remplacé à l'initiative de la majorité du Congrès, ou à celle du vice-président et des secrétaires.

B - Le fonctionnement de la présidence

Le président des États-Unis incarne à lui seul le pouvoir exécutif mais il est aidé par ses secrétaires et par ses collaborateurs personnels.
Les secrétaires sont nommés par le Président avec l'accord du Sénat mais ils n'ont de comptes à rendre qu'au Président. Ils lui sont entièrement subordonnés.
Les conseillers personnels sont à la fois plus proches du Président et investis de missions à plus long terme. Il y a des organismes, tels que le Bureau du budget ou le Conseil national de sécurité, et des individus.

C - Les attributions du Président

Conformément au principe du régime présidentiel, le président des États-Unis est à la fois le chef de l'État et le chef du gouvernement :

- il dispose du pouvoir réglementaire, pour édicter les textes nécessaires à l'exécution des lois ;
- en temps de guerre, il peut prendre des décisions allant beaucoup plus loin que cette simple exécution (réquisitions) ;
- il dirige l'administration fédérale et nomme les fonctionnaires avec l'accord du Sénat ;
- il est le chef des armées. Seul, le Congrès peut déclarer la guerre, mais jusqu'en 1973, le Président pouvait décider des opérations militaires sans le consulter ;
- il conduit la politique extérieure à condition d'avoir l'accord du Sénat pour nommer les ambassadeurs et ratifier les traités. Il s'est cependant affranchi de cette dernière contrainte grâce aux *executive agreements* ;
- dans la procédure législative, la Constitution lui confère un droit de veto que le Congrès ne peut surmonter que par un vote à la majorité des 2/3 dans chaque chambre. Le Président n'a pas l'initiative des lois, mais il peut toujours confier à un parlementaire de son parti, le soin de déposer une proposition dont il est l'auteur. Il a même pris l'habitude de faire état de ses projets lors de son discours annuel devant le Congrès ;
- il dispose du droit de grâce et nomme les juges de la Cour suprême avec l'accord du Sénat.

3. LE POUVOIR JURIDICTIONNEL

Chaque État fédéré dispose de sa propre justice, composée d'un certain nombre de tribunaux placés sous l'autorité d'une Cour suprême. À ces cinquante justices, se superpose la justice de l'État fédéral, composée de trois niveaux :
- les ***cours de district***, qui jugent en première instance ;
- les ***cours d'appel*** ;
- la ***Cour suprême***, qui peut connaître des litiges jugés par les tribunaux fédéraux inférieurs, et même par les tribunaux des États fédérés. Elle juge aussi bien le fait que le droit et traite les contentieux judiciaires, administratif et constitutionnel. Ses neuf membres sont nommés à vie.

C'est le contrôle de constitutionnalité qui représente l'activité la plus remarquée des tribunaux américains, et en particulier, de la Cour suprême. L'apparition de ce contrôle a bouleversé les rapports entre le pouvoir juridictionnel et le pouvoir politique au XIXe siècle et dans la première moitié du XXe siècle :
- ***de 1801 à 1835***, le *Chief Justice* (président de la Cour) Marshall a fait de cette juridiction un organisme très puissant. Le contrôle de constitutionnalité des lois n'était pas prévu par la Constitution. C'est une innovation jurisprudentielle. Il a été employé pour la première fois à l'initiative de Marshall dans une décision de 1803 : *Marbury c/Madison* ;
- ***de 1835 à 1937***, la puissance de la Cour suprême était ascendante et s'exerçait dans le sens conservateur. Elle a culminé au début des années 1930 avec le « gouvernement des juges ». Le Président F. D. Roosevelt, avec l'appui de l'opinion publique, a obligé deux juges à démissionner et a profité de deux décès pour nommer des juges moins hostiles.

Par la suite, les rapports entre la Cour suprême et le pouvoir politique se sont normalisés. En fonction de sa composition influencée par des nominations républicaines ou démocrates, la jurisprudence constitutionnelle de la Cour connaît des périodes tantôt conservatrices tantôt progressistes.

4. LE FONCTIONNEMENT DU RÉGIME

Comme c'est souvent le cas, c'est le nombre et la nature des partis politiques qui déterminent le fonctionnement du régime. En apparence, les États-Unis connaissent un système de bipartisme : parti républicain et parti démocrate. Mais en réalité, le fédéralisme implique cinquante partis républicains et cinquante partis démocrates.

A - La dispersion des partis politiques

Les partis américains se caractérisent par leur absence d'idéologie et leur localisme. L'antagonisme qui est à l'origine de la distinction entre républicains et démocrates tient à la décentralisation. Le parti démocrate, apparu en 1792, regroupait les décentralisateurs ou antifédéralistes ; le parti républicain, créé en 1854, rassemblait les centralisateurs ou fédéralistes.

De nos jours, l'antagonisme est moins net et varie selon les États fédérés. Ces États sont si divers qu'aucun des deux partis ne peut imposer une idéologie marquée à ses adhérents. Les partis s'affrontent donc sur des problèmes d'intérêt local. Ils ne se réunifient qu'à l'occasion de l'élection présidentielle. Au Congrès, leurs élus n'ont aucune discipline de vote. Ils ne se déterminent qu'en fonction des intérêts locaux.

B - Les conséquences de la dispersion des partis

Le vide idéologique des partis laisse le champ libre aux groupes de pression (*lobbies*) qui peuvent influencer la politique du Congrès. L'un de ces *lobbies*, le complexe militaro-industriel, possède une puissance redoutable. Il réunit l'armée et les fabricants d'armes et œuvre pour l'accélération des programmes d'armements.

L'absence de discipline de vote des élus permet de faire fonctionner un régime qui conduit plutôt à l'affrontement. En effet, la séparation des pouvoirs est rigide, la Constitution est basée sur les facultés d'empêcher des différents organes et la non-coïncidence des mandats implique souvent des discordances politiques entre Président, juges de la Cour suprême, sénateurs et représentants. Le caractère peu marqué des oppositions partisanes permet d'atténuer la séparation par une coopération de fait (parlementarisme de couloirs). À partir de ces influences officieuses, le rapport de force est tantôt favorable au Président, tantôt favorable au Congrès.

BIBLIOGRAPHIE

BURGESS (F.), *Les institutions américaines*, 1995, PUF, Que sais-je ?

CHEROT (J.-Y.), « Une relecture économique de la Constitution des États-Unis (Charles A. Beard) », Revue française de droit constitutionnel 1991, 5, p. 147.

GÉRARD (P.), *Le président des États-Unis*, 1994, PUF, Que sais-je ?

LONGUET (C.-E.), *Le Congrès des États-Unis*, 1989, PUF, Que sais-je ?

ORBAN (E.), « La Cour suprême des États-Unis et le processus démocratique », RDP 1990, p. 23.

Pouvoirs n° 29, « Les États-Unis », 1984.

TOINET (M.-F.), *Le système politique des États-Unis*, 1990, PUF, Thémis.

TUNC (A.), *Le droit des États-Unis*, 1989, PUF, Que sais-je ?

CHAPITRE 8

L'exemple de la Suisse

La Suisse s'est donné une Constitution en 1848. Malgré une révision en 1874 et une mise à jour en 1999, ce texte s'applique encore aujourd'hui.

1 • L'ASSEMBLÉE FÉDÉRALE

C'est le Parlement suisse.

A - La composition

La Suisse, malgré sa petite dimension, est un État fédéral. Cela implique le bicaméralisme :

- le Conseil national représente la population ;
- le Conseil des États représente les États fédérés qu'on appelle des cantons.

1) *Le Conseil national*

Il comprend 200 députés, élus pour une durée de quatre ans au suffrage universel direct et à la représentation proportionnelle.

2) *Le Conseil des États*

Il comprend 46 députés depuis 1979, année de la création d'un nouveau canton : le canton du Jura.

Chaque canton a droit à deux députés. Trois cantons (Unterwald, Appenzell et Bâle) sont divisés en demi-cantons. Chaque demi-canton a droit à un député.

Le mode d'élection de ces représentants est variable car il est déterminé librement par chaque canton (ou demi-canton). Il en est de même pour la durée du mandat.

Chaque canton verse une indemnité parlementaire à ses représentants. Ceux-ci sont donc tout à fait indépendants de l'État fédéral. C'est une survivance de l'époque où la Suisse n'était encore qu'une confédération.

B - Les attributions

Les deux chambres ont des attributions identiques. Trois sortes d'attributions.

1) *L'élaboration des lois*

Pour l'élaboration des lois, les deux chambres sont séparées. Mais en cas de désaccord, elles ont le choix entre deux systèmes :

- ***faire circuler le texte de l'une à l'autre*** jusqu'à ce que l'accord soit trouvé. C'est le système de la navette ;

– ***réunir une commission de conciliation*** comportant des membres de chaque assemblée.

2) *Les nominations de diverses autorités*

Pour les nominations qu'elles ont à effectuer, les deux chambres sont réunies.

Parmi ces nominations, la plus importante est celle des membres de l'exécutif. Mais le Parlement désigne aussi les membres du Tribunal fédéral, et même le général en chef des armées. L'assemblée a aussi un rôle d'arbitre dans les conflits de compétences entre les autorités fédérales.

3) *Le contrôle de l'exécutif*

Cette attribution est aussi exercée par les chambres réunies. Le contrôle se fait par différents moyens :

- les députés peuvent ***interpeller les membres de l'exécutif***, c'est-à-dire leur demander des explications sur leur politique ;
- ils peuvent également ***adresser à l'exécutif des motions pour lui ordonner d'étudier un problème ou de préparer un projet de loi*** ;
- l'exécutif est ***obligé de présenter un rapport de gestion au Parlement*** chaque année.

2. LE CONSEIL FÉDÉRAL

Conformément à la règle du régime d'assemblée, l'exécutif est en principe subordonné à l'assemblée.

A - La composition

Le Conseil fédéral comporte sept membres, élus par les deux chambres réunies, à la majorité absolue et pour une durée de quatre ans.

Pour préserver l'égalité des États fédérés, la coutume veut qu'aucun canton n'ait plus d'un ressortissant membre du Conseil.

L'un des sept membres est élu président de la Confédération helvétique par les deux chambres réunies, mais pour un an seulement. Il n'est pas rééligible immédiatement et, bien qu'il soit le chef de l'État, ses pouvoirs ne sont qu'honorifiques.

On veut donc éviter toute personnalisation du pouvoir.

B - Le fonctionnement

Là encore, le modèle du régime d'assemblée est suivi fidèlement : le Conseil est un exécutif collégial, c'est-à-dire que ses membres sont tous égaux et prennent leurs décisions collectivement.

Il ne peut siéger que si quatre membres sur sept sont présents. Chaque membre dirige un ministère.

C - Les attributions

Théoriquement, le Conseil ne fait qu'exécuter les décisions du Parlement. Il n'a aucun pouvoir sur le Parlement. Il ne dispose bien sûr pas du droit de dissolution. Il n'a même pas le pouvoir de démissionner. Si le Parlement fait une interpellation pour manifester sa défiance, l'exécutif ne peut qu'infléchir sa politique dans le sens voulu par les députés. Seuls deux pouvoirs permettent au Conseil d'influencer le Parlement :
- le Conseil dispose de l'initiative des lois tout comme les députés. Il peut donc élaborer des projets de loi et les proposer au Parlement ;
- les membres du Conseil ont accès aux chambres et peuvent donc participer à leurs débats.

3. LE TRIBUNAL FÉDÉRAL

Élu par le Parlement, il a pour attributions :
- de trancher les conflits de compétences entre l'État fédéral et les États fédérés ;
- de trancher les conflits entre les États fédérés ;
- de contrôler la constitutionnalité des lois des États fédérés. En revanche, il ne peut contrôler la constitutionnalité des lois fédérales.

4. LA DÉMOCRATIE SEMI-DIRECTE ET LA DÉMOCRATIE DIRECTE

A - Au niveau fédéral

La démocratie semi-directe s'exerce aussi bien pour modifier la Constitution que pour élaborer des lois ordinaires.

1) En matière constitutionnelle

On utilise l'initiative populaire. Si une pétition réunissant 100 000 signatures le demande, l'assemblée fédérale renouvelée pour la circonstance, procède à la révision demandée.

Le texte de la révision doit obligatoirement être soumis à un référendum. Il n'est adopté que s'il réunit à la fois la majorité des citoyens et celle des cantons.

2) En matière législative

Il n'y a pas d'initiative populaire mais il y a le veto populaire. Si une pétition réunit 50 000 signatures ou huit cantons contre une loi votée par l'assemblée fédérale, on organise un référendum :
- si le non l'emporte, la pétition est rejetée, donc, la loi est approuvée ;
- si le oui l'emporte, c'est la pétition qui est approuvée et la loi rejetée.

B - Au niveau cantonal

Beaucoup de cantons pratiquent la démocratie semi-directe en matière constitutionnelle et législative ; certains pratiquent la démocratie directe.

1) La démocratie semi-directe

En matière constitutionnelle, on trouve le même système qu'au niveau fédéral : il y a une possibilité d'initiative populaire et, une fois la révision effectuée par le Parlement, le référendum est obligatoire.

En matière législative, contrairement au niveau fédéral, l'initiative populaire est possible ; les lois votées par le Parlement peuvent aussi faire l'objet d'un veto populaire, et dans certains cantons, elles peuvent même être obligatoirement soumises à référendum.

2) La démocratie directe

Dans une demi-douzaine de cantons, il existe un droit tout à fait révolutionnaire : le droit de révocation populaire. Si une pétition réunissant un certain nombre de signatures réclame la dissolution du Parlement, cette dissolution se fait par référendum. Il faut quand même préciser que ce droit n'est presque jamais exercé.

Dans les trois cantons de Glaris, Unterwald et Appenzell, il n'y a pas de Parlement. C'est l'ensemble du peuple qui se réunit une fois par an, un dimanche de printemps, dans une prairie ou sur une place publique, pour voter les lois et les révisions constitutionnelles.

Il faut quand même préciser que le travail est préparé par un conseil restreint qui est élu. Pour les problèmes trop techniques, l'assemblée populaire se contente souvent de ratifier ce qui lui est proposé.

Cependant, il s'agit de la démocratie directe telle qu'elle était pratiquée sous l'Antiquité, à Athènes. Elle est rendue possible par le fait que ces cantons sont les moins peuplés de Suisse. Elle n'est pas synonyme de progressisme : dans le demi-canton d'Appenzell Rhodes-intérieures, les femmes n'ont acquis le droit de vote que par une décision du Tribunal fédéral.

5. LE FONCTIONNEMENT DU RÉGIME

Juridiquement, la Suisse possède un régime d'assemblée, c'est-à-dire une séparation purement formelle des pouvoirs ; l'exécutif n'étant que le subordonné du Parlement. Il y a cependant une différence avec le modèle classique du régime d'assemblée : c'est la durée des sessions du Parlement :

Modèle classique	Régime d'assemblée suisse
Dans le modèle classique, le Parlement est réuni en permanence, ce qui lui permet de contrôler étroitement l'exécutif.	En Suisse au contraire, les sessions parlementaires ne durent que deux ou trois mois par an. Donc, le reste de l'année, l'exécutif agit tout seul.

De plus, l'exécutif dispose de l'administration alors que le Parlement en est dépourvu. On a donc un exécutif parfaitement au courant des dossiers face à un Parlement réuni très rarement et moins au fait des problèmes.

En outre, dans la pratique, on s'est éloigné tout à fait du régime d'assemblée. Les membres de l'exécutif, qui sont élus pour quatre ans seulement, ont en fait toujours été réélus indéfiniment. Certains sont restés au pouvoir pendant plus de trente ans. S'ils décédaient ou démissionnaient, ils étaient de toute façon remplacés par un membre de leur parti.

Donc, si juridiquement, l'exécutif est soumis à l'Assemblée, pratiquement, il a montré sa totale indépendance.

La stabilité de l'exécutif, qui s'expliquait par un consensus régnant au sein de la classe politique, a cependant été remise en cause en 2003.

Depuis 1959, la formation de l'exécutif obéissait à une « formule magique » selon laquelle les trois grands partis (socialiste, démocrate-chrétien et radical) obtenaient chacun deux ministères ; le septième portefeuille allant à l'UDC (Union démocratique du centre), petit parti de la droite populiste. Cette concordance entre les partis faisait du Conseil fédéral une représentation fidèle de la composition de l'Assemblée, relativisant ainsi les notions de majorité et d'opposition.

Les élections législatives de 2003 ont fait de l'UDC le parti le mieux représenté au Conseil national. Du coup, son leader, Christoph Blocher, a menacé d'en faire une formation d'opposition si le Parlement ne lui élisait pas un second représentant à l'exécutif. Lors de l'élection des ministres, l'Assemblée s'est exécutée. Pour la première fois depuis 1872, elle a refusé de réélire un membre de l'exécutif. Les démocrates-chrétiens n'ont donc plus qu'un représentant. L'UDC en avait acquis deux, dont Christoph Blocher lui-même. Mais la xénophobie de ce leader a indisposé beaucoup de parlementaires. C'est pourquoi, malgré une nouvelle victoire de son parti aux législatives de 2007, il n'a pas été réélu à l'exécutif. L'assemblée fédérale lui a préféré une dissidente de l'UDC, ralliée depuis à un petit parti de centre-droit, et reconduite après les législatives de 2011.

Depuis 2007, l'UDC n'avait donc plus qu'un seul représentant au Conseil fédéral mais aux législatives de 2015, elle a progressé au Conseil national, retrouvant ainsi ses deux ministres. Conséquence : la formule magique est devenue inopérante ; la concordance entre les partis est désormais remplacée par un gouvernement de coalition.

Le consensus traditionnel se comprenait dans la mesure où en politique extérieure, la neutralité de la Suisse supprimait tous les problèmes et en politique intérieure, la prospérité économique évitait bien des contestations. Cette entente a été mise à mal par les incertitudes liées à l'Europe et à la mondialisation.

Malgré tout, la démocratie semi-directe soulage la classe politique en transférant la charge des grandes questions au peuple. Juridiquement, le peuple ne dispose de l'initiative qu'en matière constitutionnelle. Mais en pratique, il en dispose aussi en matière législative car on fait figurer dans la Constitution des dispositions qui n'ont rien à voir avec l'organisation des pouvoirs publics.

BIBLIOGRAPHIE

GARRONE (P.), « Le suffrage universel et égal en Suisse », Revue française de droit constitutionnel n° 10, p. 251.

Pouvoirs n° 43, « La Suisse », 1987.

SCHULTZ (P.), « Réflexions sur la démocratie semi-directe en Suisse », RDP 1978, p. 749.

SIDJANSKY (D.), « La Suisse, le pouvoir des gouvernés, le pouvoir des préjugés », Pouvoirs n° 7, 1978, p. 115.

CHAPITRE 9

L'exemple de l'Allemagne

L'Allemagne a été unifiée en 1871 sous la forme d'un empire fédéral dont l'empereur – le *Kaiser* – était le roi de Prusse. Il gouvernait de manière autoritaire par l'intermédiaire d'un Premier ministre appelé Chancelier, qu'il nommait et révoquait librement. Le Parlement était bicaméral, comme dans tous les États fédéraux : le *Bundesrat* était composé de délégués des États fédérés ; la Prusse y disposait d'une majorité lui permettant de bloquer toute révision constitutionnelle ; le *Reichstag* représentait le peuple ; il était élu au suffrage universel mais le système des candidatures officielles ne permettait pas à l'opposition d'y être sérieusement représentée ; les députés ne pouvaient pas renverser le Chancelier mais l'Empereur, lui, pouvait dissoudre le *Reichstag*.

Après la guerre de 1914-1918, cet empire a été remplacé par une République régie par la Constitution dite de Weimar, qui date de 1919. Cette Constitution, très démocratique, conservait le fédéralisme, mais réduisait l'autonomie des États fédérés, désormais appelés des *Länder*. L'assemblée qui les représentait – le *Reichsrat* – n'avait qu'un droit de veto suspensif sur les lois votées par le *Reichstag*. Cette dernière assemblée était élue au suffrage universel direct pour quatre ans, à la proportionnelle. Mais en réalité, le pouvoir exécutif était prépondérant. Le régime était un parlementarisme dualiste. Le président de la République était élu au suffrage universel direct pour sept ans, et il avait de très larges pouvoirs : il pouvait révoquer le Chancelier, dissoudre le *Reichstag*, soumettre à référendum une loi votée par les députés, et en cas de crise, exercer une dictature provisoire.

Cette Constitution, à laquelle ressemble beaucoup la Constitution française de 1958, n'était pas sans danger : en 1925, le maréchal Hindenburg, qui était monarchiste, est élu président de la République. Il est réélu en 1932 contre Adolf Hitler, mais en 1933, il accepte de nommer Hitler Chancelier. Celui-ci obtient la dissolution du *Reichstag* et malgré la terreur qui a régné durant les élections législatives, le parti nazi n'obtient qu'une majorité relative. Cependant, les députés votent la déchéance de tous les élus communistes, accusés par Hitler d'avoir fait incendier le palais du *Reichstag*. Cela confère au parti nazi une majorité absolue qui vote les pleins pouvoirs à Hitler. Après le parti communiste, c'est le parti socialiste qui est interdit, puis, la droite classique, qui avait pourtant contribué à voter la déchéance des députés communistes.

En 1934, le Président Hindenburg meurt, et Hitler cumule alors les fonctions de chef d'État et de chef de gouvernement ; il fait même approuver ce cumul par un plébiscite. La Constitution subsiste, mais elle est vidée de sa substance. Le *Reichstag* ne joue plus aucun rôle. Le pouvoir est incarné par le *Führer*, guide suprême soutenu par le parti unique. Cela est incompatible avec le fédéralisme, même atténué. L'État allemand devient donc unitaire. La République a ainsi donné lieu à un régime totalitaire.

C'est la raison pour laquelle, après la guerre de 1939-1945 et la division de l'Allemagne, les représentants des *Länder* d'Allemagne de l'Ouest ont élaboré une Constitution républicaine qui s'oppose point par point à celle de Weimar :

– ils ont ***institué une Cour constitutionnelle*** alors que celle de Weimar n'en avait pas (v. *supra*, Chapitre 5) ;
– ils ont ***accentué le fédéralisme***, qui avait été minimisé sous Weimar et facilement supprimé par Hitler ;
– afin de lutter contre l'instabilité ministérielle, qui était un défaut majeur de Weimar, ils ***ont refusé la représentation proportionnelle intégrale pour l'élection de la Chambre basse***, appelée désormais *Bundestag* ; de plus, ils ***ont opté pour un parlementarisme rationalisé***, c'est-à-dire dans lequel le renversement du gouvernement est rendu plus difficile ;
– le parlementarisme ***est également moniste*** et non plus dualiste ; donc, c'est le Chancelier, élu par le *Bundestag* et responsable devant lui, qui détient l'essentiel du pouvoir exécutif ;
– on ***n'a plus voulu d'un président de la République élu au suffrage universel direct et doté de larges pouvoirs*** ;
– on ***n'a plus voulu du référendum*** qui avait permis à Hitler de se faire plébisciter.

Ce nouveau régime s'est révélé satisfaisant, mais les Allemands n'ont jamais accepté la division de leur État. Ainsi, le sigle RFA ne signifie-t-il pas République Fédérale Allemande mais République Fédérale d'Allemagne, pour bien montrer que s'il y avait deux Républiques, il n'y avait qu'une seule Allemagne. De même, le texte instituant le nouveau régime n'a pas été appelé Constitution, mais seulement Loi Fondamentale de 1949, pour bien montrer que l'Allemagne de l'Ouest n'était qu'une partie de l'Allemagne. La réunification tant souhaitée a eu lieu le 3 octobre 1990. À cette date, a pris effet un traité par lequel la République Démocratique Allemande a adhéré à la République Fédérale d'Allemagne.

On va étudier le fédéralisme, le pouvoir législatif, le pouvoir exécutif et le fonctionnement du régime.

1 • LE FÉDÉRALISME

Le fédéralisme classique (modèle américain) consiste à distinguer deux secteurs de compétences : les compétences exclusives de l'État fédéral, dont la liste figure dans la Constitution et les compétences exclusives des états fédérés, qui se déduisent *a contrario*.

La particularité du fédéralisme allemand tient au fait qu'il ajoute un troisième secteur de compétences – les compétences concurrentes – dans lequel les États fédérés peuvent légiférer si et seulement si l'État fédéral ne l'a pas fait.

La législation exclusive de l'État fédéral porte sur une liste de matières figurant dans la Constitution et comprenant notamment la défense, les affaires étrangères et la monnaie.

La législation concurrente porte sur une liste de matières figurant également dans la Constitution et comprenant par exemple le droit civil, le droit pénal, le droit économique ou le droit du travail.

Enfin, la législation exclusive des *länder* porte sur tout ce qui n'est pas énuméré dans les deux listes précédentes, c'est-à-dire uniquement sur la culture et l'éducation. En matière d'éducation, cela a causé des problèmes d'inégalité des diplômes qui n'ont pu être atténués que par des concertations entre l'ensemble des *länder*.

Cependant, malgré la relative étroitesse de leurs compétences exclusives, les *länder* disposent d'une autonomie réelle pour au moins deux raisons :

- d'abord, l'exécution des législations fédérales dépend pour une large part de leur bonne volonté car 60 % des fonctionnaires allemands font partie des administrations locales, et une loi mal acceptée risquerait de rester ineffective ;
- ensuite, les *länder* peuvent percevoir des impôts, dont ils reversent un certain pourcentage à la fédération qui le redistribue en faisant une péréquation entre les *länder* les plus riches et les *länder* les plus pauvres.

Avant l'unification, il existait onze *länder* dont les ressources n'étaient pas tellement inégales. Mais les cinq *länder* de l'ex-Allemagne de l'est sont extrêmement défavorisés et ce mécanisme de péréquation prévu par la Constitution est mis à rude épreuve.

L'autonomie des *länder* est renforcée par leur participation au pouvoir fédéral :

- ils peuvent saisir la Cour constitutionnelle en cas de violation de leurs compétences ;
- ils participent à l'élection du président de la République fédérale ;
- ils participent à l'exercice des pouvoirs législatif et constituant.

2. LE POUVOIR LÉGISLATIF

On va étudier la composition et les attributions du Parlement allemand.

A - La composition du Parlement

Comme tout État fédéral, l'Allemagne possède un Parlement bicaméral :

- la Diète fédérale ou *Bundestag* représente l'ensemble de la population ;
- le Conseil fédéral ou *Bundesrat* représente les *länder*.

1) Le Bundestag

Les députés du *Bundestag* sont élus pour quatre ans au suffrage universel direct selon un mode de scrutin mixte appelé représentation proportionnelle personnalisée : chaque électeur dispose d'un bulletin divisé en deux parties et cela permet d'élire :

- la moitié des députés au scrutin majoritaire uninominal à un tour dans le cadre de petites circonscriptions ;
- l'autre moitié au scrutin de liste proportionnel dans le cadre de grandes circonscriptions, qui englobent les petites et coïncident avec les *länder*.

Mais les pourcentages obtenus par chaque parti politique grâce à ce second vote permettent de répartir la totalité des sièges à la proportionnelle.

Ce mode de scrutin mixte présente deux avantages :

- d'abord, il permet d'élire à la fois des gens populaires et des gens compétents mais peu médiatiques ; les premiers sont avantagés par le scrutin uninominal et les seconds sont avantagés par le scrutin de liste ;

– ensuite, il permet d'obtenir des majorités assez stables car les électeurs ont le réflexe de voter utile lorsqu'ils s'expriment au scrutin majoritaire et le plus souvent, ils conservent ce réflexe lorsqu'ils s'expriment à la proportionnelle puisque les deux scrutins sont simultanés.

De toute façon, pour plus de sûreté, il est prévu que les partis ne peuvent avoir de sièges que s'ils ont obtenu au niveau fédéral, soit 5 % des suffrages exprimés, soit trois élus au scrutin majoritaire.

2) *Le* Bundesrat

Le *Bundesrat* représente les *länder* sur une base qui n'est pas tout à fait égalitaire, puisque chaque land a droit à trois représentants, mais les *länder* les plus peuplés en auront quatre ou cinq. Le traité relatif à la réunification de l'Allemagne modifie sur ce point la Loi Fondamentale car il y a désormais de nouveaux *länder* plus peuplés encore, qui auront six représentants.

Ces représentants au *Bundesrat* ne sont pas élus. Ce sont des fonctionnaires désignés par les gouvernements des *länder* et qui doivent voter conformément aux directives données par ces gouvernements sous peine d'être révoqués. Ils sont donc investis d'un mandat impératif. C'est pour cela que la durée de ce mandat n'est pas définie.

B - Les attributions du Parlement

Les Allemands ont choisi le système du bicaméralisme inégalitaire : le *Bundestag* a davantage de pouvoirs que le *Bundesrat* aussi bien pour le contrôle du gouvernement que pour le vote des lois.

1) Le contrôle du gouvernement

Pour éviter l'instabilité ministérielle qu'on avait connue sous la République de Weimar, on a imaginé des mécanismes destinés à rationaliser le parlementarisme : seul, le *Bundestag* a le pouvoir de renverser le gouvernement, et il ne peut le faire que selon des procédures très réglementées :

– ***la motion de censure*** prévue à l'article 67 de la Constitution est appelée motion de censure constructive. Cela signifie que le *Bundestag* ne peut renverser le Chancelier qu'en lui élisant un successeur à la majorité absolue. Ce mécanisme est ingénieux car il évite que le gouvernement ne soit renversé par une alliance hétérogène qui serait incapable de constituer un autre gouvernement. Cette procédure n'a été utilisée que deux fois : en 1972, le *Bundestag* a voulu renverser M. Willy Brandt mais il n'a pas pu élire son successeur ; en 1982, le *Bundestag* a pu, en revanche, renverser M. Helmut Schmidt en le remplaçant par M. Helmut Kohl ;
– ***la question de confiance***, prévue à l'article 68 de la Constitution, est liée au droit de dissolution. Seul, le Chancelier peut poser la question de confiance. Les autres ministres n'en ont pas le droit. Si les députés n'accordent pas leur confiance à la majorité absolue, le Chancelier peut demander au président de la République de dissoudre le *Bundestag* dans les trois semaines. Les députés peuvent échapper à la dissolution si, dans ce délai, ils parviennent à élire un successeur au Chancelier à la majorité absolue. On retrouve donc cette volonté du constituant de ne permettre aux députés de détruire ce qui existe que s'ils sont à même de construire autre chose à la place.

Le fait que la dissolution soit conditionnée par le refus de la confiance au gouvernement pose quand même quelques problèmes : ainsi, à la suite de la motion de censure de 1972, Willy Brandt n'avait plus une majorité suffisante, mais les députés n'ont pas pu lui élire un successeur. La difficulté ne pouvait se résoudre que par la dissolution. Mais pour pouvoir dissoudre, le Chancelier a dû poser la question de confiance et demander à ses propres ministres de voter contre lui afin d'être sûr d'être mis en minorité. Le même procédé a été employé par M. Kohl en 1982 et par M. Schröder en 2005.

2) Le vote des lois

L'initiative des lois appartient aussi bien au gouvernement qu'aux membres des deux chambres.

En période normale, le bicaméralisme inégalitaire joue en faveur du *Bundestag*. Si le *Bundesrat* est en désaccord avec un texte voté par le *Bundestag*, il peut demander la réunion d'une commission mixte, composée de membres des chambres, pour tenter une conciliation. Mais si le désaccord subsiste, le *Bundesrat* ne dispose que d'un droit de veto suspensif, qui peut toujours être surmonté par un vote du *Bundestag* à condition que ce vote soit acquis à la même majorité que celle du veto.

Il y a cependant des exceptions à cette inégalité. Le bicamérisme est égalitaire dans l'intérêt des États fédérés. Le *Bundesrat* dispose d'un droit de veto définitif pour deux catégories de textes qui ne peuvent donc être adoptés sans son accord :

- les révisions constitutionnelles, qui doivent être votées à la majorité des deux tiers dans chaque chambre ;
- certaines lois concernant les relations entre la fédération et les *länder*.

En période exceptionnelle, le bicaméralisme inégalitaire peut s'inverser et jouer en faveur du *Bundesrat*. En effet, si le Chancelier pose la question de confiance et que le *Bundestag* le met en minorité sans pour autant pouvoir lui élire un successeur, le Chancelier peut choisir entre deux solutions :

- soit, il demande au président de la République de dissoudre le *Bundestag* ;
- soit, il lui demande de proclamer l'état de nécessité législative.

Cela ne peut se faire qu'avec l'accord du président de la République et du *Bundesrat*, car cela consiste à faire voter par le *Bundesrat* les projets de lois qui ne recueillent pas la majorité au *Bundestag*. Cela ne peut pas durer plus de six mois. Après, on est obligé de dissoudre. Mais le *Bundestag* peut toujours interrompre sa marginalisation en atteignant la majorité absolue pour élire un successeur au Chancelier. Cet état de nécessité législative n'a jamais encore été appliqué.

3. LE POUVOIR EXÉCUTIF

Il est composé du président de la République et du gouvernement, mais le personnage le plus important est le Chancelier, qui est le chef du gouvernement.

A - Le président de la République

On va étudier sa désignation et ses attributions.

1) Désignation

Le chef de l'État est élu pour cinq ans renouvelables une seule fois, au suffrage universel indirect.

Son collège électoral est composé des membres du *Bundestag* et d'un nombre égal de délégués des *länder*, ce qui permet de faire participer ces derniers à l'exécutif fédéral.

2) Attributions

Ce sont les attributions classiques d'un chef d'État en régime parlementaire :

- il promulgue les lois, mais peut saisir le tribunal constitutionnel lorsqu'il a un doute sur leur conformité ;
- il accrédite les ambassadeurs ;
- il nomme les juges et les fonctionnaires fédéraux ;
- il a le droit de grâce ;
- ses pouvoirs les plus importants sont des pouvoirs de crise : le droit de dissolution et la déclaration de l'état de nécessité législative ;
- il nomme le Chancelier mais il est obligé de nommer le candidat élu par le *Bundestag*.

De plus, il est dépourvu de certains pouvoirs importants :

- il ne préside pas le conseil des ministres ;
- il n'a pas l'initiative des lois ;
- il n'est pas le chef des armées.

B - Le Chancelier et son gouvernement

On va étudier sa désignation et ses attributions.

1) Désignation

La Constitution contient des dispositions permettant d'assurer au Chancelier et à son gouvernement la stabilité.

En ce qui concerne le Chancelier, le président de la République doit proposer au *Bundestag* un candidat. Le Chancelier doit être élu à la majorité absolue des députés composant le *Bundestag*. Donc, si le candidat du Président n'obtient pas cette majorité, il est loisible au *Bundestag* d'élire dans les quinze jours un autre candidat. Mais si aucun candidat n'obtient la majorité absolue dans ce délai, le président de la République a le choix entre deux solutions :

- soit, il nomme le candidat ayant obtenu la majorité relative ;
- soit, il dissout le *Bundestag*.

C'est la crainte de se voir appliquer cette seconde solution qui incite les députés à atteindre la majorité absolue, pour le plus grand profit du régime puisque cela assure la stabilité du pouvoir. Les Chanceliers ont toujours été élus à la majorité absolue.

En ce qui concerne les ministres, il appartient au seul Chancelier de les désigner et de les révoquer. Ils n'ont pas à être investis par le *Bundestag*.

2) Attributions

Selon la Constitution, le Chancelier « *arrête les lignes directrices de la politique et en assume la responsabilité* ».

C'est lui qui répartit les compétences au sein du gouvernement. Donc, il se réserve les affaires les plus importantes.

Mais une fois cette répartition effectuée, les ministres déterminent librement le détail de leur action dès lors qu'ils suivent les lignes directrices. Les désaccords sont résolus collégialement.

4. LE FONCTIONNEMENT DU RÉGIME

Le régime allemand connaît une grande stabilité due pour l'essentiel au système de partis politiques. Cette stabilité étant acquise, les mécanismes de rationalisation du parlementarisme se sont révélés surabondants.

A - Le système de partis

La Constitution reconnaît la liberté des partis politiques, mais elle condamne les formations dont le but ou l'activité portent atteinte à l'ordre libéral et démocratique.

Le tribunal constitutionnel a ainsi pu interdire un parti néo-nazi en 1952 et le parti communiste en 1956, mais des partis du même genre ont pu se reconstituer depuis, sous d'autres formes ; ils restent toutefois marginaux car ils ont été discrédités par l'histoire.

Avant la réunification, la conjonction des causes sociales et du mode de scrutin avait dégagé quatre partis : les deux plus importants sont la Démocratie Chrétienne et la Social-Démocratie ; les deux autres, qui jouent un rôle d'appoint, sont les Libéraux et les Verts. Depuis la réunification, se sont ajoutés les Communistes rénovés et en 2013, est apparu un parti anti-euro :

- ***le Parti Démocrate Chrétien*** (CDU) représente la droite modérée, mais il est allié à un Parti Social Chrétien (CSU) qui constitue une formation distincte en Bavière et qui est plus conservateur ;
- ***le Parti Social Démocrate*** (SPD) est le premier parti socialiste à s'être créé en Europe. Il date de 1875. Sa puissance est due en particulier à sa liaison avec les syndicats ouvriers. Il est célèbre pour avoir, dès 1959, rompu avec l'idéologie marxiste, lors du Congrès de Bad Godesberg ;
- ***le Parti Libéral*** (FDP), créé en 1948, est un petit parti, qui d'ordinaire ne dépasse pas les 10 % des voix mais qui a frôlé les 15 % aux législatives de 2009. Il se rapproche de la droite par son libéralisme économique et de la gauche par son attachement à la laïcité. C'est lui qui fait basculer les majorités en s'alliant avec les uns et avec les autres, mais il n'est pas assez fort pour se permettre de faire cela souvent. Il a donc plutôt un rôle modérateur car il contraint ses alliés à faire taire leurs extrémistes ;
- ***les Verts*** se sont constitués en parti politique en 1980 et ils ont dépassé les 5 % des voix nécessaires pour être représentés au *Bundestag* en 1983. Ils oscillent depuis entre 5 et 10 % et se développent plutôt au détriment du Parti Social Démocrate ;

- depuis la réunification et les élections législatives de 1990, ***le Parti communiste*** rénové est représenté au *Bundestag*. Formé à l'origine d'Allemands de l'Est déçus par le passage au capitalisme, ce parti n'a pas dépéri ; il s'est au contraire renforcé grâce au ralliement d'anciens sociaux-démocrates mécontents de la dérive centriste du SPD. Il est désormais appelé *Die Linke* ;
- enfin, ***l'Alternative pour l'Allemagne*** (AfD), parti anti-euro, a été créé en 2013 par des intellectuels et des chefs d'entreprise ne se reconnaissant pas dans la CDU. Ce parti d'extrême droite, renforcé par la crise des réfugiés de 2015, a obtenu 12,6 % des voix aux législatives de 2017, accédant au *Bundestag* en tant que troisième force politique du pays. Cela n'était pas arrivé depuis la Seconde Guerre mondiale. Les élections au *Bundestag* le 26 septembre 2021 ont provoqué un changement de gouvernement. L'Allemagne a pour la première fois un gouvernement fédéral composé du SPD, des Verts et du FDP. Les trois partis sont convenus de gouverner ensemble avec le socio-démocrate Olaf Scholz comme Chancelier pendant les quatre prochaines années. Cela met fin au mandat d'Angela Merkel (CDU) qui a gouverné l'Allemagne pendant 16 ans.

B - Les conséquences du système de partis

Sur les partis présents au *Bundestag*, seuls les Chrétiens-Démocrates et les Sociaux-Démocrates disposent d'un poids suffisant pour gouverner. On a donc parlé, à propos du système de partis en Allemagne d'un « quasi-bipartisme ».

La réunification a eu peu de conséquences sur ce système puisqu'en dehors de l'émergence du Parti communiste rénové, les électeurs est-allemands se sont en grande partie ralliés aux partis occidentaux.

De plus, les partis allemands ont l'avantage d'être rigides. Ce qui n'est pas étonnant, compte tenu du caractère discipliné du peuple allemand. Les mécanismes de rationalisation du parlementarisme n'ont donc pas eu à jouer pour garantir la stabilité du régime.

Celui-ci fonctionne sur un mode très largement consensuel. Il se trouve que 90 % des lois sont votées à l'unanimité sans avoir été substantiellement amendées.

Ce consensus prend parfois la forme d'une grande coalition entre les deux principales formations politiques : la CDU-CSU et le SPD. C'est arrivé de 1966 à 1969 et cela s'est reproduit de 2005 à 2009 et de 2013 à 2017 sous l'autorité de la Chancelière Angela Merkel (CDU). Cette dernière s'est maintenue au pouvoir entre 2009 et 2013, mais en s'alliant avec les Libéraux. La CDU-CSU n'ayant obtenu que 33 % des voix aux législatives de 2017, Madame Merkel a tenté sans succès de s'allier avec Les Libéraux et Les Verts avant de se tourner à nouveau vers le SPD qui s'est résigné à accepter. La chancelière a été réélue par le *Bundestag* pour son quatrième mandat consécutif en 2018, plus de six mois après les législatives, à une courte majorité.

BIBLIOGRAPHIE

ESTIEVENART (G.), *Les partis politiques en Allemagne fédérale*, 1973, PUF, Que sais-je ?

GREWE (C.), *Le système politique ouest-allemand*, 1986, PUF, Que sais-je ?

GROSSER (A.), *La République fédérale d'Allemagne*, 1992, PUF, Que sais-je ?

Pouvoirs n° 66, « L'Allemagne », 1993.

Revue française de Droit constitutionnel, « Réunification de l'Allemagne et Constitution », 1991, 8.

PARTIE 2

Les institutions politiques françaises

CHAPITRE 10

L'histoire constitutionnelle

1 • LA PÉRIODE RÉVOLUTIONNAIRE

Durant la période révolutionnaire qui va de 1789 à 1870, six régimes se sont succédé.

A - La monarchie limitée : la Constitution de 1791

En 1789, c'était encore la monarchie absolue : le roi Louis XVI détenait tous les pouvoirs. Mais devant l'agitation grandissante, Louis XVI a décidé de convoquer les états généraux du royaume pour leur demander conseil.

Les états généraux se sont proclamés assemblée constituante. Bien que l'émeute populaire du 14 juillet ait accéléré l'évolution, l'assemblée mettra deux ans pour élaborer la Constitution.

En revanche, la Déclaration des droits de l'Homme et du citoyen, qui sert de préambule à la Constitution de 1791, a été très vite rédigée. Cette Déclaration de 1789 énumère les droits de l'homme (liberté, propriété, sûreté, et résistance à l'oppression), les droits du citoyen (essentiellement le droit de vote) et pose deux grands principes qui seront mis en œuvre dans la Constitution : la souveraineté nationale et la séparation des pouvoirs.

La Constitution de 1791 applique la souveraineté nationale car elle institue une assemblée législative élue pour deux ans au suffrage censitaire et indirect.

La Constitution impose également une séparation rigide des pouvoirs :

Le roi	L'assemblée
Il détient le pouvoir exécutif mais ne peut dissoudre l'assemblée. Il ne peut qu'opposer son veto suspensif aux lois qui ne lui plaisent pas.	Elle ne peut pas renverser les ministres du roi.

En pratique, cette Constitution n'a guère été respectée :

L'assemblée	Le roi
Forte de sa légitimité démocratique, va réussir à faire démissionner des ministres du roi.	Il ne réussira pas à faire usage de son veto. C'est en essayant qu'il a provoqué une émeute populaire de 10 août 1792.

L'assemblée législative a alors prononcé la suspension de Louis XVI et a provoqué l'élection d'une assemblée constituante appelée la Convention. Réunie le 20 septembre 1792, la Convention a aboli la royauté dès le 21 septembre.

B - La Ire République : les Constitutions de 1793 et 1795

La Convention a élaboré une Constitution, celle de 1793, qui ne sera pas appliquée à cause de la guerre avec l'Autriche et la Prusse. À la fin de la guerre, elle en a élaboré une autre, celle de 1795, qui sera la première Constitution républicaine effectivement appliquée.

1) La Constitution inappliquée de 1793

Les membres de la Convention avaient été d'accord pour proclamer la République, mais ils avaient des opinions politiques divergentes : les Jacobins étaient centralisateurs ; les Girondins étaient décentralisateurs. Après avoir fait arrêter tous les Girondins, les Jacobins ont pu élaborer la Constitution de 1793 sans opposition.

Ratifiée par référendum, cette Constitution dite de l'an I (calendrier républicain) commence par une Déclaration des droits de l'Homme et du citoyen qui ajoute à celle de 1789 des droits nouveaux, préfigurant les droits-créances (la société a le devoir d'assurer l'instruction, le travail ou l'assistance aux citoyens).

La Constitution politique prévoit un régime d'assemblée et une souveraineté populaire :

- ***régime d'assemblée***, car l'exécutif est étroitement soumis à une assemblée élue au suffrage universel direct ;
- ***souveraineté populaire***, car si l'assemblée élabore les lois, il faut que ce soit le peuple qui les accepte par référendum.

Cette Constitution n'a jamais été appliquée car pendant la guerre, la Convention a dû gouverner provisoirement elle-même :

- dans une première phase, elle a ***nommé un exécutif provisoire*** qui lui était soumis, instaurant ainsi le premier régime d'assemblée de l'histoire française ; c'est d'ailleurs pour cela que ce type de régime est aussi appelé conventionnel ;
- dans une deuxième phase, elle ***s'est fait confisquer le pouvoir par un Comité de Salut Public*** dirigé par Robespierre, qui a fait régner la Terreur ;
- dans une troisième phase, on a ***guillotiné Robespierre*** et le régime d'assemblée a été rétabli. Mais, à la fin de la guerre, on a préféré élaborer une autre Constitution.

2) La Constitution de 1795

Appelée aussi Constitution de l'an III (calendrier républicain), elle a été rédigée par des membres de la Convention traumatisés par la Terreur. Elle a ensuite été ratifiée par référendum. Très modérée, elle s'efforce de maintenir la République grâce à la séparation des pouvoirs.

C'est un régime très modéré car la Déclaration qui sert de préambule à la Constitution comporte beaucoup moins de droits que les déclarations précédentes et ajoute des devoirs de l'homme. De plus, le régime électoral est censitaire, le suffrage est indirect et la souveraineté est nationale. La séparation des pouvoirs est très rigide.

Le pouvoir législatif est confié à deux assemblées car on craignait qu'une assemblée n'exerce une dictature. Le Conseil des cinq-cents prend l'initiative des lois et les adopte ; le Conseil des anciens (40 ans minimum) ne peut qu'approuver ou rejeter les lois faites par les cinq-cents sans les modifier. Ces deux conseils sont élus pour trois ans et renouvelés par tiers tous les ans.

Le pouvoir exécutif est confié à cinq « directeurs » (d'où le nom de Directoire donné au régime). Ils ont des pouvoirs égaux car là aussi, on a eu peur que l'un d'eux n'exerce une dictature. Ils sont nommés par les Conseils pour cinq ans et renouvelés par cinquième tous les ans. Mais une fois en place, ils sont totalement indépendants des conseils.

Ces précautions n'ont pas permis d'éviter les coups d'État. Il s'en produisait un à chaque renouvellement annuel du tiers des conseils. La République a survécu jusqu'au 9 novembre 1799. Ce jour-là (18 brumaire de l'an VIII dans le calendrier républicain), un général nommé Napoléon Bonaparte a réussi son coup d'État.

C - La dictature napoléonienne : la Constitution de 1799

Plus connue sous le nom de Constitution de l'an VIII, elle a été élaborée par Bonaparte et ratifiée par un plébiscite. Elle permet une confusion des pouvoirs au profit de l'exécutif.

Le pouvoir exécutif est très fort. Il est composé de trois consuls dont un est placé au-dessus des autres. C'est le Premier consul (Bonaparte). L'exécutif a le monopole de l'initiative des lois. Un Conseil d'État, dont les membres sont nommés par le Premier consul, rédige les projets de loi et les transmet au pouvoir législatif.

Le pouvoir législatif est divisé et impuissant, soumis à l'exécutif. Il est composé de trois assemblées :

- le ***Tribunat***, qui discute les projets de loi sans les voter ;
- le ***Corps législatif***, qui vote les projets sans les discuter ;
- le ***Sénat***, qui examine si les lois sont conformes à la Constitution.

Les trois consuls sont nommés par le Sénat, pour dix ans. C'est le consulat décennal. Mais les membres du Sénat avaient été nommés à vie par Bonaparte avant même l'adoption de la Constitution. Quant aux membres du Tribunat et du Corps législatif, ils sont recrutés selon une procédure qui ressemble à une élection.

Le suffrage est universel, mais :

- les électeurs de base désignent 1/10e d'entre eux pour former des ***listes communales*** ;
- les membres de ces listes choisissent 1/10e d'entre eux pour former des ***listes provinciales*** ;
- les membres des listes provinciales élisent 1/10e d'entre eux pour former une ***liste nationale*** ;
- les membres de cette liste ne sont que des candidats parmi lesquels le Sénat choisira ***les députés***.

Bonaparte a fait modifier la Constitution pour être consul à vie. Cette modification a d'abord été ratifiée par un plébiscite, puis, elle a été entérinée par une décision sénatoriale : le sénatus-consulte de l'an X (1802), instituant le consulat viager.

Puis, Bonaparte a voulu devenir empereur, titre qu'il transmettrait à sa descendance. L'Empire a donc été institué par le sénatus-consulte de l'an XII (1804) ratifié par un plébiscite.

En 1807, Napoléon Ier a supprimé le Tribunat, qui avait des velléités d'indépendance. L'Empereur a régné jusqu'en 1814. Cette année-là, le Sénat a prononcé sa déchéance à la suite de ses défaites militaires.

D - Les monarchies limitées : les Chartes de 1814 et 1830

Il y a eu après l'Empire deux régimes de monarchie limitée.

1) La Restauration : la Charte de 1814

Le roi Louis XVIII a restauré la monarchie en octroyant à la nation française la Charte de 1814. Cet octroi marquait le retour à la souveraineté royale. Le préambule de cette Charte rétablit le lien avec Louis XVI comme si la Révolution ne s'était pas produite, mais il ne revient pas sur toutes les libertés.

La grande nouveauté de la Charte est l'institution d'une séparation souple des pouvoirs.

Le pouvoir législatif est confié à deux chambres :

- la ***Chambre des députés***, élue au suffrage censitaire pour cinq ans ;
- la ***Chambre des Pairs***, dont les membres sont nommés à vie par le roi.

Le roi a le pouvoir de dissoudre la Chambre des députés, mais la chambre n'a pas celui de renverser les ministres. On n'est donc pas tout à fait dans un régime parlementaire mais on n'en est pas loin. L'application de cette charte a été interrompue pendant cent jours par le retour de Napoléon de l'île d'Elbe. Durant cette période, a été appliqué un Acte additionnel aux Constitutions de l'Empire.

Après Waterloo, Louis XVIII a repris le pouvoir. Comme il avait vécu en Angleterre, il s'efforça d'appliquer la Charte dans un sens parlementaire, c'est-à-dire en prenant des ministres ayant la confiance de la chambre, même si celle-ci ne pouvait pas les renverser.

Mais son frère Charles X, qui lui succéda en 1824, prenait au contraire des ministres n'ayant pas la confiance de la chambre, pour affirmer son autorité. Lorsque les députés se montraient hostiles à sa politique, il dissolvait la chambre.

Deux dissolutions consécutives et la suspension de la liberté de la presse ont entraîné la révolution de Juillet 1830, qui n'a eu pour effet que de remplacer Charles X (Bourbon) par Louis-Philippe (Orléans).

2) La monarchie de Juillet : la Charte de 1830

Contrairement à celle de 1814, la Charte de 1830 n'a pas été octroyée par le roi mais votée par la Chambre des députés. Elle affirme donc la souveraineté nationale.

Pour le reste, elle est calquée sur celle de 1814 à quelques différences près :

- on a abaissé le cens pour l'élection des députés ;
- on a interdit au roi de prendre des mesures telles que la suspension de la liberté de la presse.

La nouvelle Charte ne prévoit pas plus que la précédente une responsabilité des ministres devant la chambre, mais la coutume va instaurer cette responsabilité.

Le régime va donc évoluer vers le parlementarisme. Un parlementarisme dualiste, c'est-à-dire dans lequel les ministres sont responsables à la fois devant la chambre et devant le roi. C'était là une conception personnelle de Louis-Philippe. C'est d'ailleurs par référence à ce régime que le parlementarisme dualiste est aussi qualifié d'orléaniste.

La monarchie de Juillet a duré jusqu'en 1848. Une révolution a abouti, cette année-là, à la République.

E - La IIe République : la Constitution de 1848

Après l'abolition de la royauté, un gouvernement provisoire a supprimé le cens et a organisé l'élection d'une assemblée constituante.

Tout en élaborant la Constitution, celle-ci a continué à gouverner par l'intermédiaire d'un exécutif qui lui était soumis (gouvernement d'assemblée) et elle a dû se charger du maintien de l'ordre car les ouvriers se soulevaient. Ces émeutes ont été réprimées par l'armée, ce qui augurait mal de la nouvelle République.

Le préambule de la nouvelle Constitution ajoute pourtant la Fraternité à la Liberté et à l'Égalité.

La Constitution institue le suffrage universel masculin et la démocratie représentative.

Inspirée du régime présidentiel américain, la séparation des pouvoirs est rigide et le président de la République est élu au suffrage universel pour quatre ans. Il doit attendre quatre ans s'il veut se représenter.

L'assemblée législative est unique, élue au suffrage universel direct pour trois ans.

L'application de cette Constitution n'a pas duré longtemps.

C'est Louis-Napoléon Bonaparte (neveu de Napoléon), qui a remporté l'élection présidentielle, alors que les élections législatives ont amené à la chambre une majorité monarchiste.

Cette majorité a voté des lois réactionnaires, restreignant la liberté de la presse et le droit de vote ; le Président Bonaparte en a profité pour dissoudre l'assemblée, le 2 décembre 1851. C'était un coup d'État puisque la séparation des pouvoirs était rigide. Mais le chef de l'État a rétabli le suffrage universel et a demandé aux électeurs de lui déléguer le droit de faire une nouvelle Constitution.

F - La dictature de Napoléon III : la Constitution de 1852

La Constitution a été rédigée en trois jours. On s'est contenté de reprendre les institutions du Premier Empire avec seulement quelques modifications.

L'exécutif est confié à Louis-Napoléon Bonaparte pour dix ans, mais un sénatus-consulte ratifié par un plébiscite ne tardera pas à le lui confier à vie, avec transmission à sa descendance. L'Empereur détient à lui seul le pouvoir exécutif. Il nomme les ministres qui ne dépendent que de lui.

En plus, il détient une bonne part du pouvoir législatif. Il a le monopole de l'initiative des lois. Le Conseil d'État, dont il nomme les membres, prépare les projets de loi et les transmet au Parlement.

Le Parlement comprend deux chambres :

- ***le Corps législatif***, élu pour six ans au suffrage universel direct, peut être dissous par l'Empereur ; il discute les lois, mais ses amendements doivent être acceptés par le Conseil d'État ;
- ***le Sénat***, composé de membres nommés à vie par l'Empereur, vérifie si les lois sont conformes à la Constitution et peut modifier celle-ci par des ***sénatus-consultes***.

Dans l'application de cette Constitution, il y a eu une période dictatoriale et une période libérale :

- *la période dictatoriale (1852-1860)* : il n'y avait pas de libertés. Les élections législatives se faisaient par le système des candidatures officielles : les candidats favorables à l'empereur avaient toutes les facilités de propagande, les autres n'en avaient aucune ;
- *la période libérale (1860-1870)* : l'empereur a permis au corps législatif de voter la défiance. Ces votes n'obligeaient pas les ministres à démissionner mais ils permettaient à l'opposition de s'exprimer. Un sénatus-consulte ratifié par un plébiscite de 1870 va permettre aux députés de renverser les ministres, transformant le régime en parlementarisme.

Mais ce texte n'a pas eu le temps de s'appliquer car la France a déclaré la guerre à la Prusse et Napoléon III a été fait prisonnier.

2. LA PÉRIODE PARLEMENTAIRE

Durant la période parlementaire qui va de 1870 à 1958, seulement deux Constitutions ont été appliquées.

A - La IIIe République : la Constitution de 1875

Le 4 septembre 1870, dès qu'on a su que Napoléon III était prisonnier, le député Gambetta a fait proclamer la République.

Un gouvernement provisoire s'est organisé pour préparer l'élection d'une assemblée constituante. Celle-ci devait, d'une part, décider démocratiquement de la paix ou de la poursuite de la guerre, et d'autre part, élaborer la Constitution. Elle a été élue en 1871 et s'est réunie à Bordeaux. Les républicains étaient partisans de la guerre, mais les monarchistes, partisans de la paix, étaient majoritaires. L'assemblée se consacra donc à la conclusion de la paix, par l'intermédiaire d'un gouvernement qui lui était soumis (gouvernement d'assemblée). M. Thiers, nommé chef de cet exécutif pour ses convictions royalistes, s'est rapproché des républicains. En 1873, l'assemblée l'a donc remplacé par le maréchal de Mac Mahon. Elle aurait voulu proclamer la royauté, mais elle ne le pouvait pas car il y avait deux prétendants au trône :

- le comte de Chambord, petit-fils de Charles X (Bourbon) ;
- le comte de Paris, petit-fils de Louis-Philippe (Orléans).

Le premier n'ayant pas d'enfant, le second, sûr de lui succéder, accepta de s'effacer ; mais le comte de Chambord a tout fait échouer en refusant de devenir roi tant que le drapeau tricolore, symbole de la République, serait maintenu. L'accession au trône du comte de Paris était donc subordonnée à la disparition du comte de Chambord. En attendant cet événement, une loi du 20 novembre 1873 a confié l'exécutif à Mac Mahon pour une période de sept ans : c'est là l'origine du septennat !

Mais parallèlement, il fallait bien que l'assemblée poursuivît sa tâche d'élaboration de la Constitution. Lors de la discussion du projet, un amendement du député républicain, M. Wallon, proposa que le président de la République fût élu par le Parlement. Le coup de théâtre, dans cette assemblée monarchiste, a été l'adoption, à une voix de majorité, de cet amendement instaurant la République. Cela s'explique par le ralliement de certains Orléanistes à l'idée républicaine. Les monarchistes avaient échoué. En 1875, la Constitution fondant la IIIe République était votée.

1) *Le contenu de la Constitution de 1875*

C'est une très courte Constitution, qui ne comporte pas de préambule.

La souveraineté nationale est seulement sous-entendue.

Le pouvoir législatif est confié à deux chambres :

- ***la Chambre des députés***, élue au suffrage universel direct pour quatre ans ;
- ***le Sénat***, comprenant deux catégories de membres.

plus ou moins égales

1/4 des sénateurs avaient été nommés à vie par la Constituante ; les 3/4 sont élus pour neuf ans et renouvelés par tiers tous les trois ans. L'âge minimum pour se présenter est de quarante ans et l'élection se fait au suffrage indirect. Les sénateurs sont élus dans chaque département par les députés, les conseillers généraux, les conseillers d'arrondissement (aujourd'hui disparus) et des délégués des conseils municipaux.

Les deux chambres ont les mêmes pouvoirs, aussi bien pour l'élaboration des lois que pour le contrôle du gouvernement. C'est ce qu'on appelle le bicamérisme intégral.

Le pouvoir exécutif est confié au président de la République et à ses ministres. Le Président est élu pour sept ans par les deux chambres réunies, mais conformément aux règles du parlementarisme, il n'est pas responsable devant le Parlement. Seuls, les ministres le sont. Le chef de l'État nomme les ministres, sous réserve de leur investiture par les chambres ; il peut dissoudre la Chambre des députés. Tous ses pouvoirs sont bien sûr soumis au contreseing ministériel.

2) *L'application de la Constitution de 1875*

La pratique du régime va différer de la lettre de la Constitution.

Au début, Mac Mahon, président de la République et partisan de l'orléanisme, a voulu faire prévaloir son autorité sur le Parlement. Élu par la Constituante royaliste en 1873, il se trouva confronté à une Chambre des députés républicaine en 1876. Il forma d'abord un gouvernement de droite que la chambre ne tarda pas à renverser. Il le remplaça par un gouvernement modéré qu'il obligea lui-même à démissionner, déclenchant la crise du 16 mai 1877. Le cabinet suivant, franchement royaliste, entra en conflit avec les députés et Mac Mahon résolut le différend en dissolvant la chambre.

Durant la campagne électorale, le député Gambetta dit au chef de l'État que si les républicains gagnaient les élections, il lui faudrait se soumettre ou se démettre.

C'est justement ce qui arriva, et Mac Mahon se soumit en nommant un gouvernement républicain. En 1879, le Sénat devint à son tour républicain, et après s'être soumis, Mac Mahon décida de se démettre, mettant fin par là même à la crise qu'il avait provoquée le 16 mai 1877.

À sa place, le Parlement élut Grévy, et sous l'impulsion de ce dernier, le régime devint franchement républicain : par une réforme constitutionnelle de 1884, on décida qu'il n'y aurait plus, à l'avenir, de sénateurs nommés à vie ; on prohiba les révisions portant sur la forme républicaine du gouvernement ; on déclara les membres des familles royales et impériales inéligibles à la présidence de la République.

Mais Grévy alla trop loin pour se démarquer de la monarchie : la dissolution de la chambre par Mac Mahon ayant été ressentie comme un coup d'État monarchiste,

Grévy promit de ne plus utiliser ce droit ; des onze présidents qui lui ont succédé, aucun ne l'a utilisé. Cela a dénaturé le régime parlementaire, affaiblissant le chef de l'État vis-à-vis du Parlement.

Il y a eu aussi un affaiblissement des ministres car les majorités parlementaires changeaient très souvent, donnant lieu à l'instabilité ministérielle.

La guerre de 1914 a été à l'origine d'une tentative de renforcement de l'exécutif :

- la guerre a rendu plus évidente la nécessité d'un véritable pouvoir de direction du gouvernement. La Constitution de 1875 ne prévoyait pas l'existence d'un chef de gouvernement. C'est la coutume qui l'a instauré, et la guerre l'a définitivement consacré ;
- la guerre, qui nécessitait des décisions urgentes, a amené le Parlement à déléguer son pouvoir législatif au gouvernement. Par des lois dites de pleins pouvoirs, les chambres autorisaient l'exécutif à rédiger des décrets modifiant les lois en vigueur. Ces textes ont été appelés des décrets-lois.

Ces pratiques se sont révélées dangereuses : en 1940, le Président Lebrun nomma le Maréchal Pétain chef du gouvernement. Pétain demanda une révision constitutionnelle, et au lieu de procéder à la réforme par elles-mêmes, les chambres votèrent une loi de pleins pouvoirs pour déléguer ce droit au gouvernement. Cela a mis fin à la République.

De 1940 à 1944, la France a eu deux gouvernements concurrents :

- en France métropolitaine, c'était le régime dictatorial de Vichy, sous l'autorité du Maréchal Pétain qui concentrait tous les pouvoirs entre ses mains ;
- à Londres et en Afrique, c'était la Résistance, sous l'autorité du général de Gaulle, « chef des Français libres ».

De Gaulle créera un Gouvernement Provisoire de la République Française (GPRF) qui s'installera à Paris à la Libération.

B - La IVe République : la Constitution de 1946

Revenu en France, le GPRF a convoqué les électrices et les électeurs (c'était la première fois que les femmes étaient appelées à voter) pour une double tâche : élire une assemblée et se prononcer par référendum sur le point de savoir si on remettait en vigueur la Constitution de 1875, ou si on en élaborait une nouvelle. Dans le premier cas, l'assemblée élue serait la Chambre des députés ; dans le second cas, ce serait une assemblée constituante.

Le peuple a opté pour l'élaboration d'une nouvelle Constitution. L'Assemblée avait une majorité de gauche. Elle a pourtant élu de Gaulle chef de l'exécutif provisoire qui lui était soumis (gouvernement d'assemblée). Mais le Général a très vite démissionné. Il n'était pas d'accord avec le projet de Constitution, qui prévoyait l'instauration d'un régime d'assemblée ; et le peuple, consulté par référendum, a également rejeté ce projet.

On a donc élu une seconde assemblée constituante. La droite y avait une légère majorité. Le projet qu'elle a élaboré a été adopté par le peuple français mais à une très courte majorité.

1) Le contenu de la Constitution de 1946

La Constitution est précédée d'un Préambule qui réaffirme les droits de l'homme et du citoyen consacrés par la Déclaration de 1789 ainsi que les principes fondamentaux reconnus par les lois de la République (v. *infra*, Chapitre 20).

crise ministérielle
↳ gvt pas assez fort face aux défis.

Le Préambule proclame en outre des principes politiques, économiques et sociaux particulièrement nécessaires à notre temps qui étendent les libertés au monde du travail (liberté syndicale, droit de grève...) et les complètent par des droits de créances sur l'État (droits à l'emploi, à la protection de la santé, à l'instruction et à la culture...).

Le pouvoir législatif est confié à deux assemblées :

– ***l'Assemblée nationale***, élue pour cinq ans au suffrage universel direct ;
– ***le Conseil de la République***, élu pour six ans, renouvelable par moitié tous les trois ans, au suffrage indirect.

La grande différence avec la IIIe République, c'est que les deux assemblées sont loin d'avoir des pouvoirs égaux. C'est l'Assemblée nationale qui vote les lois et contrôle le gouvernement. Le Conseil de la République n'a qu'un rôle consultatif. Les seuls pouvoirs importants du Conseil de la République consistent à participer, avec l'Assemblée nationale, à la désignation de certains organes.

Ainsi, les deux chambres désignent-elles le Comité constitutionnel, chargé de contrôler la constitutionnalité des lois. Curieusement, si le Comité constate qu'une loi est contraire à la Constitution, c'est cette dernière qu'on doit modifier.

Les deux chambres élisent également le président de la République, pour sept ans. Mais le chef de l'État n'est rééligible qu'une seule fois. Surtout, le Président n'a plus qu'une autorité morale.

C'est le chef du gouvernement ou président du Conseil, autorité expressément prévue par la Constitution, qui domine l'exécutif. Il est nommé par le président de la République mais doit ensuite être investi par l'Assemblée.

Comme dans tout régime parlementaire, l'Assemblée peut renverser le gouvernement et l'exécutif peut dissoudre l'Assemblée. Mais pour lutter contre l'instabilité ministérielle, on a limité aussi bien le pouvoir du Parlement que celui de l'exécutif (parlementarisme rationalisé) :

Le chef du gouvernement	Le président de la République
Lui seul, autorisé par le conseil des ministres, peut poser la question de confiance. Le vote de l'Assemblée ne peut avoir lieu qu'un jour franc après que la question a été posée et le gouvernement ne peut être renversé qu'à la majorité absolue des membres composant l'Assemblée.	Il ne peut dissoudre l'Assemblée que sur la demande du chef du gouvernement et surtout, la dissolution ne peut avoir lieu que si l'Assemblée renverse le gouvernement deux fois dans une période de 18 mois. Pendant les 18 premiers mois de la législature, aucune dissolution ne peut d'ailleurs être prononcée.

2) *L'application de la Constitution de 1946*

Cette application n'a duré que douze ans. Elle s'est caractérisée par l'échec de la lutte contre l'instabilité ministérielle.

Contrairement à la Constitution, les gouvernements ont pris l'habitude de démissionner dès que la majorité simple des députés émettait un vote hostile.

Or, le droit de dissolution ne pouvait être utilisé que si le gouvernement était renversé deux fois en 18 mois, à la majorité absolue.

Résultat : les députés s'arrangeaient pour ne jamais atteindre cette majorité absolue, et ainsi, ils renversaient les gouvernements autant de fois qu'ils le désiraient, sans s'exposer à la dissolution (une seule exception : la dissolution du 2 décembre 1955).

L'instabilité ministérielle a donc été aussi forte, sinon plus, que sous la IIIe République.

De plus, la IVe République a été confrontée aux guerres coloniales, et particulièrement à la guerre d'Algérie, qui a entraîné sa chute.

Pendant l'année 1958, les événements d'Algérie se sont aggravés à un point tel que l'armée n'obéissait plus au gouvernement :

- ***le 8 février***, des avions français bombardèrent un petit village tunisien en poursuivant des membres du FLN qui s'y étaient réfugiés. Cette opération a été menée sans en avertir le gouvernement ;
- ***le 15 avril***, le gouvernement Gaillard a été obligé de donner sa démission à cause de cette affaire et il s'est ensuivi une longue crise ministérielle ;
- ***le 13 mai***, la crise prit fin avec l'investiture de M. Pflimlin, mais ce nouveau gouvernement ne fut pas admis à Alger : une émeute éclata ; des partisans de l'Algérie française, des militaires et des gaullistes créèrent un Comité de Salut Public et firent appel au général de Gaulle ;
- ***le 15 mai***, de Gaulle déclara qu'il était « prêt à assumer les pouvoirs de la République ». M. Pflimlin, légalement investi chef du gouvernement, n'était pas prêt à se démettre, mais d'autres événements l'y obligèrent ;
- ***le 24 mai***, l'insurrection, jusque-là limitée à l'Algérie, s'étendit à la Corse : des militaires investirent la préfecture d'Ajaccio et la rumeur d'actions analogues prévues en France continentale se répandit ;
- ***le 27 mai***, de Gaulle publia un communiqué annonçant que le processus de son accession au pouvoir était entamé ;
- ***le 28 mai***, M. Pflimlin donna sa démission ;
- ***le 29 mai***, le Président Coty adressa un message au Parlement annonçant qu'il nommait de Gaulle chef du gouvernement ;
- ***le 1er juin***, de Gaulle obtint l'investiture de l'Assemblée malgré l'opposition d'une grande partie de la gauche ;
- ***le 3 juin***, l'Assemblée lui délégua, à sa demande, les pleins pouvoirs et le pouvoir constituant.

BIBLIOGRAPHIE

AMSON (D.), *Histoire constitutionnelle française*, 2 vols., 2010, 2014, LGDJ, Manuels.

BODINEAU (P.) et VERPEAUX (M.), *Histoire constitutionnelle de la France*, 2013, PUF, Que sais-je ?

CHEVALLIER (J.-J.) et CONAC (G.), *Histoire des institutions et des régimes politiques de la France de 1789 à nos jours*, 1991, Dalloz.

DESLANDRES (M.), *Histoire constitutionnelle de la France de 1789 à 1870*, 3 vols. 1932, Armand Colin.

DUGUIT (L.), MONNIER (H.), BONNARD (R.) et BERLIA (G.), *Les Constitutions et les principales lois politiques de la France depuis 1789*, 1952, LGDJ.

DUVERGER (M.), *Les Constitutions de la France*, 2004, PUF, Que sais-je ?

EMERI (C.) et BIDEGARAY (Ch.), *La Constitution de la France, de 1789 à nos jours*, 1997, Armand Colin, U.

ISOART (P.) et BIDEGARAY (Ch.), *Des Républiques françaises*, 1988, Economica.

MORABITO (M.), *Histoire constitutionnelle de la France, 1789-1958*, 2020, LGDJ, Précis Domat.

VEDEL (G.), « La continuité constitutionnelle en France de 1789 à 1989 », Revue française de Droit constitutionnel 1990, 1, p. 5.

CHAPITRE 11

La Ve République : présentation

Avant d'examiner la nouvelle Constitution et d'en décrire les évolutions, il convient d'en relater la naissance.

1 • NAISSANCE DE LA CONSTITUTION

A - Les conditions de la naissance

L'article 90 de la Constitution de 1946 conférait le pouvoir de révision constitutionnelle au Parlement. La loi constitutionnelle du 3 juin 1958, élaborée conformément à l'article 90, a précisément réformé cet article ; elle a révisé la procédure de révision, afin de déléguer purement et simplement le pouvoir constituant au gouvernement du général de Gaulle.

En fait, ce dernier n'entendait pas se contenter de réviser la Constitution ; il voulait en élaborer une nouvelle. Sous les apparences du pouvoir constituant dérivé, c'est donc le pouvoir constituant originaire qui a été mis en œuvre.

Les précédentes Constitutions républicaines avaient toutes été élaborées par des assemblées constituantes. Le procédé consistant à déléguer le pouvoir constituant au gouvernement avait déjà été utilisé, mais c'était en 1940, au profit du maréchal Pétain.

C'est pourquoi la loi du 3 juin 1958 prend soin d'assortir sa délégation de conditions de fond et de forme garantissant le respect de l'État de droit et de la démocratie. Il y avait cinq conditions de fond et trois conditions de forme.

1) *Les cinq conditions de fond*

- *seul le suffrage universel est la source du pouvoir*. Donc, dans la future Constitution, c'est du suffrage universel direct ou indirect que devront dériver les pouvoirs législatif et exécutif ;
- *le pouvoir exécutif et le pouvoir législatif devront être effectivement séparés* ;
- *le gouvernement doit être responsable devant le Parlement*, ce qui impose l'institution d'un régime parlementaire ;
- *l'autorité judiciaire doit demeurer indépendante* pour assurer le respect des libertés définies par le Préambule de 1946 et par la Déclaration de 1789 ;

– *la Constitution devra permettre d'organiser les rapports de la République avec les peuples qui lui sont associés*. On n'oublie pas, en effet, que la IVᵉ République est tombée à cause de la guerre d'Algérie.

2) Les trois conditions de forme

– *le gouvernement doit consulter un organisme ad hoc appelé le Comité Consultatif Constitutionnel (CCC).* Ce comité est composé pour un tiers, de personnalités nommées par le gouvernement, et surtout, pour les deux tiers, de membres du Parlement. C'est une manière de réintroduire des parlementaires dans le processus d'élaboration de la Constitution ;
– *le gouvernement doit aussi consulter le Conseil d'État* ;
– *le projet de Constitution* ainsi élaboré en concertation doit être *soumis à référendum.*

Le gouvernement a respecté ces conditions.

B - Les étapes de la naissance

1) L'élaboration du texte

Les différentes étapes sont les suivantes :
– un avant-projet a été élaboré par un groupe d'experts dirigé par M. Debré ;
– ce texte a été examiné par un conseil interministériel présidé par le général de Gaulle et composé des ministres d'État : MM. Mollet, Pflimlin, Jacquinot et Houphouët-Boigny ;
– le Comité Consultatif Constitutionnel et le Conseil d'État ont donné leur avis ;
– le projet a été adopté par le conseil des ministres ;
– il a été présenté à la nation par de Gaulle dans un discours dont le lieu (place de la République, à Paris) et la date (4 septembre 1958, anniversaire de la proclamation de la IIIᵉ République en 1870) étaient symboliques.

2) L'adoption du texte par référendum

Seuls le parti communiste, l'extrême-gauche et quelques personnalités comme MM. Mendès France et Mitterrand ont fait campagne pour le non. Les autres partis, y compris la SFIO, ont appelé à voter oui.

L'enjeu du référendum était quelque peu différent en métropole et outre-mer. En métropole, il s'agissait seulement d'accepter ou de refuser la Constitution. Outre-mer, l'acceptation signifiait aussi le désir de rester lié à la France alors que le refus signifiait l'indépendance immédiate.

Ceux qui restaient liés à la France avaient le choix entre trois statuts :
– celui de département d'outre-mer ;
– celui de territoire d'outre-mer ;
– celui d'État membre d'une Communauté à laquelle un titre de la Constitution était consacré. Cette communauté était un compromis entre fédération et confédération. Elle devait comporter un Conseil exécutif réunissant les chefs de gouvernement des pays membres, et un Sénat réunissant des délégués des Parlements de ces pays. Le

président de la République française était président de la Communauté, et le Parlement français disposait d'une majorité de délégués au Sénat de la Communauté.

Le référendum a eu des résultats très positifs. Il y a eu très peu d'abstentions. En métropole : 80 % des votants se sont prononcés pour la Constitution. Outre-mer, 95 % des votants ont fait de même. Seule, la Guinée a voté majoritairement contre la Constitution, obtenant par là même son indépendance.

Cette quasi-unanimité démontre que la plupart des électeurs avaient entendu plébisciter le général de Gaulle plutôt que ratifier son projet de Constitution. La Constitution a été promulguée le 4 octobre 1958.

3) La mise en place des institutions

Le titre de la Constitution consacré aux dispositions transitoires prévoit une mise en place progressive des institutions. L'article 92 permet au gouvernement de prendre par ordonnances ayant force de loi toutes les dispositions nécessaires à cette mise en place. Ces ordonnances peuvent être prises dans un délai de quatre mois à compter de la promulgation de la Constitution. Elles échappent à tout contrôle contentieux et à toute ratification parlementaire.

En novembre 1958, a été élue l'Assemblée nationale.

Le Sénat a été provisoirement formé par les membres de l'ancien Conseil de la République. Il n'a été définitivement constitué que l'année suivante.

En décembre 1958, de Gaulle a été élu président de la République et il a nommé M. Debré Premier ministre.

La Communauté franco-africaine a également été mise en place mais elle n'a pas duré longtemps :

- en décembre 1959, le Mali et Madagascar ont demandé et obtenu la possibilité d'être indépendants tout en restant États membres de la Communauté ;
- au cours de l'année 1960, tous les États africains membres de la Communauté ont suivi cet exemple. À partir de là, la Communauté ne relevait plus du droit interne mais du droit international. Elle n'avait plus pour base la Constitution mais toute une série de conventions bilatérales entre la France et chacun des pays membres. Dès 1961, le titre de la Constitution qui lui était consacré a cessé d'être appliqué.

Il a cependant fallu attendre la loi constitutionnelle du 4 août 1995 pour que les dispositions relatives à la Communauté soient abrogées. La loi de 1995 a également supprimé les dispositions transitoires.

2. VUE D'ENSEMBLE SUR LA CONSTITUTION

A - Les intentions de ses auteurs

La plupart des débats et travaux préparatoires sont restés secrets. Il a fallu attendre un décret de 1984 pour que soit entreprise la publication de ces documents. Il semble que le texte de la Constitution soit le résultat de trois influences essentielles.

1) *L'influence du général de Gaulle*

Ses conceptions avaient été exposées dès le 16 juin 1946 dans un discours prononcé à Bayeux. Il était partisan d'une séparation stricte des pouvoirs.

Le pouvoir exécutif devrait être dominé par un président de la République élu par un collège plus large que le seul Parlement afin de ne pas dépendre des combinaisons partisanes. Ce président de la République devrait avoir des pouvoirs forts en période normale, et *a fortiori* en période de crise.

Le gouvernement devrait procéder du président de la République et non du Parlement.

Le Parlement devrait être bicaméral, avec une assemblée élue au suffrage universel direct et une autre au suffrage indirect. La Chambre basse devrait voter définitivement les lois. La Chambre haute ferait valoir les intérêts économiques, familiaux et intellectuels du pays grâce à sa composition corporatiste.

Toutes ces idées se retrouveront soit dans le texte de la Constitution, soit dans des réformes que de Gaulle a proposées ultérieurement. Elles ont seulement été limitées par la nécessité de respecter les conditions de la loi du 3 juin 1958.

2) *L'influence de M. Debré*

Elle a un caractère plus technique. M. Debré étant juriste, il a mis en œuvre les grands principes évoqués par le Général, en s'attachant particulièrement à la rationalisation du parlementarisme. On lui doit notamment l'incompatibilité entre la fonction de ministre et le mandat parlementaire.

3) *L'influence des ministres d'État*

Elle est moins évidente. Ils seraient à l'origine de la limitation du domaine de la loi et de la diminution des pouvoirs de contrôle parlementaire.

B - Ses caractères généraux

Le préambule de la Constitution ne comporte pas de Déclaration des Droits de l'Homme. Il se contente de réaffirmer la Déclaration de 1789, le Préambule de 1946 et, depuis une réforme du 1er mars 2005, la Charte de l'environnement de 2004.

Dans le but de mettre fin à l'instabilité ministérielle qui caractérisait les deux Républiques précédentes, la Constitution s'emploie à rationaliser le parlementarisme : elle affaiblit le Parlement de telle sorte qu'il ne puisse plus nuire à la stabilité et à l'efficacité de l'exécutif.

Le Parlement perd le monopole de l'édiction des lois puisque certaines lois peuvent être adoptées par référendum. Il perd sa souveraineté puisqu'il est désormais soumis à un contrôle de constitutionnalité exercé par le Conseil constitutionnel (contrôle qui a pris son essor à la suite d'une réforme de 1974). Il perd son omnipotence puisque le domaine de la loi est limité par la création d'un domaine du règlement. Il perd la maîtrise de la procédure d'élaboration des lois au profit du gouvernement. Surtout, il lui est désormais très difficile de mettre en jeu la responsabilité politique du gouvernement.

Le pouvoir exécutif, lui, est renforcé. Il est composé du président de la République et du gouvernement, comme dans tout régime parlementaire. Mais le chef de l'État est particulièrement puissant : il ne procède plus du seul Parlement, et après la réforme de 1962, il sera même l'élu du peuple, comme dans un régime présidentiel. Il est autonome par rapport au gouvernement puisqu'il détient des pouvoirs propres, dispensés du contreseing ministériel.

C - Son fonctionnement

Le fonctionnement du régime a montré que les mécanismes de rationalisation du parlementarisme ne sont pas toujours utiles.

Ils ne le sont que dans les périodes où le gouvernement ne dispose pas du soutien d'une majorité stable à l'Assemblée nationale (de 1958 à 1962, de 1988 à 1993 et de 2014 à 2017).

Mais le plus souvent, une telle majorité lui est acquise. C'est le fait majoritaire.

Habituellement, ce fait majoritaire joue en faveur du président de la République, car la majorité parlementaire est du même bord que lui et le reconnaît comme chef. Le gouvernement est alors entièrement soumis au Président. Associée à l'élection présidentielle par le peuple, cette majorité parlementaire acquise au chef de l'État procure à ce dernier un pouvoir immense. Cela confère au régime un aspect non plus seulement présidentiel mais présidentialiste.

Mais il arrive que le fait majoritaire joue au détriment du président de la République. C'est le cas lorsque la majorité parlementaire soutenant le gouvernement est opposée au chef de l'État. Durant ces périodes de cohabitation, le Président doit s'effacer derrière le gouvernement. Cela confère au régime un aspect authentiquement parlementaire. C'est arrivé trois fois dans l'histoire de la Ve République :

- les deux premières cohabitations ont duré chacune deux ans : de 1986 à 1988, le Président Mitterrand a cohabité avec le gouvernement Chirac et de 1993 à 1995, il a cohabité avec le gouvernement Balladur ;
- la troisième cohabitation a duré cinq ans : de 1997 à 2002, le Président Chirac a cohabité avec le gouvernement Jospin.

3. ÉVOLUTIONS DE LA CONSTITUTION

À partir des années 1990, les révisions constitutionnelles se sont multipliées. Elles ont concerné trois domaines principaux.

A - L'intégration européenne

Cette intégration a franchi une étape décisive avec la signature des Accords de Maastricht le 7 février 1992. Le Conseil constitutionnel, saisi par le Président Mitterrand, a jugé le 9 avril 1992 que ce traité comportait des clauses contraires à la Constitution. Pour pouvoir le ratifier, il a donc fallu modifier cette dernière.

La révision du 25 juin 1992 a ainsi intégré à la Constitution un nouveau titre selon lequel la République participe aux communautés et à l'Union européennes. Ce titre consent, sous réserve de réciprocité, le transfert à l'Union de certaines compétences étatiques :

- les compétences nécessaires à l'établissement de l'Union économique et monétaire ;
- celles qui permettent la détermination des règles concernant les frontières extérieures de la communauté ;
- celles relatives à l'attribution d'une citoyenneté européenne.

Le référendum du 20 septembre 1992 a autorisé la ratification des Accords de Maastricht et a donc permis l'application de ces modifications constitutionnelles ; les autres États concernés ayant aussi ratifié ce traité.

L'intégration européenne s'est poursuivie avec la signature du traité d'Amsterdam le 2 octobre 1997.

Le Conseil constitutionnel, saisi conjointement par le Président Chirac et par le Premier ministre Jospin, a décelé dans ce traité des clauses contraires à la Constitution. Sa ratification nécessitait donc une révision constitutionnelle. Elle a eu lieu le 25 janvier 1999, étendant les transferts de compétences à la libre circulation des personnes et aux domaines qui lui sont liés.

Une loi du 23 mars 1999 a autorisé la ratification du traité d'Amsterdam, permettant l'application des nouvelles règles constitutionnelles ; les autres pays intéressés ayant déjà ratifié ce traité. Le traité d'Amsterdam est entré en vigueur le 1er mai 1999.

Dans le domaine judiciaire, une réforme constitutionnelle du 25 mars 2003 a complété l'article 88-2 de la Constitution pour indiquer que la loi fixe les règles relatives au mandat d'arrêt européen en application des actes pris sur le fondement du traité sur l'Union européenne.

Le traité constitutionnel européen, signé à Rome le 29 octobre 2004 par les dirigeants des 25 États membres de l'Union, représentait une consécration du processus d'intégration. Le Conseil constitutionnel, saisi par le Président Chirac, a jugé le 19 novembre 2004 que certaines clauses de ce traité étaient contraires à la Constitution. Sa ratification exigeait donc une révision constitutionnelle.

La révision de 2005 obligeait le président de la République à soumettre au référendum l'adhésion de nouveaux États à l'Union européenne (après celles de la Roumanie, de la Bulgarie et de la Croatie). Cette disposition était due aux réticences suscitées par la perspective d'adhésion de la Turquie. La révision de 2008 confirme le principe du référendum mais ajoute que les deux assemblées peuvent, en votant une motion en termes identiques à la majorité des 3/5e, soumettre l'adhésion au Congrès. La révision de 2005 avait aussi procédé à une nouvelle rédaction du titre XV de la Constitution consacré à l'Union européenne afin d'approfondir les pouvoirs de contrôle du Parlement français. Il était précisé que cette rédaction ne pourrait s'appliquer qu'à compter de l'entrée en vigueur du traité, c'est-à-dire de sa ratification par les 25 États alors membres de l'Union. Cette nouvelle rédaction n'a servi à rien puisque le peuple français, consulté par référendum le 29 mai 2005, a refusé la ratification du traité, mettant un coup d'arrêt à un processus qui s'était jusque-là déroulé sans heurt. L'absence de Constitution n'a toutefois pas empêché l'élargissement de l'Union puisque le 1er janvier 2007, la Bulgarie et la Roumanie y ont adhéré, le 1er juillet 2013, la Croatie en a fait autant portant ainsi le nombre d'États membres à 28.

L'intégration européenne a été relancée par le traité de Lisbonne, signé le 13 décembre 2007 pour remplacer le traité constitutionnel. Dans une décision du 20 décembre 2007, le Conseil constitutionnel a jugé certaines clauses de ce nouveau traité contraires à la Constitution, subordonnant ainsi sa ratification à une révision constitutionnelle. Celle-ci a eu lieu le 4 février 2008. Elle a procédé à une réécriture du titre XV de la Constitution consacré à l'Union européenne. Pour autoriser la ratification du traité de Lisbonne, le Président Sarkozy s'est bien gardé de recourir à une loi référendaire par crainte d'un nouveau refus populaire. C'est donc la loi parlementaire du 13 février 2008 qui a procédé à cette autorisation. Mais le 12 juin 2008, c'est le peuple irlandais qui a rejeté par référendum la ratification du traité de Lisbonne, infligeant une nouvelle épreuve aux institutions européennes. Un an plus tard, le 2 octobre 2009, les Irlandais ont été invités à revoter et, désorientés par la crise financière, ils se sont déjugés. Finalement ratifié par les 27 États membres, le traité de Lisbonne est entré en vigueur le 1er décembre 2009.

B - La décentralisation

Le problème néo-calédonien avait déjà fait l'objet de l'accord de Matignon, signé entre adversaires et partisans de l'indépendance et approuvé par le peuple français le 6 novembre 1988. Dix ans plus tard, l'accord de Nouméa, signé par les mêmes parties et approuvé par les populations locales le 8 novembre 1998, prévoyait un statut encore plus dérogatoire dont certaines dispositions étaient anticonstitutionnelles (composition restreinte du corps électoral, discriminations pour protéger l'emploi local, partage de souveraineté). Une révision de la Constitution a eu lieu le 20 juillet 1998 pour en assurer l'application. Un titre entier de la Constitution est désormais consacré aux dispositions transitoires relatives à la Nouvelle-Calédonie en attendant son accession à la pleine souveraineté. Le statut, institué par deux lois de 1999, crée un Congrès, dont certaines délibérations, les lois du pays, ne peuvent être contestées que devant le Conseil constitutionnel. Une nouvelle révision de la Constitution a consisté, le 23 février 2007, à redéfinir dans un sens encore plus restrictif le corps électoral pour les élections locales en Nouvelle-Calédonie. L'État ne conserve plus, sur ce territoire, que ses pouvoirs régaliens.

La réforme constitutionnelle d'ensemble sur la décentralisation est intervenue le 28 mars 2003. L'organisation de la République est décentralisée.

Les collectivités territoriales ont vocation à prendre les décisions pour l'ensemble des compétences qui peuvent le mieux être mises en œuvre à leur échelon. Dans les conditions prévues par la loi, elles s'administrent librement par des conseils élus et disposent d'un pouvoir réglementaire.

Surtout, elles peuvent déroger, à titre expérimental et pour un objet et une durée limités, aux lois ou règlements qui régissent leurs compétences. Elles ne peuvent toutefois mettre en cause les conditions essentielles d'exercice d'une liberté publique ou d'un droit constitutionnellement garanti. En outre, le représentant de l'État conserve la charge des intérêts nationaux, du contrôle administratif et du respect des lois. Une réforme constitutionnelle sur la décentralisation, portant sur le droit à la différenciation territoriale et visant à reconnaître la spécificité de la Corse est actuellement préparée.

Les électeurs locaux disposent d'un droit de pétition afin de demander que soit inscrite à l'ordre du jour de l'assemblée de leur collectivité une question relevant de sa compétence.

Une collectivité territoriale peut aussi prendre l'initiative d'organiser un référendum local sur un projet de délibération ou d'acte relevant de sa compétence.

La loi peut également décider une consultation locale lorsqu'il s'agit de modifier les limites d'une collectivité territoriale, de créer une collectivité à statut particulier ou d'en modifier l'organisation (première application le 6 juillet 2003 en Corse).

La Constitution garantit aux collectivités territoriales la libre disposition de leurs ressources et affirme que tout transfert de compétences de la part de l'État s'accompagne des ressources correspondantes. Des dispositifs de péréquation sont prévus pour favoriser l'égalité entre les collectivités.

La réforme constitutionnelle de 2008 a ajouté que « les langues régionales appartiennent au patrimoine de la France ».

Au sein du peuple français, les populations d'outre-mer conservent une situation particulière. Le président de la République peut les consulter par référendum sur le statut de leur collectivité. La réforme de 2003 a remplacé la dichotomie traditionnelle entre les DOM et les TOM par une plus grande diversité.

L'article 73 de la Constitution mentionne désormais non seulement les départements mais aussi les régions d'outre-mer. Les lois et règlements peuvent y être adaptés. La loi ou le règlement peuvent même habiliter certaines de ces collectivités à intervenir dans le domaine de la loi ou du règlement.

Les collectivités d'outre-mer régies par l'article 74 ne répondent plus à l'appellation de TOM. Le statut de chacune d'elles est défini par une loi organique après avis de l'assemblée délibérante. Certaines d'entre elles peuvent intervenir dans le domaine de la loi sous le contrôle du Conseil d'État et modifier des lois promulguées postérieurement à leur statut si le Conseil constitutionnel, saisi notamment par les autorités locales, constate que ces lois empiètent sur leurs compétences.

C - Les équilibres institutionnels

Fin 1992, le Président Mitterrand a proposé de soumettre à un Comité consultatif une réforme constitutionnelle de grande ampleur visant un triple objectif :

- ***rééquilibrer les pouvoirs exécutif et législatif*** afin de conférer plus de poids au Parlement ;
- ***renforcer les droits du citoyen*** en lui permettant de saisir le Conseil constitutionnel et en élargissant le champ du référendum ;
- ***améliorer les garanties de l'indépendance des magistrats***.

Le Comité, présidé par le doyen Vedel, a rendu son avis le 15 février 1993, mais la majorité issue des élections législatives de mars 1993 n'a adopté qu'une faible part des projets présidentiels (création de la Cour de justice de la République et réforme du Conseil supérieur de la magistrature). Ce n'est qu'après l'élection de Jacques Chirac à la présidence de la République que cette majorité a voté, à l'initiative du nouveau chef de l'État, la révision du 4 août 1995 étendant le champ d'application du référendum et instituant une longue session parlementaire unique.

L'adoption du quinquennat, le 2 octobre 2000, influe également sur les équilibres institutionnels, dans la mesure où sa finalité est d'éviter les périodes de cohabitation, donc, d'en revenir à la tendance présidentialiste qui a constamment caractérisé la Ve République avant 1986.

Encore faut-il, pour qu'il en soit ainsi, que l'élection présidentielle précède les législatives afin de pouvoir provoquer, à l'Assemblée, un fait majoritaire favorable au chef de l'État.

Si les législatives précédaient la présidentielle, le régime aurait au contraire une tendance parlementaire. Le calendrier électoral imposé par la dissolution de 1997 correspondait à ce cas de figure.

Une loi du 15 mai 2001 a donc prolongé le mandat de l'Assemblée élue en 1997 afin de reporter les législatives après la présidentielle.

La réforme du statut pénal du président de la République par la loi constitutionnelle du 23 février 2007 peut aussi avoir des incidences sur les équilibres institutionnels, en ce qu'elle permet au Parlement, réuni en haute cour, de destituer le Chef de l'État.

Le 12 juillet 2007, le Président Sarkozy a prononcé à Épinal (ville où de Gaulle s'était exprimé sur les institutions le 29 septembre 1946), un discours annonçant la création d'un comité de réflexion sur la modernisation et le rééquilibrage des institutions de la Ve République. Cette commission, présidée par Édouard Balladur et composée d'hommes politiques et de juristes, a rendu son avis le 29 octobre 2007. 77 propositions y figuraient, dont la triple finalité était de mieux contrôler le pouvoir exécutif, de renforcer les pouvoirs du Parlement et de conférer de nouveaux droits aux citoyens.

Le Président a retenu un certain nombre de ces propositions et a prié le Premier ministre de consulter toutes les formations politiques du pays afin de recueillir un large accord sur la réforme. Ce consensus s'est avéré difficile. Malgré de profondes divergences entre l'Assemblée nationale et le Sénat, les deux chambres ont adopté, en deuxième lecture, la loi constitutionnelle en termes identiques. Et au Congrès, la majorité des 3/5e requise n'a été dépassée que d'une voix. Cette réforme, qui modifie près de la moitié des articles de la Constitution, a été promulguée le 23 juillet 2008.

Après l'élection d'Emmanuel Macron à la présidence de la République, des projets de lois ordinaires, organiques et constitutionnelles ont été annoncés.

Une loi ordinaire et une loi organique du 15 septembre 2017 relatives à la confiance dans la vie publique ont encadré les fonctions des parlementaires, ministres, président de la République et responsables d'exécutifs locaux.

Un projet de loi organique prévoit la limitation du cumul de mandats dans le temps pour les parlementaires et la réduction de 25 % de leur nombre.

Un projet de loi ordinaire prévoit l'élection de 15 à 20 % des députés à la représentation proportionnelle.

Une réforme constitutionnelle est prévue, comprenant des avancées en matière de décentralisation, d'indépendance de la magistrature, la transformation du Conseil économique, social et environnemental, la suppression de la Cour de justice de la République et la disparition, au Conseil constitutionnel, de la catégorie des membres de droit permettant aux anciens présidents de la République d'y siéger à vie. Il serait prévu à l'article 1er de la Constitution que la République agit pour la préservation de l'environnement et de la diversité biologique et contre les changements climatiques.

L'Assemblée nationale chargée d'examiner ces réformes a été élue les 11 et 18 juin 2017. Sa représentativité est amoindrie par une abstention sans pareille sous la Ve République (57,4 % des électeurs au second tour) mais sa composition traduit un renouvellement parlementaire inédit (75 % des élus n'ont jamais été députés). Le parti du Président Macron, La République en Marche, y détient la majorité absolue (314 députés qui se réduiront jusqu'à tomber sous le seuil des 289, majorité absolue, le 19 mai 2020 après la création du groupe « Écologie Démocratie Solidarité » par des dissidents LREM de gauche, et se renforceront le 26 mai 2020 après la création du groupe « Agir ensemble », proche du Premier ministre Édouard Philippe, comptant 17 membres). Vu les propositions de la convention citoyenne pour le climat, des réformes écologiques sont envisagées. Après la démission d'Édouard Philippe le 3 juillet 2020, un remaniement ministériel est intervenu et le nouveau Premier ministre, Jean Castex, a obtenu une majorité de 345 voix à l'issue de sa déclaration de politique générale à l'Assemblée le 15 juillet.

En 2022, après la réélection d'Emmanuel Macron, Élisabeth Borne va être désignée Première ministre. Une nomination quelque peu éclipsée par les législatives qui ont suivi, où pour la première fois de la Ve République, l'exécutif en place ne dispose que d'une majorité relative à l'Assemblée nationale. Une première qui va certainement obliger l'exécutif à transiger sur de nombreux textes.

Débutée en novembre 2018, la révolte des « gilets jaunes », caractérisée par de nombreux attroupements sur l'ensemble du territoire national et motivée par l'augmentation des prix du carburant, a agrégé au fil des semaines une multitude de revendications politiques, économiques et sociales, amenant les pouvoirs publics à suspendre les projets de réformes institutionnelles annoncés par l'exécutif. Dans une allocution télévisée du 10 décembre 2018, le chef de l'État a annoncé la tenue d'un « grand débat national » organisé par la Commission nationale du débat public. À la suite de ce débat, le président de la République a fait part des orientations qu'il estimait devoir tirer des doléances des citoyens lors d'une conférence de presse du 25 avril 2019, infléchissant certains de ses projets de réformes. Depuis lors, l'exécutif a dû se mobiliser pour faire face à la pandémie de Covid-19 et ces projets semblent avoir été reportés *sine die*.

Conformément au principe de la séparation des pouvoirs, l'étude de la Ve République peut se schématiser en trois points :

- ***le pouvoir exécutif***, composé du président de la République dont on précisera le statut (Chapitre 12) et les attributions (Chapitre 13), et du gouvernement (Chapitre 14) ;
- ***le Parlement***, dont on détaillera la composition (Chapitre 15), le fonctionnement (Chapitre 16) et les deux attributions principales que constituent la législation (Chapitre 17 et 18) et le contrôle sur le gouvernement (Chapitre 19) ;
- ***le Conseil constitutionnel*** (Chapitre 20).

BIBLIOGRAPHIE

Avril (P.) et Gicquel (J.), *Chroniques constitutionnelles françaises*, 1983, PUF.

Barrillon (R.) et autres, *Dictionnaire de la Constitution*, 1987, Cujas.

Chagnollaud (D.) et Quermonne (J.-L.), *Le gouvernement de la France sous la Ve République*, 1996, Fayard.

Chapsal (J.), *La vie politique sous la Ve République*, 2 vols., 1993, 1993, PUF.

Documents pour servir à l'histoire de l'élaboration de la Constitution du 4 octobre 1958, 4 vols., 1987, 1988, 1991, 2002, La Documentation française.

Duhamel (O.) et Parodi (J.-L.), *La Constitution de la Ve République*, 1998, FNSP.

Duhamel (O.), *Le pouvoir politique en France*, 1999, Seuil.

Duhamel (O.), *La Constitution française*, 1992, PUF, Que sais-je ?

De La Gorce (P. M.) et Moschetto (B.), *La cinquième République*, 1992, PUF, Que sais-je ?

La Constitution de la Ve République, texte intégral et officiel, 11e éd., 2019-2020, Gualino, En Poche.

Lancelot (A.), *Les élections sous la Ve République*, 1998, PUF, Que sais-je ?

Lascombe (M.), *Droit constitutionnel de la Ve République*, 1999, L'Harmattan.

Lavroff (D. G.), *Le droit constitutionnel de la Ve République*, 1999, Dalloz.

Lemong (N.), *La Constitution de la Ve République*, 1980, STH.

Luchaire (F.), Conac (G.), Prétot (X.), *La Constitution de la République française*, 2010, Economica.

Maus (D.), *Les grands textes de la pratique institutionnelle de la Ve République*, 1995, La Documentation française.

Pouvoirs n° 4, « La Ve République », 1978.

Revue Française de droit constitutionnel, n° 11, « La Constitution française et le Traité de Maastricht », 1992.

Revue Française de droit constitutionnel, n° 14, « La révision de la Constitution de 1958 », 1993.

Revue Française de Science politique, vol. 34, « La Constitution de la cinquième République », 1984.

Robert (J.), « L'Union européenne et la Constitution », RDP 1992, p. 589, p. 933 et p. 1587 ; RDP 1993, p. 301.

Rousseau (D.), *Droit constitutionnel et institutions politiques, la Ve République*, 1991, Eyrolles.

Sirinelli (J.-F.), *La Ve République*, 2009, PUF, Que sais-je ?

Sur (S.), *La vie politique en France sous la Ve République*, 1982, Montchrestien.

Sur (S.), *Le système politique de la Ve République*, 1991, PUF, Que sais-je ?

CHAPITRE 12

Le statut du président de la République

La Ve République a vu se succéder huit Présidents : Charles de Gaulle (1958-1965 et 1965-1969), Georges Pompidou (1969-1974), Valéry Giscard d'Estaing (1974-1981) ; François Mitterrand (1981-1988 et 1988-1995), Jacques Chirac (1995-2002 et 2002-2007), Nicolas Sarkozy (2007-2012), François Hollande (2012-2017) et Emmanuel Macron (2017-...).

1 • L'ÉLECTION DU PRÉSIDENT DE LA RÉPUBLIQUE

Le président de la Ve République n'a pas toujours été élu au suffrage universel direct. À l'origine, la Constitution de 1958 prévoyait son élection au suffrage universel indirect. Ce n'est qu'en 1962 que la Constitution a été modifiée sur ce point.

A - Le système originel : l'élection au suffrage universel indirect

Par rapport au système existant sous les IIIe et IVe Républiques, le système prévu en 1958 constituait déjà un changement. Sous les IIIe et IVe Républiques, le chef de l'État était élu par les deux chambres du Parlement. Dans le discours de Bayeux, de Gaulle avait dénoncé ce type de désignation qui faisait du Président l'élu des partis politiques.

Il a donc opté en 1958 pour un collège électoral plus large, qui se rapproche de celui du Sénat. Ce collège comportait les députés et les sénateurs, mais aussi, les conseillers généraux, des représentants des conseils municipaux et des territoires d'outre-mer. Il réunissait près de 80 000 personnes, dont les $9/10^e$ étaient désignées par les conseils municipaux. Les petites communes, les plus nombreuses, étaient sur-représentées. C'était un collège de notables.

Il n'y a eu qu'une seule élection selon ce système. Elle a eu lieu fin 1958. De Gaulle a été élu pour son premier mandat avec près de 80 % des voix. Dès 1962, de Gaulle décide de réviser la Constitution pour changer ce mode d'élection.

B - Le système actuel : l'élection au suffrage universel direct

De Gaulle a motivé cette réforme par le désir de conférer à ses successeurs, qui ne pourraient pas avoir la même légitimité historique que lui, une légitimité populaire. Il en a cependant bénéficié aussi, puisqu'en 1965, à l'issue de son mandat, il a été de nouveau candidat ; il a été réélu, mais cette fois, par l'ensemble du peuple français.

Ce sont les articles 6 et 7 de la Constitution qui traitent de l'élection présidentielle. L'article 6, révisé en l'an 2000 et en 2008, indique simplement que le Président est élu pour cinq ans au suffrage universel direct et que nul ne peut exercer plus de deux mandats consécutifs. L'article 7 détaille les modalités de cette élection. Le tout étant complété par une loi organique.

1) Les conditions de candidature

Chaque parti politique choisit son candidat selon des modalités prévues par ses statuts. Pour l'élection de 2012, le candidat socialiste, François Hollande, a été sélectionné au moyen d'élections primaires ouvertes organisées par son parti. Ce mode de désignation, habituel aux États-Unis, n'avait jamais encore été employé en France. Pour l'élection de 2017, le parti Les Républicains l'a également adopté et le parti socialiste a décidé de le réutiliser.

Pour être candidat à l'élection présidentielle, il faut d'abord bien sûr être éligible, c'est-à-dire remplir les quatre conditions d'éligibilité prévues par le Code électoral :

- être français ;
- être âgé d'au moins 18 ans ; jusqu'à la loi organique du 14 avril 2011 qui a modifié le Code électoral, l'âge pour être éligible était fixé à 23 ans ;
- jouir de ses droits civils et politiques ;
- avoir satisfait aux obligations de la loi sur le recrutement de l'armée.

Les conditions d'éligibilité sont donc faciles à satisfaire. Pour éviter une multiplication de candidatures, on a prévu un système de présentations : il faut être présenté par un certain nombre d'élus pour pouvoir être candidat.

En 1962, on avait fixé ce nombre à cent élus. Mais cela n'a pas été suffisant. C'est pourquoi une loi organique de 1976, modifiée en 2001, a exigé que le candidat soit présenté par 500 élus nationaux, locaux ou ressortissants français membres du Parlement européen élus en France. Les simples conseillers municipaux n'ont pas le droit d'être parrains. Les parrains doivent appartenir à 30 départements différents. Le nombre de parrains d'un même département ne doit pas dépasser 10 % du nombre total. Aucun département ne peut donc fournir plus de 50 signatures. Un même élu ne peut parrainer qu'un seul candidat. Ces conditions empêchent les candidatures d'individus n'ayant pas une audience nationale.

Les candidats ne peuvent être parrainés sans leur consentement ; et ils sont très attentifs à la qualité de leurs parrains car les noms des signataires sont publiés par le Conseil constitutionnel. Avant la loi organique du 25 avril 2016, les candidats sollicitaient les parrainages et les transmettaient eux-mêmes au Conseil constitutionnel qui ne publiait que 500 noms tirés au sort. Cela permettait à certains candidats de prétendre ne pas avoir atteint le seuil exigé afin d'inciter des élus hésitants à les parrainer. Depuis cette loi, cette manœuvre n'est plus possible car chaque signataire envoie directement son parrainage au Conseil qui publie la totalité des noms à mesure qu'ils lui parviennent.

Enfin, la loi organique du 11 mars 1988 oblige tout candidat à remettre au Conseil constitutionnel une déclaration de sa situation patrimoniale certifiée exacte sur l'honneur. La loi organique du 11 octobre 2013 ajoute que ces déclarations seront transmises à la Haute autorité pour la transparence de la vie publique qui les rend publiques au moins 15 jours avant le 1er tour de scrutin. À la fin de son mandat, le Président devra en publier une autre pour bien montrer qu'il ne s'est pas enrichi anormalement durant ses fonctions. Cette dernière déclaration devra aussi être transmise à la Haute autorité pour la transparence de la vie publique. La loi organique du 15 septembre 2017 impose aussi aux candidats de remettre au Conseil constitutionnel une déclaration d'intérêts et d'activités également transmise à la Haute autorité et publiée avant le scrutin.

Le rôle du Conseil constitutionnel est important durant la phase des candidatures :

- il ***contrôle la régularité des parrainages*** ;
- il ***reçoit les déclarations patrimoniales*** ;
- et lorsque tout cela est fait, c'est lui qui ***établit la liste officielle des candidats*** qui sera publiée au Journal Officiel ;
- il ***procédera de même pour les deux candidats restants au second tour***.

Le Conseil joue également un rôle essentiel en cas de décès ou d'empêchement d'un candidat. Ces hypothèses pessimistes n'avaient pas été prévues à l'origine. C'est une révision constitutionnelle de 1976 qui a complété l'article 7 de la Constitution pour en tenir compte.

Trois cas sont envisagés selon la date de l'événement :

- premier cas : ***lorsque le décès ou l'empêchement survient dans les sept jours précédant la date limite du dépôt des candidatures***, le Conseil peut reporter l'élection. Une telle décision permettrait au parti politique concerné de trouver un remplaçant au candidat défaillant. Mais le Conseil détient une compétence discrétionnaire. Il reportera l'élection s'il estime que le parti politique privé de candidat est assez important pour que son absence fausse le scrutin. Mais il peut tout aussi bien ne pas la reporter ;
- deuxième cas : ***lorsque le décès ou l'empêchement survient entre la date limite de dépôt des candidatures et le premier tour***, le Conseil doit reporter l'élection ;
- troisième cas : lorsque ***le décès ou l'empêchement d'un des deux candidats les mieux placés au premier tour survient entre les deux tours***, le Conseil doit décider de procéder de nouveau à l'ensemble des opérations électorales.

Dans tous ces cas, le Conseil peut être saisi :

- soit par les 500 parrains du candidat ;
- soit par les autorités normalement habilitées à le saisir, c'est-à-dire le président de la République, le Premier ministre, les présidents des chambres, ou 60 députés ou 60 sénateurs.

2) *La campagne électorale*

Elle s'ouvre 15 jours avant le premier tour et 8 jours avant le second. Elle est dominée par un principe essentiel : le principe d'égalité entre les candidats.

Concrètement, cette égalité se traduit d'abord par la prise en charge par l'État des frais d'impression des documents officiels, c'est-à-dire notamment des bulletins de vote et des affiches réglementaires. Chaque candidat a droit à deux affiches réglementaires : l'une reproduit ses déclarations ; l'autre annonce les jours et heures de ses meetings. Ces affiches sont apposées sur des panneaux réservés par l'administration.

La loi organique du 11 mars 1988, modifiée à plusieurs reprises, a essayé d'améliorer la transparence financière des élections, de réduire les dépenses électorales et d'instaurer une certaine égalité de moyens entre les candidats.

Chaque candidat doit établir un compte de campagne retraçant ses recettes et ses dépenses dans les douze mois précédant le scrutin. Depuis la loi organique du 5 avril 2006, les comptes doivent être déposés à la Commission nationale des comptes de campagne qui les publie au Journal Officiel.

En ce qui concerne les recettes, la loi de 1988 encourage les dons des personnes physiques en prévoyant des réductions d'impôt mais elle plafonne ces dons à 4 600 € par personne. La loi du 14 avril 2011 prévoit l'actualisation de ce montant en fonction de l'évolution des prix. Les partis politiques peuvent librement financer leur candidat, mais les autres personnes morales ne peuvent financer ni les candidats ni les partis.

En ce qui concerne les dépenses, des plafonds sont fixés respectivement pour le premier tour et le second tour et leurs montants sont réactualisés à chaque élection. L'État remboursera à chaque candidat une somme forfaitaire égale à 4,75 % du plafond. Cette somme sera portée à 47,5 % du plafond pour ceux qui auront obtenu au moins 5 % des suffrages exprimés (loi organique du 28 février 2012).

En vertu de la loi organique du 5 avril 2006, la Commission nationale des comptes de campagne peut approuver, rejeter ou réformer les comptes. Elle arrête le montant du remboursement forfaitaire. Celui-ci n'est pas versé aux candidats ayant dépassé le plafond des dépenses électorales ou ayant déposé tardivement leur compte, ou encore, dont le compte a été rejeté. Si les irrégularités ne conduisent pas au rejet du compte, le montant du remboursement peut être réduit en fonction du nombre et de la gravité des irrégularités. Le candidat sanctionné peut contester la décision de la Commission en déposant un recours devant le Conseil constitutionnel. Ainsi, en 2012, la Commission a rejeté le compte du Président Sarkozy. Ayant décidé de se représenter à l'issue de son mandat, il avait, avant même d'annoncer sa candidature, effectué plusieurs déplacements en province. Les frais engagés pour ceux-ci ayant été intégrés par la Commission à ses dépenses de campagne, il a dépassé le plafond autorisé. Ce rejet interdit le remboursement de 11 millions d'euros au candidat UMP. Le Conseil constitutionnel, saisi par ce dernier, a confirmé le rejet du compte le 4 juillet 2013.

L'égalité se traduit enfin par l'octroi, sur le service public audiovisuel, d'un temps d'antenne identique pour chaque candidat. Plus les candidats sont nombreux et plus ce temps est limité ; cela justifie les efforts déployés pour éviter la multiplication des candidatures. Outre ces émissions officielles, les médias audiovisuels publics et privés sont amenés à rendre compte de l'activité des candidats dans leurs émissions d'information. Là aussi, ils se doivent de respecter l'égalité. Avant la loi organique du 25 avril 2016, cette règle d'égalité médiatique s'imposait dès la publication au Journal Officiel de la liste des candidats. Depuis cette loi, elle ne vaut que pour la campagne officielle. Entre la publication de la liste des candidats et l'ouverture de la campagne officielle, c'est seulement un principe d'équité, tenant compte de la représentativité des candidats, qui s'applique. Durant cette période, les médias peuvent donc accorder davantage de place aux candidats des grands partis, contribuant ainsi à clarifier le débat électoral.

Le contrôle de la régularité de la campagne est confié à trois organismes :

– ***l'Autorité de régulation de la communication audiovisuelle et numérique*** (ARCOM) qui a remplacé le CSA est chargée de comptabiliser le temps de parole des différents candidats dans les différents médias ;
– en dehors de l'audiovisuel, c'est ***une Commission Nationale de Contrôle*** (CNC) composée de cinq membres : le vice-président du Conseil d'État, qui la préside, le

premier président de la Cour des comptes, le premier président de la Cour de cassation et deux autres membres choisis par les trois premiers au sein de leurs juridictions. Une commission locale de contrôle existe dans chaque département ou territoire. Elle est composée de magistrats judiciaires et de fonctionnaires placés sous l'autorité de la Commission nationale ;

– la dernière commission n'est pas spécifique à l'élection présidentielle. C'est ***la Commission des sondages***, créée par une loi de 1977 pour contrôler la régularité des sondages d'opinion. Elle est composée de onze membres, nommés en conseil des ministres : trois conseillers d'État, trois magistrats de la Cour de cassation, trois magistrats de la Cour des comptes et deux personnalités qualifiées en matière de sondages. La loi de 1977 interdisait la publication ou la diffusion de tout sondage pendant la semaine précédant un scrutin. On craignait que ces sondages n'influencent les électeurs.

Toutefois, les progrès de la télématique rendaient cette interdiction de moins en moins effective car les citoyens disposant d'Internet pouvaient consulter les sondages que les journaux étrangers faisaient figurer sur leurs sites.

En outre, cette interdiction de la loi de 1977 a suscité une divergence jurisprudentielle quant à sa compatibilité avec la Convention européenne des droits de l'Homme qui proclame la liberté d'expression. En 1999, le Conseil d'État avait conclu à la compatibilité mais en 2001, la Cour de cassation a soutenu la position inverse. Finalement, une loi du 19 février 2002 a modifié la loi de 1977. L'interdiction de publier ou de diffuser tout sondage en rapport avec un scrutin n'est maintenue que pour la veille et le jour du scrutin.

3) L'élection proprement dite

Le vote se déroule dans chaque commune. S'agissant des électeurs résidant à l'étranger, une loi organique de 1976 modifiée en 2005 prévoit que chaque ambassade pourvue d'une circonscription consulaire et chaque poste consulaire tiennent une liste électorale consulaire. Tout Français établi hors de France inscrit sur une telle liste peut exercer son droit de vote.

L'élection doit avoir lieu 20 jours au moins et 35 jours au plus avant l'expiration des pouvoirs du Président en exercice. Le mode de scrutin est prévu à l'article 7 de la Constitution : c'est le scrutin uninominal majoritaire à deux tours :

– pour être élu au premier tour, il faut ***recueillir la majorité absolue des suffrages exprimés***. Mais c'est difficile à obtenir vu le grand nombre de candidats ;

– c'est pourquoi, si aucun candidat n'atteint ce score, on procède à ***un second tour qui n'opposera que les deux candidats les mieux placés***. Ainsi, le Président sera forcément élu à la majorité absolue des suffrages exprimés, ce qui renforcera sa légitimité. Le score des vainqueurs a ainsi varié entre 50,8 % (Valéry Giscard d'Estaing face à François Mitterrand en 1974) et 58,2 % (Georges Pompidou face à Alain Poher en 1969). Le score exceptionnel de 82,2 % a été atteint par Jacques Chirac face à Jean-Marie Le Pen en 2002 car le candidat socialiste ayant été éliminé au premier tour, les électeurs de gauche ont massivement voté pour le Président sortant afin de faire échec à l'extrême droite. Un problème encore plus délicat s'est posé en 2017. Après avoir fait jouer l'alternance droite/gauche lors des deux précédents scrutins présidentiels et estimé les politiques menées également décevantes, le corps électoral a éliminé dès le premier tour les candidats LR et PS. Le second tour a ainsi opposé une candidate d'extrême droite, Marine Le Pen, et Emmanuel Macron. La victoire de M. Macron, avec 66,1 % des suffrages, a été atténuée par 25,44 % d'abstention et 11, 47 % de votes blancs et nuls. En 2022, le même schéma s'est reproduit avec un second tour opposant le Président sortant et Marine Le Pen. Le Président a été réélu, avec 58,55 % des suffrages exprimés avec une abstention encore plus marquante qu'en 2017 puisqu'elle a atteint 28,01 %.

Les retraits sont possibles entre les deux tours. Donc, si par exemple les candidats arrivés en tête au premier tour se retirent, le second tour opposera les deux suivants ; si le second se retire, le premier affrontera le troisième...

Chaque scrutin a forcément lieu le dimanche (sauf dans certaines collectivités d'Outre-mer où il a lieu le samedi afin que les électeurs ne soient pas influencés par l'annonce des résultats de métropole à cause du décalage horaire) et ne peut durer qu'un jour. Le second tour a lieu 15 jours après le premier et non 8 jours comme pour les autres élections. Les votes sont dépouillés dans chaque bureau. Puis, totalisés au chef-lieu du département par une commission de recensement. Et enfin, rassemblés à Paris sous le contrôle du Conseil constitutionnel. C'est le Conseil qui proclame officiellement les résultats et qui est chargé du contentieux électoral.

2. L'EXERCICE DU MANDAT DU PRÉSIDENT DE LA RÉPUBLIQUE

A - La durée du mandat

Pendant des décennies, le septennat a suscité de nombreuses discussions. La réforme du 2 octobre 2000 l'a finalement remplacé par le quinquennat.

1) Les débats sur le septennat

Depuis 1958, le Président était élu pour sept ans tout en étant immédiatement et indéfiniment rééligible.

Cette longue durée et cette possibilité de prolongation illimitée ont été souvent jugées excessives. Ainsi, en 1973, le Président Pompidou avait-il entrepris une révision de la Constitution destinée à réduire le mandat à cinq ans. Mais cette tentative a échoué faute d'une majorité suffisante.

L'une des 110 propositions du candidat F. Mitterrand en 1981 consistait, soit à laisser le mandat à sept ans mais sans possibilité de le renouveler, soit à le ramener à cinq ans renouvelable une fois. Cette proposition n'a pas été mise en œuvre.

On a pu dire que la solution du quinquennat aurait l'avantage d'éviter que le Président ne soit confronté à une Assemblée nationale hostile à sa politique. Cependant, l'élection simultanée du Président et des députés ne garantit pas que le chef de l'État et la majorité de l'Assemblée soient du même bord. Ensuite, la coïncidence des deux mandats n'est jamais assurée car d'une part, le Président a le droit de dissoudre l'Assemblée et d'autre part, il peut ne pas achever son propre mandat.

Ces arguments n'ont pas empêché l'adoption, en l'an 2000, de la réforme instituant le quinquennat.

2) *L'adoption du quinquennat*

Cette réforme a pour toile de fond la cohabitation entre le Président Chirac et le gouvernement Jospin.

L'initiative en revient à Valéry Giscard d'Estaing. Dans un article publié par le journal Le Monde, l'ancien président de la République, alors député, a trouvé opportun de soulever la question avant l'élection présidentielle de 2002, d'autant plus qu'une majorité de Français et de dirigeants politiques y semblaient favorables. Le député Giscard d'Estaing a donc déposé une proposition de loi constitutionnelle visant à réduire de sept à cinq ans le mandat présidentiel.

Le Premier ministre, Lionel Jospin, a accueilli favorablement l'idée du quinquennat et s'est dit prêt à déposer un projet de loi sur ce thème, à condition que le Président Chirac l'accepte. Mais Monsieur Jospin a ajouté qu'en cas de refus du Président, le gouvernement favoriserait l'examen de la réforme sur initiative parlementaire.

Le Président Chirac s'est trouvé embarrassé car en 1999, il avait nettement désapprouvé la perspective du quinquennat par crainte de voir son propre septennat remis en cause. Après avoir consulté des hommes politiques et des constitutionnalistes, il s'est finalement dit favorable à la révision constitutionnelle à condition qu'elle ne s'accompagne d'aucune réforme susceptible de mettre en cause l'équilibre de la Ve République (quinquennat sec).

La procédure de révision constitutionnelle prévue par l'article 89 de la Constitution a donc été mise en œuvre :

- l'Assemblée nationale a voté le projet de loi sans l'amender ;
- le Sénat l'a adopté en termes identiques ;
- et pour la première fois dans l'histoire de la Ve République, le chef de l'État a décidé de faire approuver la révision non par le Congrès mais par référendum. Le « oui » l'a emporté avec 73 % des suffrages exprimés mais le manque de conviction du Président et du Premier ministre pour défendre la réforme a entraîné une abstention de 69 % (taux jamais atteint jusque-là) ;
- le 2 octobre 2000, Jacques Chirac a promulgué la loi constitutionnelle en vertu de laquelle « le président de la République est élu pour cinq ans au suffrage universel direct ».

Le quinquennat est concrètement entré en application en 2002, puisque cette année-là, à l'issue de son septennat, Jacques Chirac a été réélu pour cinq ans.

La réforme constitutionnelle de 2008 a durci encore un peu plus les règles concernant le mandat présidentiel en prévoyant que « nul ne peut exercer plus de deux mandats consécutifs ».

En 2022, lors des élections présidentielles, s'est à nouveau posée la question de la légitimé du quinquennat en opposition au septennat. Nombreux sont les candidats à proposer le retour au septennat. La réponse reste en suspens pour le moment.

B - L'interruption du mandat

1) *Les causes de l'interruption*

L'interruption peut avoir deux causes : la vacance, l'empêchement.

a) La vacance

La vacance de la présidence est une notion bien définie. Elle peut découler :
- de la démission du Président ;
- de son décès ;
- ou de sa destitution par la haute cour.

Autrement dit, la vacance est toujours définitive. Même si ce n'est pas expressément prévu par la Constitution, c'est en pratique le Conseil constitutionnel qui constate la vacance. Cela s'est produit deux fois :
- en 1969, pour la démission du général de Gaulle ;
- en 1974, pour la mort du Président Pompidou.

b) L'empêchement

L'article 7 de la Constitution prévoit expressément que l'empêchement doit être constaté par le Conseil constitutionnel. Il faut pour cela que le Conseil soit saisi par le gouvernement et statue à la majorité absolue de ses membres.

L'empêchement est une notion beaucoup moins bien définie que la vacance :
- il peut être provisoire ou définitif. C'est au Conseil constitutionnel de le qualifier ;
- les hypothèses qu'il recouvre sont difficiles à préciser. Là encore, ce sera au Conseil constitutionnel de les déterminer. On peut cependant imaginer que la maladie ou l'enlèvement du Président constitueraient des cas d'empêchement.

L'empêchement, contrairement à la vacance, n'a jamais été constaté.

2) *La solution : l'intérim*

Qu'il y ait vacance ou empêchement, la solution imposée par la Constitution est l'intérim. Si l'empêchement est provisoire, le Président reprendra ses fonctions à l'issue de la période d'intérim.

En cas d'empêchement définitif ou de vacance, l'intérim permettra la continuation de la fonction présidentielle jusqu'à la nouvelle élection. Celle-ci doit avoir lieu 20 jours au moins et 35 jours au plus après l'ouverture de la vacance ou la déclaration du caractère définitif de l'empêchement.

Dans tous les cas, le Président intérimaire est normalement le président du Sénat. On n'a pas confié cette mission au président de l'Assemblée nationale car celle-ci peut être dissoute. Dans l'hypothèse pessimiste où le président du Sénat serait à son tour empêché, la Constitution prévoit que l'intérim serait assuré par le gouvernement. Les pouvoirs du Président intérimaire varient selon sa mission :
- ***s'il y a intérim pour empêchement provisoire***, il exerce tous les pouvoirs du Président sauf le recours au référendum législatif (art. 11) et la dissolution de l'Assemblée nationale (art. 12) ;

s'il y a intérim pour empêchement définitif ou pour vacance, ses pouvoirs sont plus réduits. Non seulement le référendum et la dissolution lui sont interdits, mais en plus, la Constitution ne peut pas être révisée (art. 89). Le gouvernement ne peut être renversé (art. 49) ni tenu de remettre sa démission (art. 50).

Les deux cas d'intérim qui se sont effectivement produits avaient pour cause la vacance de la présidence. En 1969 comme en 1974, ce fut Alain Poher, président du Sénat, qui assura l'intérim.

C - La responsabilité du Président

Il faut distinguer deux problèmes : celui de la responsabilité politique et celui de la responsabilité pénale.

1) Le problème de la responsabilité politique

Le principe qui prévaut est celui de l'irresponsabilité. Mais en fait, ce principe peut être écarté.

a) Le principe de l'irresponsabilité politique

Ce principe nous vient de la tradition des régimes parlementaires. Dans un régime parlementaire, le chef de l'État n'est jamais responsable politiquement devant le Parlement. C'est pour cela que tous ses actes sont contresignés par les ministres. Par le contreseing, le gouvernement endosse toute la responsabilité de la politique menée. Donc, si les parlementaires sont mécontents de cette politique, c'est le gouvernement qui devra démissionner.

Sous la Ve République, ce principe est toujours valable. Pourtant, il ne s'agit pas tout à fait d'un régime parlementaire : certains actes importants du président de la République sont dispensés du contreseing ministériel. On aurait pu penser que le Président serait au moins responsable de ces actes-là. Mais l'article 67 de la Constitution est sans ambiguïté : il étend l'irresponsabilité à l'ensemble des actes présidentiels.

Le Conseil constitutionnel a confirmé cette irresponsabilité dans une décision concernant les élections législatives de 1967. À la veille du premier tour du scrutin, de Gaulle avait prononcé un discours radio télévisé appelant à voter pour la majorité. Des candidats de l'opposition ont fait valoir que ce discours avait faussé l'élection, mais le Conseil a répondu qu'il lui était interdit d'examiner la conformité d'une déclaration présidentielle à la Constitution. Sous les troisième et quatrième Républiques, cette irresponsabilité politique du chef de l'État impliquait une protection particulière de sa personne car le Président ne gouvernait pas. La loi du 29 juillet 1881 avait donc institué un délit d'offense au chef de l'État qui visait à punir toutes les critiques outrageantes adressées au Président. Mais sous la Ve République, ce délit était devenu dangereux car c'est le Président qui gouverne. Une critique acerbe de la politique présidentielle risquait donc de donner lieu à une condamnation. De Gaulle et Pompidou ont engagé des poursuites ; les trois présidents suivants s'en sont abstenus, de sorte qu'on aurait pu croire le délit tombé en désuétude. Mais des poursuites ont de nouveau été engagées sous le quinquennat de Nicolas Sarkozy contre une personne qui a été pénalement sanctionnée et qui a saisi la Cour européenne des droits de l'Homme. Dans un arrêt du 14 mars 2013, celle-ci a condamné la France pour « ingérence des autorités publiques » dans la liberté d'expression. Afin d'adapter la législation française à cet arrêt, une loi du 5 août 2013 a abrogé le délit d'offense au chef de l'État.

b) Les exceptions de fait à l'irresponsabilité politique

Rien n'empêche le Président d'engager sa responsabilité politique devant le peuple, même si de telles pratiques n'emportent guère la conviction :

- ***le chef de l'État peut se présenter de nouveau à l'élection présidentielle***. Le peuple le juge alors sur son bilan politique et cela peut être interprété comme une mise en jeu de sa responsabilité. Cependant, l'interprétation est contestable car les électeurs se déterminent aussi en fonction des autres candidats en présence ;
- ***le Président peut également démissionner*** au cas où les élections législatives amèneraient à l'Assemblée une majorité qui lui est hostile. Mais là encore, la mise en jeu de sa responsabilité n'est pas évidente car les élections législatives sont distinctes de l'élection présidentielle ;
- enfin, ***le Président peut vouloir engager sa responsabilité en menaçant de démissionner*** au cas où le peuple répondrait négativement à un référendum dont il a pris l'initiative. Le référendum porte sur un texte de loi mais le rejet du texte est alors interprété comme un désaveu du Président qui le propose. C'est ainsi qu'après l'échec du référendum de 1969, de Gaulle a démissionné. Cette interprétation personnelle du Général est également contestable car le référendum revêt alors un caractère plébiscitaire.

2) Le problème de la responsabilité pénale

La Constitution a été modifiée sur ce point.

a) Avant la réforme du 23 février 2007

À l'origine, la Constitution excluait toute responsabilité du Président dans l'exercice de ses fonctions, sauf s'il commettait un acte de haute trahison. Dans ce cas, il ne pouvait être mis en accusation que par les deux assemblées statuant par un vote identique, au scrutin public et à la majorité absolue des membres les composant. Il ne pouvait être jugé que par une haute cour de justice composée de 12 députés et de 12 sénateurs. Cela était critiquable car, d'une part, aucun texte ne définissait la haute trahison ni la peine qui lui était applicable et, d'autre part, la procédure ne comportait aucune voie de recours.

De plus, la question s'est posée de la responsabilité du Président en dehors de l'exercice de ses fonctions. Les infractions commises avant son élection à la présidence ou celles commises durant son mandat mais étrangères à ses fonctions auraient dû pouvoir être sanctionnées. Mais des divergences jurisprudentielles sont apparues sur la juridiction compétente : haute cour de justice ou juridictions ordinaires ?

Dans une décision assez controversée du 22 janvier 1999 (statut de la Cour pénale internationale), le Conseil constitutionnel a répondu à cette question qui ne lui était pourtant pas posée. Selon le Conseil, pendant la durée de ses fonctions, la responsabilité pénale du Président ne pouvait être mise en cause que devant la haute cour de justice, quelles que soient les infractions commises.

L'Assemblée plénière de la Cour de cassation a rendu le 10 octobre 2001 un arrêt de principe. Elle a considéré que les décisions du Conseil constitutionnel (dispositif et motifs qui en sont le soutien nécessaire) ne s'imposent qu'en ce qui concerne le texte soumis au Conseil. La décision du 22 janvier 1999 n'étant consacrée qu'au statut de la Cour pénale internationale, la Cour de cassation s'est estimée en droit de contredire le Conseil constitutionnel sur des questions ne relevant pas de ce statut.

Contrairement au Conseil constitutionnel, la Cour de cassation a donc affirmé que la haute cour de justice n'était compétente que pour connaître des actes de haute trahison commis par le président de la République dans l'exercice de ses fonctions.

Pour les infractions commises en dehors de l'exercice de ses fonctions, la Cour a indiqué que le chef de l'État ne peut, pendant la durée de son mandat, être entendu comme témoin assisté, ni être mis en examen, cité ou renvoyé devant une juridiction pénale de droit commun. Elle a justifié cette immunité par le fait que le Président est élu pour assurer le fonctionnement régulier des pouvoirs publics et la continuité de l'État. Mais pour que l'immunité ne se transforme pas en impunité, la Cour a ajouté que pendant la durée du mandat présidentiel, la prescription de l'action publique est suspendue. Ainsi, à l'expiration de son mandat, l'ancien Président pourra être traduit devant le juge ordinaire. Cet arrêt de la Cour de cassation a été rendu à propos d'une affaire de malversations impliquant Jacques Chirac à l'époque où il était maire de Paris et président du RPR. Le mandat présidentiel de M. Chirac s'est terminé en 2007 et son procès, dans l'affaire des emplois fictifs de la mairie de Paris, ne s'est ouvert que quatre ans plus tard. Dans un jugement du 15 décembre 2011, le tribunal correctionnel de Paris l'a condamné à deux ans de prison avec sursis pour abus de confiance, détournement de fonds publics, ingérence et prise illégale d'intérêt.

Au vu des divergences entre le Conseil constitutionnel et la Cour de cassation, un décret du 4 juillet 2002 a institué une commission de juristes, présidée par le professeur Avril, afin de mener une réflexion sur le statut pénal du Président. C'est son rapport, remis au chef de l'État le 12 décembre 2002, qui a inspiré la réforme.

b) Depuis la réforme du 23 février 2007

La haute cour de justice et la haute trahison ont été supprimées. L'article 67 de la Constitution confirme l'irresponsabilité du président de la République pour les actes accomplis en cette qualité, et ajoute qu'il ne peut pas non plus, durant son mandat, être requis de témoigner ni faire l'objet d'une action, d'un acte d'information, d'instruction ou de poursuite devant aucune juridiction ou autorité administrative française. Cependant, tout délai de prescription ou de forclusion est suspendu. Ainsi, les instances et procédures auxquelles il est fait obstacle pourront être reprises ou engagées contre lui à l'expiration d'un délai d'un mois suivant la cessation de ses fonctions. Deux précisions ont été données par la jurisprudence judiciaire. D'abord, cette immunité pénale du président de la République en exercice ne l'empêche pas de porter plainte s'il est lui-même victime d'une infraction. Dans un arrêt du 15 juin 2012, l'assemblée plénière de la Cour de cassation en a jugé ainsi, estimant que la nomination des magistrats par le chef de l'État ne nuit pas à leur impartialité puisqu'une fois nommés, ils deviennent indépendants. En l'occurrence, un escroc avait été condamné pour avoir volé de l'argent à Nicolas Sarkozy après avoir piraté son compte bancaire. Ensuite, l'immunité du Président ne s'étend pas aux membres de son cabinet. Dans un arrêt du 19 décembre 2012, la Cour de cassation l'a décidé en permettant à un juge d'enquêter sur l'affaire des sondages de l'Élysée. En l'espèce, la directrice de cabinet du Président Sarkozy avait commandé ces sondages à une société dirigée par un conseiller du chef de l'État, suscitant le dépôt d'une plainte contre X pour délit de favoritisme.

Deux exceptions sont prévues à l'irresponsabilité présidentielle :

- en vertu de l'article 53-2 de la Constitution, la République française reconnaît la juridiction de la Cour pénale internationale (révision constitutionnelle du 8 juillet 1999). La responsabilité pénale du président de la République peut donc être mise en jeu devant ce tribunal pour ***les crimes de portée internationale les plus graves*** (génocide, crimes contre l'humanité et crimes de guerre) ;
- en vertu de l'article 68 de la Constitution, ***en cas de manquement à ses devoirs, commis ou non dans l'exercice de ses fonctions***, mais incompatible avec cet exercice, le président de la République peut être destitué.

La destitution ne peut être prononcée que par le Parlement dans son ensemble, réuni en haute cour. La proposition de réunir la haute cour doit être adoptée par l'une des assemblées et aussitôt transmise à l'autre qui se prononce dans les 15 jours.

Afin d'éviter d'éventuels règlements de comptes partisans, la proposition de réunir la haute cour doit être adoptée à la majorité des 2/3 dans chaque assemblée et la décision de la haute cour doit également être prise à la majorité des 2/3 de ses membres. À tous les stades de cette procédure, les délégations de vote sont interdites. Seuls sont recensés les votes favorables à la réunion de la haute cour et à la destitution du Président. Cela signifie que les parlementaires absents ou abstentionnistes sont considérés comme contre ces décisions. La procédure de destitution du Président étant un acte grave, on ne peut la mener à bien en restant passif.

La haute cour est présidée par le président de l'Assemblée nationale. Elle doit statuer dans un délai d'un mois, à bulletins secrets, sur la destitution. Sa décision est d'effet immédiat.

Cette partie de la réforme constitutionnelle de 2007 n'a pris effet qu'avec l'adoption de la loi organique du 24 novembre 2014 qui précise que, pour déclencher la procédure de destitution du Président, au moins un dixième des membres d'une des assemblées doit signer une proposition de résolution tendant à réunir la haute cour ; si le bureau de cette assemblée la juge recevable, cette résolution peut être adoptée par la commission des lois et inscrite à l'ordre du jour. Si l'assemblée la vote, elle est transmise à la seconde assemblée qui la soumet à sa commission des lois et lui fait suivre le même parcours.

Le rejet de la résolution par cette seconde chambre met un terme à la procédure mais son adoption déclenche la réunion du bureau de la haute cour, composé de 11 députés et de 11 sénateurs désignés par les bureaux des chambres. Une commission, formée de 6 vice-présidents de l'Assemblée nationale et 6 vice-présidents du Sénat, recueille toute information utile à la haute cour et peut, sur sa demande, entendre le chef de l'État.

Le rapport de la commission, rédigé dans les quinze jours suivant le vote de la résolution, est distribué aux parlementaires, communiqué au chef de l'État et au Premier ministre et rendu public. Les débats de la haute cour sont publics. Le chef de l'État peut se faire assister ou représenter par la personne de son choix. Il peut prendre ou reprendre la parole en dernier. Si la Cour n'a pas statué dans le délai d'un mois, elle est dessaisie.

En cas de destitution, le Président, redevenu simple citoyen, peut être jugé par les juridictions ordinaires, à condition toutefois que le manquement ayant justifié sa destitution soit de nature à donner lieu à des poursuites.

BIBLIOGRAPHIE

AUVRET (P.), « La responsabilité du chef de l'État sous la Ve République », RDP 1988, p. 77.

BEAUD (O.), « À propos de la suppression du délit d'offense du président de la République », AJDA 2014, n° 1, p. 25.

BELANGER (M.), « Contribution à l'étude de la responsabilité politique du chef de l'État », RDP 1979, p. 1265.

DENQUIN (J.-M.), « Réflexions sur la durée du mandat présidentiel », RDP 1975, p. 1359.

GUETTIER (C.), « Les candidats à l'élection présidentielle sous la Ve République », RDP 1990, p. 49.

GUETTIER (C.), *Le président sous la Ve République*, 1995, PUF, Que sais-je ?

MOREAU (A.), « La haute trahison du président de la République sous la Ve République », RDP 1987, p. 1541.

Pouvoirs n° 14, « Élire un Président », 1980.

Textes et documents relatifs à l'élection présidentielle (publiés à l'occasion de chaque élection), La Documentation française.

CHAPITRE 13

Les attributions du président de la République

Les missions du Président sont synthétisées dans l'article 5 de la Constitution : il « veille au respect de la Constitution. Il assure, par son arbitrage, le fonctionnement régulier des pouvoirs publics ainsi que la continuité de l'État. Il est le garant de l'indépendance nationale, de l'intégrité du territoire et du respect des traités ».

Les termes d'« arbitre » et de « garant » pourraient tout à fait s'appliquer au chef de l'État d'un régime parlementaire classique, qui règne mais ne gouverne pas. Mais ces termes sont trompeurs. En réalité, le président de la Ve République dispose de pouvoirs extrêmement importants : des pouvoirs partagés avec le gouvernement et des pouvoirs propres.

1 • LES POUVOIRS PARTAGÉS DU PRÉSIDENT

Le président de la République partage certains de ses pouvoirs avec le gouvernement, c'est-à-dire que les textes pris en application de ces pouvoirs sont, conformément à la tradition parlementaire, signés par le Président et contresignés par les ministres, qui en assument ainsi la responsabilité. Ce sont les pouvoirs soumis au contreseing ministériel. Ils sont au nombre de sept.

A - La nomination et la révocation des ministres (Const., art. 8, al. 2)

Le Président nomme et révoque les membres du gouvernement, sur proposition du Premier ministre et avec son contreseing (Const., art. 8, al. 2).

B - La signature des ordonnances et des décrets en conseil des ministres (Const., art. 13, al. 1)

Les ordonnances et les décrets sont les textes grâce auxquels l'exécutif peut prendre des décisions générales et impersonnelles. C'est ce qu'on appelle le pouvoir réglementaire.

Ce pouvoir appartient au Premier ministre (art. 21) mais le Président y participe pour les textes délibérés en conseil des ministres.

Les ordonnances (nouveau nom des décrets-lois) sont forcément délibérées en conseil des ministres (art. 38). Pour les décrets, la situation est plus variable :

- ceux qui ne sont pas délibérés en conseil des ministres sont l'apanage du Premier ministre ;
- ceux qui sont délibérés en conseil des ministres sont signés par le Président.

La Constitution ou la loi précise parfois que tel ou tel décret doit être délibéré en conseil des ministres. Mais lorsque les textes sont muets, rien n'empêche le chef de l'État, qui préside le conseil des ministres et en détermine l'ordre du jour, de décider que des décrets qui l'intéressent seront aussi délibérés en conseil des ministres. De cette façon, le Président accroît à volonté sa participation à l'exercice du pouvoir réglementaire, diminuant d'autant les pouvoirs propres du Premier ministre.

La question s'est posée de savoir si le Président est obligé de signer les ordonnances et les décrets. De Gaulle avait affirmé dans sa conférence de presse du 31 janvier 1964, qu'il avait le droit de ne pas signer. F. Mitterrand a refusé de signer trois ordonnances en 1986, période de cohabitation. Cela a soulevé une controverse doctrinale. Entre l'obligation de signer et la faculté de ne pas signer, MM. Vedel et Delvolvé ont adopté une solution médiane : faculté de ne pas signer si les ordonnances portent sur les matières dont le Président est le garant en vertu de l'article 5 ; obligation de signer dans les autres cas.

C - La nomination aux emplois supérieurs de l'État (Const., art. 13, al. 2)

Le Premier ministre détient aussi un tel pouvoir en vertu de l'article 21, mais comme pour le pouvoir réglementaire, le Président a la possibilité d'accroître ses prérogatives au détriment de celles du Premier ministre.

L'article 13 énumère un certain nombre d'emplois civils et militaires qui doivent être pourvus en conseil des ministres. Mais cette liste n'est pas limitative. Il est dit qu'elle est complétée par une loi organique. Ce procédé permet d'étendre indéfiniment la liste sans avoir besoin de modifier la Constitution.

L'ordonnance portant loi organique pour l'application de l'article 13 a été édictée dès 1958 :

- elle complète la liste des emplois pourvus par le Président après délibération du conseil des ministres ;
- elle y ajoute même une liste d'emplois pourvus par le Président seul, en dehors de toute délibération du Conseil.

La réforme constitutionnelle de 2008 ajoute une autre catégorie d'emplois ou de fonctions nommés par le Président après avis public de la commission permanente compétente de chaque assemblée. Ce sont les emplois ou fonctions importants pour la garantie des droits et libertés ou la vie économique et sociale de la nation. Le chef de l'État ne peut procéder à une nomination lorsque l'addition des votes négatifs dans chaque commission représente au moins 3/5e des suffrages exprimés au sein des deux commissions. La Constitution renvoie à la loi le soin de déterminer les commissions permanentes compétentes selon les emplois ou fonctions concernés. Une loi du 23 juillet 2010 s'acquitte de cette tâche tout en précisant que l'avis doit être précédé d'une audition, par la commission, de la personne dont la nomination est envisagée.

Une loi organique du même jour dresse la liste d'une cinquantaine d'emplois ou fonctions dont la nomination obéit à cette procédure (président du Conseil Supérieur de l'Audiovisuel, Gouverneur de la Banque de France...). Le titre XI bis de la Constitution, créé par la réforme de 2008, y fait figurer le Défenseur des droits, autorité chargée de veiller au respect des droits et libertés par les administrations de l'État, les collectivités territoriales, les établissements publics, les organismes investis d'une mission de service public ou à l'égard desquels la loi organique lui attribue des compétences. Toute personne s'estimant lésée par le fonctionnement d'un service public ou d'un des organismes concernés peut saisir le Défenseur des droits. Pour garantir l'indépendance de ce dernier, la Constitution prévoit que son mandat de six ans n'est pas renouvelable et que ses fonctions sont incompatibles avec celles de membre du gouvernement et de membre du Parlement. Il rend compte de son activité au président de la République et au Parlement. La loi organique du 29 mars 2011 précise que le Défenseur des droits se substitue au Médiateur de la République, mais aussi à trois autres autorités administratives indépendantes plus spécialisées : le Défenseur des enfants, la HALDE (Haute autorité de lutte contre les discriminations et pour l'égalité) et la CNDS (Commission nationale de déontologie de la sécurité). Dans ces trois domaines spécifiques, il est assisté de collèges qu'il préside ; il a pour adjoints les vice-présidents de ces collèges nommés par le Premier ministre sur sa proposition.

D - Les pouvoirs vis-à-vis du Parlement

1) Le Président promulgue les lois (Const., art. 10, al. 1)

Il doit le faire dans les 15 jours qui suivent la transmission au gouvernement de la loi définitivement adoptée (Const., art. 10, al. 1) ; c'est pour lui une obligation. La promulgation est l'acte par lequel le chef de l'État atteste l'existence de la loi et ordonne aux autorités publiques de l'observer et de la faire observer. La promulgation rend donc la loi exécutoire. C'est pourquoi la date de la loi est celle de sa promulgation.

2) Le Président peut demander une nouvelle délibération (Const., art. 10, al. 2)

Le Président peut, avant l'expiration des 15 jours, demander au Parlement une nouvelle délibération de la loi ou de certains de ses articles (Const., art. 10, al. 2).

Cette nouvelle délibération ne peut lui être refusée. C'est le Président Mitterrand qui a utilisé ce pouvoir pour la première fois. C'était en 1983. Le Parlement avait voté une loi relative à l'Exposition universelle de 1989, et après ce vote, on s'est rendu compte que personne ne voulait financer cette exposition. Le Président a résolu le problème en demandant au Parlement une nouvelle délibération, qui n'a d'ailleurs jamais eu lieu...

Ce pouvoir a également été utilisé pour remplacer avant la promulgation d'une loi, des dispositions censurées par le Conseil constitutionnel (en 1985, à propos de la loi sur la Nouvelle-Calédonie et en 2003, à propos d'une loi électorale).

3) Le Président convoque les assemblées en session extraordinaire (Const., art. 30)

Le Président convoque les assemblées en session extraordinaire (Const., art. 30). Cependant, l'article 29 précise que cette réunion doit se faire sur un ordre du jour déterminé :

– soit à la demande du Premier ministre ;
– soit à la demande de la majorité des membres composant l'Assemblée nationale.

La question s'est posée de savoir si, au cas où de telles demandes sont formulées, le Président est obligé de s'exécuter.

En 1960, de Gaulle a refusé de convoquer une session extraordinaire demandée par la majorité des députés. En 1979, M. Giscard d'Estaing a accepté la demande des députés, mais en faisant savoir qu'il aurait tout aussi bien pu refuser. En 1987, M. Mitterrand a refusé de convoquer une session extraordinaire demandée par le Premier ministre et en 1993, il a refusé d'inscrire un texte à l'ordre du jour d'une telle session.

Ces positions présidentielles ne semblent pas conformes à la Constitution, car l'article 29 est rédigé à l'indicatif, ce qui, dans les textes juridiques, équivaut à l'impératif. Le Président prononce aussi la clôture des sessions extraordinaires.

4) Le Président peut réunir les assemblées en Congrès (Const., art. 89)

Ceci peut se faire dans le cadre de la procédure de révision de la Constitution.

E - Les pouvoirs vis-à-vis de l'autorité judiciaire (Const., art. 17 et 64)

1) La grâce

La grâce prévue à l'article 17 de la Constitution, consiste à dispenser des personnes condamnées par les tribunaux, de purger tout ou partie de leur peine. Il ne faut pas confondre la grâce avec l'amnistie ; celle-ci relève de la compétence du Parlement et a pour effet d'effacer purement et simplement l'infraction.

La grâce, elle, ne concerne que la peine. Elle laisse subsister la mention de l'infraction au casier judiciaire du coupable.

La réforme constitutionnelle de 2008 a mis fin à la pratique des grâces collectives en précisant que le Président n'a le droit de faire grâce qu'à titre individuel.

Le droit de grâce est soumis au contreseing du Premier ministre et du garde des Sceaux, mais tout le monde s'accorde à penser que ces contreseings sont purement formels. Il est peu probable que le Parlement veuille renverser le gouvernement à cause d'une grâce présidentielle. C'est pourquoi certains auteurs classent ce droit parmi les pouvoirs propres du Président.

2) La garantie d'indépendance de l'autorité judiciaire

Le président de la République possédait de larges pouvoirs vis-à-vis du Conseil supérieur de la magistrature. Dans sa rédaction originelle, l'article 65 de la Constitution lui confiait la présidence de ce Conseil et la nomination de tous ses membres. Ces prérogatives du chef de l'exécutif ont été très critiquées car le CSM a pour fonction principale de garantir l'indépendance des juges. À l'issue d'une réforme constitutionnelle de 1993, le président de la République ne nommait plus qu'un seul membre du CSM mais il en conservait la présidence. Ce privilège lui a été retiré par la réforme constitutionnelle de 2008. Mais cette réforme accorde quand même au chef de l'État le pouvoir de nommer deux personnalités qualifiées au sein de la formation du CSM compétente à l'égard des magistrats du siège. Ces personnalités sont d'ailleurs également présentes dans la formation compétente à l'égard des magistrats du parquet. Le CSM doit se réunir en formation plénière pour répondre aux demandes d'avis formulées par le président de la République, lequel reste, en vertu de l'article 64, le garant de l'indépendance de l'autorité judiciaire.

Un projet de loi constitutionnelle a été élaboré en 2013 à l'initiative du Président Hollande afin de réformer une nouvelle fois la composition et les attributions du CSM. Les magistrats judiciaires y seraient majoritaires et les personnalités qualifiées n'y seraient plus désignées par des autorités politiques. L'indépendance des membres du parquet serait garantie de la même manière que celle des juges du siège quant à leur nomination et à leur discipline. Mais le 4 juillet 2013, le gouvernement a décidé de suspendre la réforme, estimant que le Sénat avait vidé de sa substance le projet adopté par l'Assemblée nationale. Trois ans plus tard, le chef de l'État a toutefois jugé que la version sénatoriale allait tout de même dans le bon sens et en avril 2016, l'Assemblée a accepté de l'adopter sans la modifier. Cette version ne change pas la composition actuelle du CSM mais conserve les avancées du projet en faveur de l'indépendance du parquet : comme le fait déjà la formation du CSM compétente à l'égard des magistrats du siège, celle compétente à l'égard des magistrats du parquet donnerait un avis conforme pour leur nomination et statuerait, les concernant, en tant que conseil de discipline. Le Congrès n'a cependant pas été réuni car le texte n'aurait pu recueillir la majorité des trois cinquièmes des parlementaires. Une réforme constitutionnelle sur ce point devrait s'effectuer à l'initiative du président Macron mais elle ne semble pas prioritaire.

F - Les pouvoirs diplomatiques (Const., art. 14 et 52)

L'article 14 concerne les ambassadeurs. Le Président accrédite les ambassadeurs de France en leur attribuant des lettres de créances, qu'il signe et que les ministres responsables contresignent. Réciproquement, les ambassadeurs étrangers sont accrédités auprès du Président, c'est-à-dire qu'ils lui remettent leurs lettres de créance.

L'article 52 confère au Président des compétences en matière de conventions internationales. Deux sortes de conventions sont distinguées :

– ***les traités proprement dits***, que le chef de l'État négocie et ratifie ;
– ***les accords non soumis à ratification***, qui sont négociés et approuvés par le Premier ministre ou les ministres ; le Président étant seulement tenu informé de leur négociation.

L'article 53 ajoute que pour les traités ou accords les plus importants, la ratification ou l'approbation ne peuvent se faire qu'en vertu d'une loi. Cela concerne les traités de paix et de commerce, les traités ou accords relatifs à l'organisation internationale, ceux qui engagent les finances publiques ou qui modifient une loi, ceux qui intéressent l'état des personnes ou l'intégrité du territoire. Ces derniers engagements internationaux nécessitent, en outre, le consentement des populations intéressées.

G - Les pouvoirs militaires (Const., art. 15)

Selon cet article, le président de la République est le chef des armées. Il préside les conseils et comités supérieurs de la défense nationale. En plus de ces pouvoirs reconnus par la Constitution. Un décret de 1964 lui a attribué le pouvoir d'engager la force nucléaire aérienne ; un décret de 1996 étend cette prérogative à l'ensemble des armes nucléaires.

Paradoxalement, la Constitution confie aussi des pouvoirs importants au Premier ministre, au gouvernement et au Parlement en matière de défense :

- le Premier ministre est responsable de la défense nationale (Const., art. 21) ;
- le gouvernement dispose de la force armée (Const., art. 20) ;
- le Parlement autorise la déclaration de guerre (Const., art. 35).

Ces ambiguïtés constitutionnelles posent des problèmes dans les périodes de cohabitation.

La conduite de la diplomatie et de la défense sont des pouvoirs à envisager ensemble car ils sont particuliers : bien qu'étant soumis à contreseing, ils semblent être la concrétisation de missions essentielles confiées au président de la République par l'article 5 de la Constitution (le chef de l'État est le garant de l'indépendance nationale, de l'intégrité du territoire et du respect des traités). Au début de la Ve République, on avait même parlé, à leur propos, de domaine réservé du président de la République. Ils se rapprochent donc des pouvoirs propres du chef de l'État.

2. LES POUVOIRS PROPRES DU PRÉSIDENT

Le président de la République possède des pouvoirs propres qui sont une des principales originalités de la Constitution de 1958. Dispensés du contreseing ministériel, ces pouvoirs revêtent une grande importance en période de cohabitation puisque ce sont les seuls dont le chef de l'État conserve la maîtrise face à un gouvernement qui lui est opposé. Énumérés limitativement par l'article 19 de la Constitution, ils sont au nombre de sept.

A - La nomination du Premier ministre (Const., art 8, al. 1)

Sous les IIIe et IVe Républiques, ce pouvoir appartenait aussi au chef de l'État, mais il était soumis au contreseing ministériel. Cela obligeait le président du Conseil démissionnaire à contresigner le décret de nomination de son successeur.

Sous la Ve République, le contreseing est supprimé, mais cela ne permet pas pour autant au président de la République de choisir n'importe qui. Il faut un Premier ministre susceptible d'être accepté par la majorité de l'Assemblée nationale, car conformément aux règles du régime parlementaire, le gouvernement est responsable devant l'Assemblée.

La question s'est posée de savoir s'il était également responsable devant le chef de l'État. L'article 8 de la Constitution est clair : le Président ne peut mettre fin aux fonctions du Premier ministre que sur présentation, par celui-ci, de la démission du gouvernement. Mais en pratique, le Président provoque la démission du Premier ministre. Ce n'est qu'en période de cohabitation que la lettre de l'article 8 s'impose vraiment.

B - L'acceptation de référendums (Const., art. 11 et 72-4)

L'article 11 concerne le référendum législatif. La possibilité de recourir au référendum pour l'adoption d'une loi est limitée par trois conditions :

- l'article 11 ne peut être utilisé en cas d'intérim de la présidence de la République (Const., art. 7) ;
- le Président ne peut pas prendre lui-même l'initiative du référendum. Il ne peut qu'accepter ou refuser une proposition faite par d'autres. Donc, même si ce pouvoir est dispensé de contreseing, il est quand même conditionné. La proposition peut émaner du gouvernement ou des deux chambres conjointement.

Si l'initiative émane du gouvernement	Si l'initiative émane des assemblées
Elle doit avoir lieu pendant la durée des sessions. Ainsi, l'Assemblée nationale peut discuter l'initiative gouvernementale, et si elle n'est pas d'accord, renverser le gouvernement. C'est arrivé en 1962. De plus, la révision constitutionnelle du 4 août 1995 oblige le gouvernement à faire devant chaque assemblée une déclaration qui est suivie d'un débat.	Cela signifie qu'elles entendent se dessaisir du pouvoir de voter une loi au profit du peuple. Même si certains parlementaires l'ont parfois demandé, aucune proposition conjointe n'a jamais été votée. De toute façon, avant la réforme de 2008, le Parlement pouvait prendre l'initiative du référendum mais pas celle du texte qui en serait l'objet car l'article 11 ne concernait que les projets de loi.

Depuis la réforme constitutionnelle de 2008, le président de la République n'a plus le monopole de l'organisation des référendums. Un référendum peut aussi être organisé à l'initiative de 1/5e des membres du Parlement, soutenue par 1/10e des électeurs inscrits sur les listes électorales. Cette initiative prend la forme d'une proposition de loi et ne peut avoir pour objet l'abrogation d'une disposition législative promulguée depuis moins d'un an. Si le peuple rejette la proposition de loi, aucune autre proposition de référendum portant sur le même sujet ne peut être présentée dans les deux ans suivant la date du scrutin. Les règles permettant d'organiser ce référendum d'initiative partagée sont détaillées dans une loi organique et une loi ordinaire du 6 décembre 2013. La proposition de loi présentée par 1/5e des parlementaires doit être déposée sur le bureau d'une des assemblées et transmise par le Président de celle-ci au Conseil constitutionnel qui dispose d'un mois pour vérifier qu'elle est conforme à la Constitution. Si c'est le cas, le recueil des soutiens des électeurs est mis en œuvre par le ministre de l'Intérieur dans le mois suivant la décision du Conseil. La période de recueil dure neuf mois. Des points d'accès à un service de communication au public en ligne sont mis en place au moins dans la commune la plus peuplée de chaque canton et dans les consulats. Ils permettent aux électeurs d'apporter leur soutien par voie électronique mais tout électeur peut aussi faire enregistrer par un agent de la commune ou du consulat son soutien présenté sur papier. Le Conseil constitutionnel veille à la régularité du recueil et examine les réclamations des électeurs. Il déclare si la proposition a bien obtenu le soutien d'au moins 1/10e des électeurs inscrits sur les listes électorales. Si dans les six mois de la décision du Conseil, la proposition est examinée au moins une fois en première lecture par chacune des deux assemblées, cela suffit, quelle que soit l'issue de cet examen, à écarter le référendum. Si dans ces six mois, la proposition n'a pas été examinée au moins une fois par chacune des deux assemblées, le président de la République la soumet au référendum. Le président Macron souhaitait une réforme afin que l'initiative puisse provenir non seulement des parlementaires (1/10e) mais aussi des citoyens et que le seuil des soutiens passe de 4,7 millions à 1 million de signatures. Il a aussi évoqué un équivalent sur le plan local permettant aux citoyens d'obtenir l'inscription d'un sujet à l'ordre du jour d'une assemblée territoriale. Au regard des bouleversements liés à la crise COVID, ce projet de réforme n'a pour le moment pas abouti.

Seules, trois catégories de projets ou de propositions de loi peuvent être soumises au référendum :

- les projets ou propositions ***tendant à autoriser la ratification d'un traité qui***, sans être contraire à la Constitution, ***aurait des incidences sur le fonctionnement des institutions*** ;
- les projets ou propositions ***portant sur l'organisation des pouvoirs publics***. Cette catégorie est imprécise car la notion de pouvoirs publics n'a pas été définie. Cela rendra possible une pratique douteuse de l'article 11 ;
- les projets ou propositions ***portant sur des réformes relatives à la politique économique, sociale ou environnementale de la nation et aux services publics qui y concourent***. Cette catégorie a été ajoutée par les lois constitutionnelles de 1995 et de 2008, qui étendent ainsi le champ d'application du référendum.

À l'origine, pouvaient être également soumis à référendum les projets de loi comportant l'approbation d'un accord de Communauté. Mais la réforme de 1995 a abrogé cette partie de l'article 11 qui était caduque depuis la suppression de la Communauté franco-africaine.

Le président Macron a envisagé d'étendre le champ du référendum aux projets ou propositions portant sur l'organisation des pouvoirs publics territoriaux et sur des réformes relatives aux questions de société.

Huit référendums ont été organisés à l'initiative de l'exécutif :

- ***en 1961*** : approbation d'un projet de loi concernant l'organisation d'un scrutin d'autodétermination du peuple algérien et en attendant ce scrutin, la possibilité pour le gouvernement de régler par décret l'organisation des pouvoirs publics en Algérie ;
- ***en 1962*** : approbation des accords d'Évian et habilitation du Président à les mettre en application par ordonnance ou par décret ;
- ***en 1962*** : institution de l'élection du président de la République au suffrage universel direct. Référendum très contesté car il portait sur une révision de la Constitution, qui aurait dû être menée à bien selon la procédure de l'article 89 ;
- ***en 1969*** : tentative d'institution de la régionalisation et de réforme radicale du Sénat qui, comme le précédent référendum, impliquait une révision de la Constitution. Les électeurs ont majoritairement voté contre. S'estimant désavoué par le peuple, de Gaulle a démissionné ;
- ***en 1972*** : autorisation de la ratification du traité permettant l'entrée dans la CEE de la Grande-Bretagne, de l'Irlande, du Danemark et de la Norvège ;
- ***en 1988*** : approbation du statut de la Nouvelle-Calédonie ;

– *en 1992* : autorisation de la ratification du traité de Maastricht sur l'Union européenne ;
– *en 2005* : référendum ayant pour objet la ratification du traité établissant une Constitution pour l'Europe. Les électeurs ont massivement refusé cette ratification (le taux de participation a atteint les 70 % et le « non » l'a emporté avec près de 55 % des suffrages exprimés).

Le 10 avril 2019, une proposition de loi référendaire déposée par une alliance de 248 parlementaires de droite et de gauche – bien plus que le seuil d'1/5e prévu par la Constitution – a engagé pour la première fois la procédure du référendum d'initiative partagée, à propos de la privatisation du groupe Aéroports de Paris prévue dans la loi *PACTE* du 23 mai 2019. Dans une décision du 9 mai, le Conseil constitutionnel a validé la proposition en jugeant logiquement qu'« à la date d'enregistrement de la saisine, elle n'avait pas pour objet l'abrogation d'une disposition législative promulguée depuis moins d'un an ». Cela ouvre la voie à la phase de recueil du soutien des électeurs. Le délai de 9 mois a débuté le 13 juin 2019 à 00 h et s'est achevé le 12 mars 2020 à minuit. Dans sa décision du 26 mars 2020, le Conseil constitutionnel déclare que le nombre de soutiens à recueillir par la proposition de loi visant à affirmer le caractère de service public national de l'exploitation des aérodromes de Paris était de 4 717 396, et le nombre de soutiens recueillis n'était que de 1 093 030. La procédure ne peut donc pas se poursuivre. Dans son projet de réforme, M. Macron prévoit que le référendum n'ait pas pour objet l'abrogation d'une disposition promulguée depuis moins de 3 ans ni une disposition en cours de discussion au Parlement.

L'article 72-4, issu de la réforme relative à la décentralisation de 2003, permet au président de la République de consulter les électeurs d'une collectivité territoriale située outre-mer sur une question relative à son organisation, à ses compétences ou à son régime législatif (première application le 7 décembre 2003 en Guadeloupe et en Martinique).

Là encore, le chef de l'État ne peut agir que sur proposition du gouvernement pendant la durée des sessions ou sur proposition conjointe des deux assemblées.

Si c'est le gouvernement qui propose la consultation, il doit faire devant chaque assemblée une déclaration suivie d'un débat.

Lorsqu'il s'agit, pour la collectivité en question, d'opter entre les régimes des articles 73 et 74 de la Constitution, la consultation des électeurs intéressés est obligatoire.

C - La dissolution de l'Assemblée nationale (Const., art. 12)

Le Président a l'obligation de consulter préalablement le Premier ministre, les présidents des deux assemblées. Mais ces avis ne sont que consultatifs. Il n'y a que trois limites à l'exercice du pouvoir de dissolution :

– l'Assemblée nationale ne peut être dissoute ***lorsque l'article 16 est en vigueur.*** Cet article permet déjà au Président d'exercer une dictature provisoire. Lui confier le droit de dissolution durant cette période aurait augmenté le risque d'aboutir à une dictature définitive ;

- l'Assemblée ne peut être dissoute ***lorsqu'il y a intérim de la présidence de la République.*** Là encore, il aurait été imprudent de permettre la dissolution dans une période de transition ;
- l'Assemblée ne peut être dissoute ***durant l'année qui suit les élections résultant d'une dissolution***. En effet, la dissolution permet au chef de l'État de demander l'arbitrage du peuple. Une fois cet arbitrage rendu, le Président doit s'y soumettre. S'il pouvait dissoudre l'Assemblée nouvellement élue, il contesterait la démocratie. « Dissolution sur dissolution ne vaut. »

Le respect de la démocratie exige également que l'Assemblée ne reste pas trop longtemps dissoute. C'est pourquoi l'article 12 prévoit que les élections doivent avoir lieu entre 20 et 40 jours après la dissolution et que l'Assemblée se réunit de plein droit le deuxième jeudi qui suit son élection.

La dissolution a été prononcée cinq fois :

- ***en 1962*** : une motion de censure ayant été votée pour dénoncer l'inconstitutionnalité du référendum instituant l'élection du Président au suffrage universel direct, la dissolution a constitué la riposte présidentielle. La nouvelle Assemblée a été majoritairement favorable au chef de l'État ;
- ***en 1968*** : à la suite des événements de mai, de Gaulle a procédé à la dissolution pour vérifier si le peuple lui faisait toujours confiance. Réponse positive ;
- ***en 1981*** : élu à la présidence de la République, M. Mitterrand est confronté à une Assemblée nationale élue en 1978. La dissolution lui permet d'obtenir une Assemblée socialiste ;
- ***en 1988*** : réélu à la présidence de la République, M. Mitterrand procède à la dissolution de l'Assemblée élue en 1986, qui lui avait valu deux ans de cohabitation avec un gouvernement de droite. Le parti socialiste n'obtient qu'une majorité relative au sein de la nouvelle Assemblée ;
- ***en 1997*** : dissolution surprenante, décidée par le Président Chirac, car il n'y a ni crise de régime ni perspective de conflit entre l'exécutif et l'énorme majorité de députés qui le soutient. Le chef de l'État dit vouloir ressourcer cette majorité pour l'entrée de la France dans l'euro en 1998. En fait, il voulait éviter que l'impopulaire réduction des déficits publics exigée par l'Europe ne coïncide avec l'échéance normale de la législature. Pour la première fois sous la Ve République, les électeurs désavouent le Président : c'est une majorité de gauche qui est appelée à cohabiter avec Jacques Chirac pour une durée de cinq ans.

D - L'exercice d'une dictature provisoire en cas de crise (Const., art. 16)

Au sens premier du terme, emprunté à l'Antiquité romaine, la dictature ne désigne pas un régime autoritaire permanent mais l'attribution exceptionnelle et provisoire de tous les pouvoirs à un magistrat en cas de crise. C'est le sens de l'article 16.

Pour entrer en application, cet article 16 exige deux conditions de fond et deux conditions de forme :

- première condition de fond : il faut ***une menace grave et immédiate*** sur les institutions, l'indépendance nationale, l'intégrité du territoire ou l'exécution des

engagements internationaux, c'est-à-dire sur tout ce dont le chef de l'État est le garant selon l'article 5 de la Constitution ;
- deuxième condition de fond : il faut que ***le fonctionnement régulier des pouvoirs publics soit interrompu***.

La réforme de 2008 a heureusement prévu qu'après trente jours d'exercice des pouvoirs exceptionnels, le Conseil constitutionnel peut être saisi par le président de l'Assemblée nationale, le président du Sénat, 60 députés ou 60 sénateurs, afin d'examiner si les conditions demeurent réunies. Il se prononce dans les plus brefs délais par un avis public. Au terme de 60 jours d'exercice des pouvoirs exceptionnels, c'est de plein droit que le Conseil procède à cet examen et rend son avis public. Au-delà de cette durée, il peut le faire à tout moment. Ces avis ne sont pas juridiquement contraignants, mais ils peuvent dissuader le Président de prolonger abusivement la mise en œuvre de l'article 16.

Quant aux conditions de forme :
- la première oblige le Président à ***consulter le Premier ministre***, les présidents des assemblées et le Conseil constitutionnel. Seul, l'avis du Conseil constitutionnel est obligatoirement motivé et publié au Journal Officiel. Mais juridiquement, le chef de l'État n'est lié par aucun de ces avis ;
- la deuxième condition de forme oblige le Président à ***informer la nation par un message.***

L'article 16 produit deux effets :
- premier effet : pendant la durée d'application de l'article, ***le Parlement se réunit de plein droit et l'Assemblée nationale ne peut être dissoute.*** C'est une garantie ;
- deuxième effet : ***l'extension considérable des pouvoirs du Président***, qui peut prendre des mesures portant sur le domaine réglementaire comme sur le domaine législatif. Ces mesures sont seulement limitées par leur but : le rétablissement du fonctionnement régulier des pouvoirs publics constitutionnels dans les moindres délais. Implicitement, cela pose au moins une limite aux pouvoirs du Président : il ne peut réviser la Constitution pendant la période d'application de l'article 16 (*limite confirmée par Cons. const., 2 sept. 1992*). Le Conseil constitutionnel doit être consulté sur chaque mesure mais ses avis ne lient pas le Président. De plus, ils ne sont pas publiés.

L'article 16 n'a été appliqué qu'une seule fois, en 1961, par de Gaulle, en raison des événements d'Algérie. Cela a permis de préciser certains effets :
- ***s'agissant des pouvoirs du Parlement***, de Gaulle a imposé des restrictions non prévues par la Constitution.
  Lorsque la réunion de plein droit :

Coïncide avec une session normale	**Ne coïncide pas avec une session normale**
Le Parlement peut légiférer « pour autant qu'il ne s'agisse pas de mesures prises ou à prendre en vertu de l'article 16 ».	C'était le cas en 1961 ; les travaux du Parlement ne peuvent avoir aucun « aboutissement législatif ».

  Le président de l'Assemblée nationale a décidé d'adopter la même distinction en ce qui concerne le renversement du gouvernement ;

– ***s'agissant des pouvoirs du Président***, s'est posé le problème de leur contrôle juridictionnel. Le Conseil d'État a tranché la question dans un arrêt *Rubin de Servens* de 1962 :
  - la décision de mettre en application l'article 16 échappe à tout contrôle juridictionnel,
  - les mesures prises dans le cadre de l'article 16 ne sont contrôlées par le Conseil d'État que si elles sont du domaine réglementaire. Les mesures prises dans le domaine législatif échappent à tout contrôle.

E - Le droit de message aux assemblées et le droit d'expression devant le Congrès (Const., art. 18)

En France, une vieille tradition, qui remonte au début de la IIIe République, voulait que le chef de l'État n'ait pas le droit de pénétrer dans les assemblées parlementaires. Il était donc contraint de s'adresser à elles par un message.

L'article 18 de la Constitution de 1958 perpétue cette tradition. Le Président est toujours contraint à s'adresser à chacune des assemblées par des messages.

L'article 18 ne précise pas par qui doit être lu le message. La pratique a le plus souvent confié cette tâche aux présidents des assemblées. L'article précise que le message ne donne lieu à aucun débat. Si le Parlement est hors session, les assemblées doivent être réunies spécialement pour entendre le message présidentiel. En 2011, toutefois, un message du Président Sarkozy n'a pas été lu lors d'une réunion des assemblées puisqu'il a pris la forme originale d'une lettre que chaque parlementaire a reçue personnellement.

Les présidents utilisent leur droit de message dans des circonstances assez solennelles. Par exemple : M. Mitterrand, en 1986, pour expliquer sa conception de la cohabitation ; en 1991, pour justifier la participation de la France à la guerre du Golfe.

Si le Président ne peut s'exprimer ni devant l'Assemblée nationale ni devant le Sénat, la réforme de 2008 lui donne en revanche le droit de prendre la parole devant le Congrès, c'est-à-dire devant les deux chambres réunies à cet effet. Sa déclaration ne peut donner lieu à un débat qu'en dehors de sa présence et ce débat ne peut faire l'objet d'aucun vote. Le Président Sarkozy a fait usage de cette nouvelle prérogative en juin 2009 afin d'exposer ses orientations en matière de politique européenne et son projet économique et social. Après les attentats terroristes de Paris, le Président Hollande s'est exprimé devant le Congrès en novembre 2015 pour rassembler la Nation et annoncer ses décisions en matière de sécurité. Le 3 juillet 2017, veille du discours de politique générale de son Premier ministre, le président Macron, nouvellement élu, a discouru devant le Congrès afin de « fixer le sens » de son quinquennat et annoncé qu'il ferait de même tous les ans pour « rendre compte » de son action.

F - La nomination de trois des membres du Conseil constitutionnel (Const., art. 56)

Ce pouvoir de nomination s'exerce après avis public de la commission chargée des lois constitutionnelles de chaque assemblée conformément à la procédure prévue à l'article 13 modifié en 2008.

G - Le droit de saisine du Conseil constitutionnel (Const., art. 54 et 61)

L'article 54 donne le droit au Président de déférer au Conseil un engagement international.

L'article 61 donne le droit au Président de déférer au Conseil une loi ordinaire (v. *infra*, Chapitre 20).

BIBLIOGRAPHIE

Acquaviva (J.-C.), « De quelques attributions méconnues du président de la République française », *in* Garcia Th. (dir.), *Mélanges à la mémoire du Professeur Biays*, 2016, L'Harmattan, p. 151.

Ardant (P.), « L'article 5 et la fonction présidentielle », Pouvoirs n° 41, 1987, p. 37.

Payre (J.-P.), « Pouvoirs discrétionnaires et compétences liées du Président de la République », RDP 1981, p. 1613.

Pouvoirs n° 10, « Les pouvoirs de crise », 1979.

Romi (R.), « Le président de la République, interprète de la Constitution », RDP 1987, p. 1264.

Vedel (G.) et Delvolve (P.), *Droit administratif*, vol. 1, 1992, PUF.

CHAPITRE 14

Le gouvernement

1• LE STATUT DU GOUVERNEMENT

A - La nomination du gouvernement

La nomination du Premier ministre	La nomination des ministres
C'est un pouvoir propre du président de la République (Const., art. 8, al. 1).	Elle se fait par le président de la République sur proposition du Premier ministre et avec son contreseing (Const., art. 8, al. 2).

En principe, le Président ne peut pas provoquer la démission du gouvernement (Const., art. 8, al. 1), ni révoquer l'un de ses ministres (Const., art. 8, al. 2). La Ve République n'est pas un parlementarisme orléaniste.

C'est au Premier ministre qu'il revient de :

Présenter	Proposer
La démission du gouvernement (Const., art. 8, al. 1).	Qu'il soit mis fin aux fonctions d'un ministre (Const., art. 8, al. 2).

En pratique, sauf en période de cohabitation, le Président s'octroie cependant ces pouvoirs de révocation.

Dans les régimes parlementaires classiques, la nomination par le chef de l'État ne suffit pas pour que le gouvernement existe juridiquement. Il lui faut en plus obtenir l'investiture parlementaire.

Sous la Ve République, bien que le gouvernement soit responsable devant l'Assemblée nationale, la Constitution ne lui fixe aucun délai pour poser la question de confiance. On en a déduit que l'investiture parlementaire n'est plus nécessaire et que le gouvernement existe juridiquement dès sa nomination par le Président. Si certains gouvernements posent la question de confiance dès leur nomination, c'est qu'ils le veulent bien ; ce n'est pas une obligation.

B - L'exercice de la fonction ministérielle

1) Les incompatibilités

L'article 23 de la Constitution traite des activités incompatibles avec la fonction de ministre et renvoie à une loi organique le soin de préciser les modalités de ces règles. L'ordonnance portant loi organique du 17 novembre 1958 donne aux personnes nommées ministres un délai d'un mois pour choisir entre cette fonction et les activités incompatibles.

La Constitution prévoit quatre activités incompatibles.

a) Incompatibilité avec une profession privée

Cette incompatibilité est destinée à soustraire les ministres, qui représentent l'intérêt général, aux pressions des intérêts privés. Elle évite que des individus utilisent leur qualité de ministre pour faciliter leurs affaires.

b) Incompatibilité avec une fonction de représentation professionnelle à caractère national

Là encore, il s'agit d'éviter qu'on utilise sa qualité de ministre pour défendre des intérêts autres que l'intérêt général. Par exemple : M. François Guillaume a dû abandonner la présidence de la FNSEA lorsqu'il est devenu ministre de l'agriculture en 1986.

c) Incompatibilité avec un emploi public

On ne peut être à la fois ministre et fonctionnaire en activité car les ministres sont les supérieurs hiérarchiques des fonctionnaires. Lorsqu'ils sont nommés ministres, les fonctionnaires doivent être placés en position de détachement, c'est-à-dire hors de leur corps d'origine, tout en continuant à bénéficier de leurs droits à l'avancement et à la retraite.

Au-delà des fonctionnaires au sens strict du terme, l'incompatibilité concerne toutes les fonctions publiques nominatives, comme celle de membre du Conseil constitutionnel. Elle s'applique aussi aux dirigeants des entreprises et établissements publics nationaux.

d) Incompatibilité avec un mandat parlementaire

Cette incompatibilité a été édictée pour supprimer un abus des régimes parlementaires antérieurs.

Sous les IIIe et IVe Républiques, en effet, un parlementaire nommé ministre ne perdait pas son siège ; il retournait au Parlement lorsque le gouvernement tombait. C'était une des causes de l'instabilité ministérielle car les parlementaires renversaient les gouvernements dans l'espoir d'être à leur tour nommés ministres.

Sous la Ve, donc, un parlementaire nommé ministre dispose d'un mois pour choisir. Après ce délai, s'il choisit d'être ministre, il est automatiquement remplacé au Parlement par un suppléant qui avait été élu en même temps que lui.

Pendant ce délai, l'ordonnance de 1958 précise qu'il ne peut participer à aucun vote dans son assemblée. C'est gênant lorsque le gouvernement dispose d'une majorité étroite.

La Constitution de 1958 avait prévu que lorsque le ministre quittait le gouvernement, il ne retrouvait pas sa place au Parlement. Son suppléant l'avait définitivement remplacé.

Une partie des parlementaires était hostile à cette règle. Elle faisait valoir que la stabilité ministérielle était garantie par d'autres mécanismes. Des tentatives de réformes constitutionnelles visant à supprimer cette règle ont échoué en 1969 et en 1974, faute de majorité. Une loi organique de 1977 visant à la contourner a été censurée par le Conseil constitutionnel.

Finalement, la réforme constitutionnelle de 2008 a franchi le pas : le principe de l'incompatibilité n'est pas remis en cause mais le remplacement temporaire des parlementaires en cas d'acceptation de fonctions gouvernementales est institué, ce qui sous-entend que les ministres retrouvent leur place au Parlement après leur départ du gouvernement.

La Constitution n'interdit pas le cumul de la fonction de ministre avec un mandat électif local. En 1997, Lionel Jospin avait demandé à ses ministres de quitter leurs fonctions exécutives locales. Le Président Chirac avait incité les Premiers ministres suivants à maintenir cette exigence. Mais il n'en avait pas été de même sous le mandat de Nicolas Sarkozy. Après l'élection de François Hollande, les gouvernements de Jean-Marc Ayrault et de Manuel Valls ont renoué avec l'interdiction des fonctions exécutives locales et un projet de loi a été élaboré en 2013 afin d'inscrire cette incompatibilité dans la Constitution. Mais ce projet n'a pu aboutir faute de majorité au Parlement. Une réforme similaire a été proposée par le Président Macron mais elle n'a pas été initiée.

2) *La responsabilité individuelle des ministres*

a) *La responsabilité civile*

Si un ministre cause un dommage à autrui, sa responsabilité joue dans les conditions normales. Lorsqu'il cause un dommage :

En dehors de l'exercice de ses fonctions	Dans l'exercice de ses fonctions
Ce sont les règles du droit civil qui s'appliquent à lui comme à tout citoyen.	Ce sont les règles du droit administratif qui s'appliquent à lui comme à tout agent public.

b) *La responsabilité pénale*

Si un ministre commet une infraction, il sera passible d'une condamnation pénale.

Lorsqu'il commet une infraction en dehors de l'exercice de ses fonctions, ce sont les tribunaux ordinaires qui sont compétents pour le sanctionner. Par exemple, il arrive que des ministres soient condamnés pour diffamation par les tribunaux correctionnels pour des paroles prononcées lors de réunions électorales.

Lorsque le ministre commet une infraction – crime ou délit – dans l'exercice de ses fonctions, il peut être jugé par la Cour de Justice de la République créée à cette fin par la réforme constitutionnelle de 1993.

La Cour de justice de la République comprend douze parlementaires élus, en leur sein et en nombre égal, par l'Assemblée nationale et par le Sénat, mais aussi trois magistrats du siège à la Cour de cassation. Elle est présidée par un de ces magistrats.

Toute personne qui se prétend lésée par l'infraction d'un ministre peut porter plainte auprès d'une commission des requêtes, qui a le pouvoir de classer l'affaire ou de la transmettre au procureur général près la Cour de cassation pour saisir la cour de justice. Le procureur peut aussi saisir la Cour d'office sur avis conforme de la Commission.

La commission d'instruction de la cour de justice, composée de trois magistrats de la Cour de cassation, peut prononcer un non-lieu ou ordonner le renvoi de l'affaire devant la Cour. Les arrêts de cette commission, comme ceux de la Cour proprement dite, sont susceptibles de pourvois en cassation.

Ces dispositions sont applicables aux faits commis avant leur entrée en vigueur. Cela a permis de juger les ministres impliqués dans l'affaire du sang contaminé : par un arrêt du 9 mars 1999, la Cour de justice de la République a relaxé Laurent Fabius, Premier ministre, et Georgina Dufoix, ministre des Affaires sociales, mais a jugé coupable, en le dispensant de peine, Edmond Hervé, secrétaire d'État à la santé.

Dans une autre affaire, le 7 juillet 2004, la Cour de justice de la République a condamné Michel Gillibert, ancien secrétaire d'État aux handicapés, à trois ans d'emprisonnement avec sursis et 20 000 € d'amende pour escroquerie au préjudice de l'État.

Le 19 décembre 2016, Christine Lagarde, ex-ministre de l'Économie, a été jugée coupable de négligence mais dispensée de peine, pour n'avoir pas intenté de recours contre une sentence arbitrale trop favorable à l'homme d'affaires Bernard Tapie dans un contentieux opposant ce dernier au Crédit Lyonnais.

Le 30 septembre 2019, la Cour de justice de la République a condamné Jean-Jacques Urvoas, ancien garde des Sceaux, à un mois de prison avec sursis et 5 000 € d'amende pour avoir commis une violation du secret professionnel en transmettant au député LR Thierry Solère des informations sur une enquête visant ce dernier.

Un projet de loi constitutionnelle avait été élaboré en 2013 à l'initiative du Président Hollande afin de supprimer la Cour de justice de la République. Cette réforme n'a pas abouti faute de majorité au Parlement. Un projet comparable a été envisagé par le Président Macron mais il n'a pour l'instant pas eu de suite.

Depuis la révision constitutionnelle du 8 juillet 1999, préalable à la ratification du traité créant la Cour pénale internationale, la responsabilité pénale d'un ministre peut aussi être mise en jeu devant cette juridiction pour les crimes de portée internationale les plus graves (à compter du 1er juillet 2002, date de l'entrée en vigueur du traité).

3) La déontologie des ministres

La loi organique du 11 mars 1988 modifiée en 1995 impose à tout membre du gouvernement de déposer dans les deux mois suivant sa nomination une déclaration de situation patrimoniale. Il doit faire de même dans les deux mois suivant la cessation de ses fonctions.

À la suite de l'affaire *Cahuzac* (ministre du Budget qui a dû démissionner après avoir été accusé par la presse de fraude fiscale et qui a fini par reconnaître sa culpabilité), la loi du 11 octobre 2013 a institué une Haute autorité pour la transparence de la vie publique et renforcé considérablement les obligations des ministres. Ils doivent adresser au président de la Haute autorité leur déclaration patrimoniale ainsi qu'une déclaration d'intérêts, non seulement au début et à la fin de leurs fonctions, mais aussi durant leurs fonctions, en cas de modification substantielle de leur situation. Assistée des services fiscaux, la Haute autorité contrôle ces déclarations et les rend publiques. Lorsqu'elle constate une évolution pour laquelle elle ne dispose pas d'explications suffisantes, elle publie au Journal Officiel un rapport spécial et transmet le dossier au parquet. En cas de non-dépôt ou de déclaration mensongère, les sanctions d'emprisonnement et d'amende sont renforcées. En cas de conflits d'intérêts, c'est-à-dire d'interférence entre un intérêt public et des intérêts publics ou privés de nature à influencer ou à paraître influencer l'exercice impartial de ses fonctions, la Haute autorité enjoint au ministre de faire cesser cette situation et peut rendre publique cette injonction. La loi ordinaire du 15 septembre 2017 permet au président de la République de vérifier la situation fiscale, les éventuels conflits d'intérêts et le casier judiciaire des personnes susceptibles de devenir ministres avant leur nomination. Elle crée aussi un registre des déports dans lequel les ministres en exercice notent toutes leurs décisions de ne pas participer à des travaux gouvernementaux pour cause de conflits d'intérêts.

Cette même loi interdit aux ministres, sous peine d'emprisonnement et d'amende, d'employer dans leur cabinet certains membres de leur famille tels que leur conjoint, mais les autorise à employer d'autres membres tels que leur frère ou sœur à condition d'en avertir la Haute autorité pour la transparence de la vie politique.

C - Le fonctionnement du gouvernement

1) La hiérarchie ministérielle

Selon l'article 21 de la Constitution, le Premier ministre dirige l'action du gouvernement. Il a donc sous son autorité les autres membres du gouvernement. Cela se vérifie surtout en période de cohabitation, car en période normale, le Premier ministre doit compter avec l'autorité du président de la République.

La hiérarchie entre les membres du gouvernement autres que le Premier ministre ne fait l'objet d'aucune disposition constitutionnelle ou législative. C'est la coutume qui l'a instaurée. On distingue quatre échelons :

- au sommet, il y a les ***ministres d'État***. Ce titre confère une prééminence protocolaire en raison de la représentativité ou de la personnalité de son bénéficiaire, ou encore de l'importance du ministère qu'il dirige ;
- ensuite, il y a les ***ministres ordinaires***, qui sont hiérarchisés selon leur ordre de nomination, lequel révèle les priorités du gouvernement ;
- puis, viennent ***les ministres délégués***, soit auprès du Premier ministre, soit auprès d'un ministre ;
- enfin, viennent les ***secrétaires d'État***, qui peuvent être auprès du Premier ministre, auprès d'un ministre ou autonomes.

En principe, les ministres délégués et les secrétaires d'État ne participent au conseil des ministres que lorsqu'une question relevant de leurs attributions est inscrite à l'ordre du jour.

2) Les formations gouvernementales

On distingue quatre sortes de formations gouvernementales.

a) Le conseil des ministres

C'est la formation la plus importante, la seule prévue par la Constitution : selon l'article 9, c'est le président de la République qui préside ce Conseil. C'est donc lui qui décide de l'ordre du jour :

En période normale	En période de cohabitation
Le conseil des ministres ratifie les décisions prises par le président de la République.	Il est au contraire appelé à ratifier des décisions prises par le gouvernement en dehors de la présence du Président.

La Constitution exige que quatre types d'actes soient délibérés en conseil des ministres : les nominations des plus hauts fonctionnaires de l'État (art. 13), les ordonnances (art. 38), certains décrets réglementaires (divers articles) et les projets de loi (art. 39).

Le conseil des ministres se tient chaque semaine, généralement le mercredi matin, à l'Élysée. Les délibérations restent secrètes mais un communiqué final est rendu public.

b) Le Conseil de cabinet

Il réunit l'ensemble des membres du gouvernement, y compris les secrétaires d'État, sous la présidence du Premier ministre.

En période normale	En période de cohabitation
La Ve République ne connaît pas de Conseils de cabinet car le gouvernement se réunit toujours en présence du chef de l'État.	Ces Conseils réapparaissent car le Premier ministre redevient le véritable chef du gouvernement.

c) Les Conseils restreints ou interministériels

Ce sont des formations de travail qui ne réunissent que les ministres intéressés par un problème particulier, sous la présidence du chef de l'État.

d) Les Comités interministériels

Ils ont le même objet que les Conseils du même nom, mais ils sont réunis sous la présidence du Premier ministre :

En période normale	En période de cohabitation
Ils ne servent à régler que des problèmes techniques.	Ils servent à régler des problèmes politiques.

3) *Les Conseils du gouvernement*

a) Le Conseil économique, social et environnemental

Le qualificatif d'« environnemental » a été ajouté par la réforme constitutionnelle de 2008 qui a retouché le titre XI de la Constitution consacré à ce Conseil. Ses membres représentent toutes les catégories socioprofessionnelles ; leur nombre ne peut excéder 233.

Le Conseil, saisi par le gouvernement, donne son avis sur les projets de loi, d'ordonnance ou de décret ainsi que sur les propositions de loi qui lui sont soumis. Un des membres peut être désigné par le Conseil pour exposer devant les assemblées parlementaires l'avis sur ces projets ou propositions.

La réforme de 2008 permet aussi la saisine du Conseil par voie de pétition. Après examen de la pétition, le Conseil fait connaître au gouvernement et au Parlement les suites qu'il propose d'y donner.

Le Conseil peut être consulté par le gouvernement et le Parlement sur tout problème économique, social ou environnemental. Il peut également être consulté par le gouvernement sur les projets de loi de programmation définissant les orientations pluriannuelles des finances publiques. Enfin, il doit être consulté sur tout plan ou tout projet de loi de programmation économique, social ou environnemental.

Mais tous ces avis sont consultatifs.

Une réforme constitutionnelle visant à transformer ce CESE en Conseil de la Participation Citoyenne est en préparation.

b) Le Conseil d'État

C'est la plus haute juridiction administrative mais c'est aussi un conseiller du gouvernement et la Constitution ne traite que de cette seconde attribution. L'article 37 indique que les lois antérieures à 1958 et relatives à des matières qui sont aujourd'hui du domaine du règlement peuvent être modifiées par décrets pris après avis du Conseil d'État. L'article 38 dispose que les ordonnances sont prises en conseil des ministres après avis du Conseil d'État. L'article 39 ajoute que les projets de loi sont également délibérés en conseil des ministres après avis du Conseil d'État. Mais tous ces avis sont consultatifs.

2. LES ATTRIBUTIONS DU GOUVERNEMENT

Selon l'article 20 de la Constitution, le gouvernement détermine et conduit la politique de la nation, et selon l'article 21, le Premier ministre dirige l'action du gouvernement. Mais tout cela se fait en conseil des ministres, donc, sous l'autorité du chef de l'État qui préside ce Conseil.

C'est la raison pour laquelle, en période normale, c'est le Président qui détermine la politique de la nation. Cette pratique a été poussée à son paroxysme par Nicolas Sarkozy qui s'est comporté, dès le début de son mandat, « en président qui gouverne ». En période de cohabitation, au contraire, l'article 20 reprend tout son sens.

Quoi qu'il en soit, il faut distinguer les pouvoirs propres du Premier ministre et les pouvoirs collectifs du gouvernement.

A - Les pouvoirs propres du Premier ministre

Outre le pouvoir de direction du gouvernement qui lui est reconnu par l'article 21, le Premier ministre dispose de sept pouvoirs propres.

1) Les suppléances du président de la République (Const., art. 21)

Le Premier ministre peut suppléer le chef de l'État dans deux cas :

- dans *la présidence des Conseils et Comités de défense* (puisque le Premier ministre est responsable de la Défense nationale) ;
- dans *la présidence d'un conseil des ministres*. Mais il y a trois conditions : il ne peut le faire :
  - qu'à titre exceptionnel,
  - en vertu d'une délégation expresse,
  - pour un ordre du jour déterminé.

En pratique, cette suppléance a été utilisée dans deux types de situation : une hospitalisation du chef de l'État ou un déplacement présidentiel à l'étranger.

2) Les avis donnés au président de la République (Const., art. 12 et 16)

Le chef de l'État doit consulter le Premier ministre dans deux hypothèses :

- avant de prononcer la dissolution de l'Assemblée nationale ;
- avant de mettre en œuvre l'article 16.

Cependant, il ne s'agit là que d'avis consultatifs.

3) Les propositions faites au président de la République (Const., art. 8, al. 2 et art. 29 et 89)

Trois cas :

- pour la nomination et la cessation des fonctions des membres du gouvernement ;
- pour la convocation du Parlement en session extraordinaire ;
- pour l'initiative d'une révision constitutionnelle.

Dans ces trois cas, le Président n'est pas obligé d'accepter la proposition (dans le cas de l'article 29, sa liberté résulte de la pratique mais non du texte), mais il ne peut agir sans elle.

4) L'intervention dans la procédure législative (Const., art. 39, 45 et 61)

Cette intervention se produit à trois stades :

- *le Premier ministre a le pouvoir d'initiative des lois, concurremment avec les parlementaires*. Mais les projets de loi doivent d'abord être délibérés en conseil des ministres, instance présidée par le chef de l'État. Donc, en dehors des périodes de cohabitation, l'action du Premier ministre dépend de l'accord du Président ; même en période de cohabitation, l'action du Premier ministre peut être retardée puisque c'est le Président qui décide de l'ordre du jour. Ainsi, le Président Chirac a-t-il refusé l'examen du projet de loi Jospin sur la Corse lors du conseil des ministres du 14 février 2001, reportant d'une semaine l'inscription de ce texte à l'ordre du jour ;

- ***lorsqu'un désaccord entre l'Assemblée nationale et le Sénat paralyse la discussion*** d'un projet de loi, le Premier ministre a la faculté de provoquer la réunion d'une commission mixte paritaire ;
- ***lorsque la loi est définitivement adoptée***, le Premier ministre fait partie des autorités habilitées à la déférer devant le Conseil constitutionnel. Il est à noter que le Premier ministre fait aussi partie de ceux qui peuvent déférer au Conseil un engagement international aux termes de l'article 54 de la Constitution.

5) *L'engagement de la responsabilité du gouvernement (Const., art. 49)*

Le Premier ministre peut engager la responsabilité du gouvernement devant l'Assemblée nationale :

- sur son programme (Const., art. 49, al. 1) ;
- sur une déclaration de politique générale (idem) ;
- sur le vote d'un texte (Const., art. 49, al. 3).

Mais là encore, il ne peut le faire qu'après délibération du conseil des ministres, donc, en dehors des périodes de cohabitation, il lui faut l'accord du président de la République (il ne s'affranchit de la délibération du conseil des ministres que lorsqu'il demande au Sénat, selon l'article 49 alinéa 4, l'approbation d'une déclaration de politique générale. Mais un vote négatif de la haute assemblée n'oblige nullement le gouvernement à démissionner).

6) *Le pouvoir réglementaire (Const., art. 21 et 37)*

Selon l'article 21, le Premier ministre exerce le pouvoir réglementaire, sous réserve des dispositions de l'article 13 attribuant au Président le pouvoir de signer les ordonnances et les décrets en conseil des ministres. Autrement dit, en matière de pouvoir réglementaire, le Premier ministre a une compétence de droit commun, alors que le Président n'a qu'une compétence d'attribution.

Le pouvoir réglementaire est le pouvoir d'édicter des actes de portée générale et impersonnelle. On peut distinguer trois séries de règlements :

- ***les règlements destinés à assurer l'exécution des lois***. Ces règlements sont subordonnés à la loi. Ils sont là pour mettre la loi en œuvre et non pour la mettre en cause. Mais s'ils ne sont pas édictés, cela paralyse son application ;
- ***les règlements que le Premier ministre peut édicter***, toujours en vertu de sa mission générale d'exécution des lois, mais en l'absence de toute disposition législative expresse. Cela signifie que même si une loi ne l'y oblige pas explicitement, le chef du gouvernement doit édicter les règlements nécessaires au bon fonctionnement des services publics et au respect de l'ordre public. Ce pouvoir ne découle pas de la Constitution de 1958 mais d'un arrêt rendu par le Conseil d'État en 1919 (l'arrêt *Labonne*) ;
- ***les règlements intervenant dans les matières qui ne sont pas du domaine de la loi.*** Là, il s'agit d'une innovation de la Constitution de 1958. Cette Constitution a voulu enfermer la loi dans un domaine limité, dont les contours sont précisés à l'article 34. Et tout ce qui n'est pas du domaine de la loi est du domaine du règlement (art. 37). Cela équivalait à créer, à côté des règlements d'exécution des lois, une autre catégorie de règlements : le règlement autonome, indépendant de toute loi. Cependant, la jurisprudence du Conseil constitutionnel a très nettement

minimisé cette innovation. Elle a permis à la loi de sortir de son domaine et d'empiéter sur le domaine réglementaire. Du coup, l'existence des règlements autonomes peut être mise en doute.

7) Le pouvoir de nomination des fonctionnaires de l'État (Const., art. 21)

Selon cet article, le Premier ministre nomme aux emplois civils et militaires de l'État. Comme en matière de pouvoir réglementaire, il a donc une compétence de droit commun sur ce point. Mais cette compétence est doublement limitée :

- elle est limitée ***au profit du président de la République***, qui possède une compétence d'attribution, puisque l'article 13 contient une liste d'emplois obligatoirement pourvus par lui ;
- elle est limitée ***au profit des ministres et des autorités subordonnées***, car la loi organique du 28 novembre 1958 laisse subsister les lois et règlements confiant un pouvoir de nomination à ces autorités.

B - Les pouvoirs collectifs du gouvernement

Sept pouvoirs collectifs.

1) La détermination et la conduite de la politique de la nation (Const., art. 20, al. 1)

Mais on a vu que cet immense pouvoir ne lui est véritablement dévolu qu'en période de cohabitation.

2) Le pouvoir de disposer de l'administration et de la force armée (Const., art 20, al. 2)

En réalité, les fonctionnaires civils ne sont pas astreints à la même discipline que les militaires.

3) Les pouvoirs vis-à-vis du Parlement

Le gouvernement participe à l'engagement de sa propre responsabilité politique puisque le Premier ministre ne peut poser la question de confiance aux députés qu'après délibération du conseil des ministres.

Le gouvernement participe de la même façon à l'initiative des lois puisque les projets de loi doivent être délibérés en conseil des ministres. D'une manière générale, le gouvernement intervient à divers stades de la procédure législative (Const., art. 41, 43, 44, 45, 48), à tel point qu'on peut affirmer qu'il dirige cette procédure.

4) Le pouvoir de proposer au chef de l'État l'usage de référendums (Const., art. 11 et 72-4)

Cette proposition doit se faire pendant la durée des sessions et le gouvernement doit faire devant chaque assemblée une déclaration suivie d'un débat.

5) L'intérim du président de la République (Const., art. 7)

Normalement, c'est le président du Sénat qui assure cet intérim. Mais si le président du Sénat est empêché à son tour, c'est le gouvernement qui assure les fonctions du président de la République, à l'exception de celles prévues aux articles 11 et 12 de la Constitution. Une telle situation ne s'est jamais produite.

6) Le pouvoir de décréter l'état de siège et de décider une intervention armée à l'étranger (Const., art. 35 et 36)

L'état de siège, selon l'article 36, est décrété en conseil des ministres mais il ne peut être prolongé au-delà de 12 jours qu'avec l'autorisation du Parlement. Il a pour effet de transférer les pouvoirs de police à l'armée pour rétablir l'ordre. Il n'a pas été inventé en 1958. La Constitution ne fait que se référer à une vieille loi de 1849. Sous la Ve République, l'état de siège n'a jamais été mis en vigueur.

Quant à la déclaration de guerre, elle doit être, selon l'article 35, autorisée par le Parlement. Mais même si les assemblées ont été consultées, cet article n'a jamais été utilisé lors des conflits armés auxquels la France a participé : guerre du Golfe effectuée dans le cadre de l'ONU en 1991, bombardements de l'OTAN sur la Yougoslavie en 1999, engagement aux côtés des États-Unis pour leurs opérations militaires en Afghanistan à la suite des attentats terroristes du 11 septembre 2001 et frappes aériennes en Libye en vertu d'une résolution du Conseil de sécurité des Nations unies en 2011.

La réforme constitutionnelle de 2008 renforce les droits du Parlement en obligeant le gouvernement à informer le Parlement de sa décision de faire intervenir les forces armées à l'étranger. Il doit le faire au plus tard trois jours après le début de l'intervention et préciser les objectifs poursuivis. Cette information peut donner lieu à un débat mais celui-ci ne peut être suivi d'aucun vote. En mars 2011, la déclaration gouvernementale concernant l'intervention militaire en Libye a suscité une assez large adhésion à l'Assemblée nationale et au Sénat. Il en a été de même en janvier 2013 pour l'intervention au Mali et en décembre 2013 pour l'engagement des forces armées en République centrafricaine. En septembre 2014, le Parlement a approuvé la participation de la France à la lutte contre le terrorisme en Irak et en septembre 2015, l'engagement des forces aériennes en Syrie. En avril 2018, la décision française de se joindre aux Américains et aux Britanniques pour bombarder les sites d'armes chimiques syriens malgré le veto russe au Conseil de sécurité de l'ONU a été critiquée par l'opposition.

Lorsque l'intervention dure plus de quatre mois, le gouvernement doit en revanche soumettre cette prolongation à l'autorisation du Parlement. Il peut demander à l'Assemblée nationale de décider en dernier ressort. Si le Parlement n'est pas en session à l'expiration du délai de quatre mois, il devra se prononcer à l'ouverture de la session suivante. Dès septembre 2008, l'Assemblée nationale et le Sénat ont exercé ces pouvoirs en autorisant le maintien des troupes françaises en Afghanistan. En juillet 2011, le Parlement a approuvé la poursuite de l'intervention en Libye ; celle-ci s'est achevée quelques mois plus tard avec la chute du régime Kadhafi. En avril 2013, les deux assemblées ont accepté de prolonger l'opération militaire au Mali et en février 2014 l'opération en Centrafrique.

7) Le pouvoir de légiférer par ordonnances (Const., art. 38)

Les ordonnances de l'article 38 correspondent aux décrets-lois des Républiques précédentes. Ce sont donc des textes par lesquels le gouvernement peut modifier les lois. Cela se fait en trois temps.

a) Le vote d'une loi d'habilitation

Cette loi correspond aux lois de pleins pouvoirs des Républiques précédentes. Elle ne peut être prise que sur l'initiative du gouvernement. Le Parlement ne peut pas décider spontanément de déléguer son pouvoir à l'exécutif. C'est une loi ordinaire. Donc, elle ne permet au gouvernement que de modifier des lois ordinaires.

Il ne pourrait pas modifier une loi organique ni réviser la Constitution par ordonnance. De plus, la loi d'habilitation peut être soumise au Conseil constitutionnel. C'est là une garantie importante car le Conseil s'est employé à interpréter les lois d'habilitation de manière à limiter la liberté du gouvernement. Par exemple : dans une décision de 1986, il a estimé que la loi ne pouvait habiliter le gouvernement à découper des circonscriptions électorales sans tenir compte d'un certain équilibre démographique.

La loi d'habilitation doit porter sur des matières délimitées. Elle doit permettre l'exécution du programme du gouvernement. Lorsqu'il demande au Parlement l'habilitation de légiférer par ordonnance, le gouvernement doit donc indiquer avec précision la finalité des mesures qu'il se propose de prendre. Le Conseil constitutionnel l'a affirmé expressément dans une décision de 1977. Les excès qui ont pu être commis avant cette date ne sont donc plus possibles.

La loi d'habilitation doit préciser le délai durant lequel le gouvernement peut légiférer. Cette durée doit être limitée. En pratique, cela va d'un mois à trois ans et demi.

Depuis la réforme constitutionnelle du 28 mars 2003, le vote d'une loi d'habilitation n'est plus nécessaire pour permettre au gouvernement d'étendre par ordonnance les lois de métropole aux collectivités d'outre-mer et en Nouvelle-Calédonie. L'article 74-1 de la Constitution prévoit une habilitation permanente sur ce point.

b) L'édiction des ordonnances

Les ordonnances ne peuvent être édictées qu'après avis du Conseil d'État, même si le gouvernement n'est pas lié par cet avis. Elles doivent être délibérées en conseil des ministres, donc, elles demandent à être signées par le président de la République. Si celui-ci consent à apposer sa signature, elles entrent en vigueur dès leur publication.

Pendant le délai d'habilitation, le gouvernement a toute liberté pour les édicter ou les modifier. En revanche, le Parlement n'a pas le droit de légiférer sur les matières qu'il a déléguées tant que le délai d'habilitation n'a pas expiré. C'est la grande différence avec le régime des décrets-lois. Une fois le délai d'habilitation expiré, le gouvernement ne peut plus modifier ses ordonnances (art. 38, al. 3) ni les abroger (*CE, 11 déc. 2006, Conseil national de l'Ordre des médecins*). C'est désormais le Parlement qui le peut.

c) Le dépôt d'un projet de loi de ratification

La loi d'habilitation doit fixer au gouvernement un délai pour déposer le projet de loi de ratification au Parlement. Ce délai est distinct du délai d'habilitation et il peut être plus long. Si le gouvernement oublie de déposer son projet de loi de ratification dans ce délai, ses ordonnances sont caduques. Il a donc intérêt à remplir cette formalité.

Lorsque le dépôt a été fait, trois cas peuvent se présenter :

- premier cas : ***le gouvernement n'inscrit pas le projet à l'ordre du jour***. La loi de ratification ne sera donc pas votée, mais peu importe, car elle n'est pas obligatoire. Les ordonnances n'ont pas besoin d'être ratifiées pour rester en vigueur. Cette absence de ratification n'a qu'un inconvénient : les ordonnances conservent leur nature d'actes administratifs, donc, elles sont susceptibles d'être déférées aux tribunaux ordinaires ;
- deuxième cas : ***le gouvernement inscrit le projet à l'ordre du jour mais les assemblées refusent de l'adopter*** : les ordonnances sont caduques ;
- troisième cas : ***le Parlement ratifie les ordonnances***. Depuis la révision constitutionnelle de 2008, il ne peut le faire que de manière expresse, c'est-à-dire en adoptant le projet de loi de ratification déposé par le gouvernement. Les ratifications implicites à la faveur d'une loi se référant aux ordonnances sont donc prohibées. La ratification a pour effet de transformer la nature juridique des ordonnances. Elles ne sont plus des actes administratifs. Elles deviennent des lois. Donc, elles sont soustraites au contrôle des juges ordinaires, mais la loi qui les a ratifiées peut être soumise au Conseil constitutionnel.

BIBLIOGRAPHIE

AMSON (D.), « Les secrétaires d'État sous la Ve République », RDP 1972, p. 661.

ANTONI (P.) et ANTONI (J.-D.), *Les ministres de la Ve République*, 1976, PUF.

BECET (J.-M.), « La pratique des ordonnances de l'article 38 », Revue administrative 1968, p. 704.

DELION (A. G.), « Les conseils et comités interministériels », AJDA 1975, p. 268.

GOUAUD (C.), « Le conseil des ministres sous la Ve République », RDP 1988, p. 423.

JAN (P.), *Le Gouvernement de la cinquième République*, 2002, La Documentation française, Document d'études n° 1-23.

MASSOT (J.), *Le chef du gouvernement en France*, 1979, La Documentation française.

MATHIEU (B.), RENOUX (T.) et ROUX (A.), *La Cour de Justice de la République*, 1995, PUF, Que sais-je ?

Pouvoirs n° 36, « Le ministre », 1986.

RIALS (S.), *Le Premier ministre*, 1985, PUF, Que sais-je ?

CHAPITRE 15

Les parlementaires

1 • L'ÉLECTION DES PARLEMENTAIRES

L'article 24 de la Constitution, modifié en 2008, indique que les députés, dont le nombre ne peut excéder 577, sont élus au suffrage direct et que les sénateurs, dont le nombre ne peut excéder 348, sont élus au suffrage indirect. Les Français établis hors de France sont représentés à l'Assemblée nationale et au Sénat. En ce qui concerne les conditions d'éligibilité, la durée du mandat et le nombre des membres de chaque assemblée, l'article 25 renvoie à une loi organique. Depuis la réforme de 2008, une commission indépendante, dont la loi fixe la composition, l'organisation et le fonctionnement, se prononce par un avis public sur les projets et propositions délimitant les circonscriptions pour l'élection des députés ou modifiant la répartition des sièges de députés ou de sénateurs. Un projet de loi organique prévoit la réduction de 25 % du nombre de députés et de sénateurs.

En ce qui concerne le mode de scrutin, l'article 34 renvoie tout simplement à la loi ordinaire.

A - Les élections à l'Assemblée nationale

1) Les conditions de candidature

Pour être candidat à l'Assemblée nationale, il faut être éligible et déposer une déclaration de candidature.

a) Conditions d'éligibilité

Les conditions d'éligibilité sont au nombre de quatre :

- il faut être de ***nationalité française.*** Avant 1983, les personnes naturalisées devaient attendre cinq ans pour être éligibles. Depuis une loi de 1983, elles le sont immédiatement ;
- il faut ***avoir 18 ans révolus*** ; avant la loi organique du 14 avril 2011, il fallait avoir 23 ans ;
- il faut ***être en règle avec les lois sur le recrutement de l'armée*** ;
- il faut aussi ***être électeur***. Donc, les personnes privées de leur droit de vote par une condamnation pénale sont inéligibles. Cependant, cette peine ne peut être automatique. Dans une décision du 11 juin 2010, le Conseil constitutionnel, saisi d'une question prioritaire de constitutionnalité, a en effet censuré un article du Code électoral radiant automatiquement des listes électorales les personnes condamnées pour

certaines infractions. Cette disposition méconnaissait le principe de l'individualisation des peines. On n'est pas obligé d'être électeur dans la circonscription où on se présente. La théorie de la souveraineté nationale permet de se présenter n'importe où. Il en résulte la pratique des « parachutages ».

Même si l'on remplit les quatre conditions d'éligibilité, on peut tomber sous le coup d'une inéligibilité particulière. Ainsi, il y a des inéligibilités qui ont pour but d'éviter les pressions sur les électeurs. Cela concerne les hauts fonctionnaires qui pourraient abuser de leur autorité pour faire pression sur les administrés. Ces inéligibilités varient dans l'espace et dans le temps. Le Défenseur des droits et ses adjoints sont inéligibles pendant la durée de leurs fonctions.

Les préfets sont inéligibles dans les circonscriptions qu'ils administrent ou qu'ils ont administrées depuis moins de trois ans. Il en va de même des sous-préfets, sauf que leur inéligibilité ne subsiste qu'un an après leur départ.

En bref, la durée de l'inéligibilité est proportionnelle à l'ampleur des pressions éventuelles. Toutes ces inéligibilités s'appliquent aussi aux candidats qui se présentent en qualité de suppléants. Mais les suppléants ont une inéligibilité supplémentaire : lors de l'élection suivante, ils ne peuvent se présenter contre ceux qu'ils ont remplacés.

b) Déclaration de candidature

Pour contrôler l'éligibilité des candidats, la loi leur impose le dépôt d'une déclaration de candidature à la préfecture. Si le préfet estime que le candidat est inéligible et refuse de l'enregistrer, le candidat doit saisir le tribunal administratif dans les 24 heures. Le Tribunal doit statuer dans un délai de trois jours. On ne peut pas faire appel de sa décision mais on pourra la contester devant le Conseil constitutionnel à l'issue de l'élection.

Si un candidat inéligible, échappant à la vigilance du préfet, était élu, le Bureau de l'Assemblée nationale ou le garde des Sceaux devraient saisir le Conseil constitutionnel pour lui faire prononcer la déchéance du député. Il en serait de même si l'inéligibilité survenait en cours de mandat, à cause d'une condamnation pénale du député.

2) La campagne électorale

Chaque candidat doit établir un compte de campagne retraçant ses recettes et ses dépenses dans les six mois précédant le scrutin. Le compte doit être déposé à la préfecture dans les deux mois suivant le tour de scrutin où l'élection a été acquise. Il est ensuite transmis à la Commission nationale des comptes de campagne et des financements politiques, qui l'examine.

En ce qui concerne les recettes, les dons des personnes physiques sont encouragés par des réductions d'impôt mais plafonnés à 4 600 € par personne. Les partis politiques peuvent librement financer leur candidat, mais les autres personnes morales ne peuvent financer ni les candidats ni les partis.

En ce qui concerne les dépenses, les frais engagés ne doivent pas dépasser un certain plafond actualisé périodiquement. Les candidats ayant obtenu au moins 5 % des suffrages exprimés seront remboursés de 50 % du plafond.

La Commission nationale des comptes de campagne peut approuver, réformer ou rejeter les comptes. En cas de non-respect du délai de dépôt, de rejet du compte ou de dépassement du plafond, elle saisit le Conseil constitutionnel. Les candidats fautifs ne seront pas remboursés et pourront être frappés d'une inéligibilité pour une durée maximale de trois ans.

3) Les élections proprement dites

La législature, c'est-à-dire la durée du mandat de l'Assemblée, est de cinq ans. Les élections ont lieu le même jour, un dimanche, dans toutes les circonscriptions. De 1958 à 1985, on a utilisé le scrutin uninominal majoritaire à deux tours.

Une loi du 10 juillet 1985 avait instauré un scrutin de liste, à la représentation proportionnelle à la plus forte moyenne, chaque département formant une circonscription. Mais seules, les élections du 16 mars 1986 se sont déroulées selon ce mode de scrutin. Elles se sont soldées par une courte majorité de droite, qui a cohabité avec le Président Mitterrand.

La droite a décidé de revenir au scrutin majoritaire. Une loi du 11 juillet 1986 a posé le principe de son rétablissement et a habilité le gouvernement à procéder par ordonnance au découpage des circonscriptions électorales. Le Conseil constitutionnel a jugé cette loi conforme à la Constitution, mais il a exigé que le découpage résultant de l'ordonnance se fasse sur des bases essentiellement démographiques.

L'ordonnance n'a cependant pas pu intervenir car le président de la République a refusé de la signer. C'est donc une loi du 24 novembre 1986 qui a procédé au découpage.

Puisque le scrutin est uninominal, il y a autant de circonscriptions que de députés, soit 577. En application de la réforme du 23 juillet 2008, la loi du 13 janvier 2009 prévoit que onze députés représentent les Français de l'étranger. Chaque député se présente avec un suppléant qui le remplace dans cinq hypothèses :

- s'il est nommé ministre, mais seulement pour la durée de ses fonctions ministérielles ;
- s'il est nommé membre du Conseil constitutionnel ou Défenseur des droits ;
- si le gouvernement lui confie une mission qui se prolonge au-delà de six mois ;
- s'il décède ;
- s'il démissionne pour incompatibilité (L. org., 14 févr. 2014).

En revanche, on organise une élection partielle dans quatre hypothèses :

- l'annulation de l'élection ;
- la démission d'office prononcée par le Conseil constitutionnel ;
- la déchéance constatée par le Conseil constitutionnel ;
- la démission intervenue pour tout autre motif qu'une incompatibilité.

La loi du 6 juin 2000 impose à chaque parti politique de présenter autant de femmes que d'hommes à ces élections ; si l'écart entre ses candidates et ses candidats dépasse 2 %, le parti concerné sera pénalisé financièrement.

Le scrutin étant majoritaire à deux tours :

- pour être élu au premier tour, il faut obtenir la majorité absolue des suffrages exprimés et grouper sur son nom au moins le quart des électeurs inscrits ;
- si personne ne remplit ces conditions, on organise un second tour le dimanche suivant. La majorité relative des suffrages exprimés est alors suffisante, mais pour participer au second tour, il faut d'abord avoir obtenu au premier tour au moins 12,5 % des électeurs inscrits. Si un seul candidat remplit cette condition, le suivant peut aussi participer au second tour ; si aucun n'atteint les 12,5 %, les deux candidats les mieux placés peuvent y participer.

Un projet de loi qui s'inscrit dans la réforme des institutions voulue par le président Macron prévoit que 15 à 20 % des députés soient élus sur des listes nationales à la représentation proportionnelle. Les autres députés restant élus dans les circonscriptions au scrutin uninominal majoritaire à deux tours. Cette réforme est pour l'instant restée lettre morte. En 2002, année des élections législatives, le mode d'élection des députés à l'Assemblée n'a toujours pas changé.

Le Conseil constitutionnel est chargé du contentieux des élections. C'est un progrès, car sous les IIIe et IVe Républiques, ce contentieux était confié à l'Assemblée elle-même et il en résultait une partialité inadmissible.

B - Les élections au Sénat

1) *Les conditions de candidature*

Les conditions d'éligibilité sont les mêmes que pour les députés, sauf en ce qui concerne l'âge : longtemps fixé à 35 ans, l'âge pour être élu sénateur a été abaissé à 30 ans par une loi organique de 2003, puis à 24 ans par la loi organique du 14 avril 2011. Les inéligibilités et l'obligation de déposer une déclaration de candidature sont identiques.

2) *Les élections proprement dites*

Selon l'article 24 de la Constitution, le Sénat assure la représentation des collectivités territoriales de la République. Les Français établis hors de France y sont représentés.

Certaines collectivités territoriales sont prévues par la Constitution : depuis la réforme de 2003 relative à la décentralisation, l'article 72 mentionne non seulement les communes et les départements, mais aussi les régions, les collectivités à statut particulier et les collectivités d'outre-mer régies par l'article 74 (anciens territoires d'outre-mer).

Mais la Constitution laisse à la loi la possibilité de créer d'autres collectivités territoriales, le cas échéant en lieu et place d'une ou de plusieurs des collectivités citées dans l'article 72.

Le nombre des sénateurs dépend donc du nombre de collectivités et du nombre de leurs représentants. Depuis la loi organique du 30 juillet 2003, il y a 346 sénateurs.

La circonscription électorale est le département. Dans chaque département, le collège électoral comporte cinq catégories d'électeurs :

- ***les députés*** ;
- ***les sénateurs*** eux-mêmes en vertu de la loi du 2 août 2013 ;
- ***les conseillers régionaux*** ;
- ***les conseillers généraux*** ;
- ***des délégués des conseils municipaux***.

Si l'on avait admis tous les conseillers municipaux dans le collège, les communes rurales, qui sont les plus nombreuses, auraient été sur-représentées de manière écrasante. C'est pourquoi on a institué un système de délégués dont le nombre varie avec la population de la commune :

- pour les communes de moins de 9 000 habitants, il y a de 1 à 15 délégués élus par les conseils municipaux en leur sein ;

- pour les communes qui ont entre 9 000 et 30 000 habitants, tous les conseillers municipaux sont délégués ;
- pour les communes de plus de 30 000 habitants, tous les conseillers municipaux sont délégués, mais en plus, le conseil municipal élit dans la population des délégués supplémentaires à raison d'un pour 800 habitants au-dessus de 30 000 depuis la loi du 2 août 2013. Cela permet de mieux représenter les grandes villes car auparavant, c'était un pour 1 000 habitants.

Malgré cette pondération en faveur des grandes communes, la sur-représentation des communes rurales est évidente.

Il y a aussi une sur-représentation des communes par rapport aux autres collectivités territoriales : les délégués des conseils municipaux représentent 95,5 % du collège électoral. La réflexion de Gambetta, qualifiant le Sénat de la IIIe République de « Grand Conseil des communes de France », vaut encore aujourd'hui.

Le droit de vote et d'éligibilité aux élections municipales est prévu, par le traité de Maastricht, pour les citoyens européens vivant en France. Afin de permettre la ratification du traité tout en préservant la souveraineté nationale, on a dû, en 1992, réviser la Constitution : désormais, les Européens peuvent donc voter et être élus aux municipales, mais ils ne peuvent être maires ou adjoints, ni participer à la désignation des électeurs sénatoriaux et à l'élection des sénateurs (L. org. 25 mai 1998).

Le nombre de sénateurs élus dans un département varie selon la population. Depuis la loi du 2 août 2013, pour les départements élisant :

Deux sénateurs ou moins	Trois sénateurs ou plus
On utilise le ***scrutin majoritaire uninominal ou plurinominal à deux tours***. Chaque candidat se présente avec son suppléant.	Le mode de scrutin est la ***représentation proportionnelle à la plus forte moyenne***. C'est le suivant de liste qui joue le rôle de suppléant.

En vertu de la loi du 6 juin 2000, dans les départements où les élections ont lieu à la proportionnelle, sur chaque liste, l'écart entre le nombre des candidats de chaque sexe ne peut être supérieur à un. Chaque liste est composée alternativement d'un candidat de chaque sexe. En vertu de la loi du 2 août 2013, dans les départements où les élections ont lieu au scrutin majoritaire, le candidat et son remplaçant sont de sexe différent.

Quel que soit le mode de scrutin, les membres du collège électoral du Sénat ont l'obligation de voter sous peine d'amende. Pour eux, le vote n'est donc pas un droit mais une fonction. C'est le seul cas où le vote est obligatoire en droit français.

À côté des sénateurs représentant les collectivités territoriales, il y a douze sénateurs représentant les Français de l'étranger. Pour ces sénateurs, le collège électoral est l'Assemblée des Français de l'étranger, elle-même élue pour six ans, renouvelable par moitié tous les trois ans, par les ressortissants français à l'étranger.

Depuis la loi organique du 30 juillet 2003, tous les sénateurs sont élus pour six ans (auparavant, ils étaient élus pour neuf ans). Le Sénat est renouvelable par moitié tous les trois ans. Pour cela, les départements ont été répartis en deux séries (1 et 2) d'importance approximativement égale. Ce renouvellement partiel permet d'éviter les changements politiques brusques à l'intérieur du Sénat. Si on rapproche cela de l'âge des sénateurs, du suffrage indirect et de la prépondérance du monde rural, on comprend que le Sénat ait toujours été une chambre plutôt conservatrice. Son basculement à gauche à l'issue des élections de septembre 2011 a donc constitué un événement historique. Mais trois ans plus tard, en septembre 2014, le Sénat a rebasculé à droite.

Le contentieux de l'élection des sénateurs, comme celui de l'élection des députés, est confié au Conseil constitutionnel. Mais il y a aussi un contentieux de l'élection des délégués des conseils municipaux, qui est confié au tribunal administratif, saisi par le préfet ou par les électeurs des communes.

2. L'EXERCICE DU MANDAT DE PARLEMENTAIRE

Pour permettre aux parlementaires d'exercer leur mandat en toute indépendance, il existe des incompatibilités, des immunités ainsi que des indemnités et avantages, qui sont valables aussi bien pour les députés que pour les sénateurs. Ces garanties sont complétées par des règles de déontologie.

A - Les incompatibilités

L'article 25 de la Constitution renvoie à une loi organique le soin de les déterminer. À la différence des inéligibilités, les incompatibilités n'empêchent pas d'être élu ; elles obligent seulement l'élu à choisir entre son mandat de parlementaire et les activités incompatibles.

Il existe beaucoup d'incompatibilités avec des fonctions publiques et quelques rares incompatibilités avec des activités privées.

1) *Incompatibilités avec les fonctions publiques*

Le principe de l'incompatibilité s'applique aux fonctions publiques nominatives et, dans une moindre mesure, aux fonctions publiques électives.

a) Les fonctions publiques nominatives

D'abord, le mandat de parlementaire est incompatible avec l'appartenance à un autre organe constitutionnel. On ne peut être à la fois parlementaire et membre du Conseil constitutionnel, du Conseil économique, social et environnemental, du Conseil supérieur de la magistrature ou du gouvernement. La seule limitation, c'est que le gouvernement peut confier à un parlementaire une mission, à condition qu'elle n'excède pas six mois. La loi organique du 11 octobre 2013 ajoute que l'exercice de cette mission ne peut donner lieu au versement d'aucune rémunération, gratification ou indemnité.

Ensuite, le mandat de parlementaire est incompatible avec l'appartenance à l'administration. On ne peut être à la fois parlementaire et fonctionnaire en activité, car le fonctionnaire est soumis au pouvoir hiérarchique de l'exécutif alors que le parlementaire doit être indépendant de l'exécutif. Donc, s'il est élu au Parlement, le fonctionnaire est placé d'office, en vertu de la loi organique du 11 octobre 2013 en position de disponibilité pour la durée de son mandat. Il est ainsi privé de ses droits à l'avancement et à la retraite. Il n'y a que deux exceptions à cette incompatibilité : les professeurs titulaires de l'enseignement supérieur, et les ministres des cultes en Alsace-Lorraine. En effet, ces deux catégories de fonctionnaires ne sont pas soumises au pouvoir hiérarchique de l'exécutif. Le mandat parlementaire est incompatible avec la magistrature. La loi organique du 11 octobre 2013 précise qu'il est également incompatible avec l'exercice de fonctions juridictionnelles autres que celles prévues par la Constitution (Cour de justice de la République) et avec l'exercice de fonctions d'arbitre, de médiateur ou de conciliateur.

Enfin, le mandat de parlementaire est incompatible avec des fonctions de responsabilité (président, directeur général) dans le secteur parapublic. On ne peut être à la fois parlementaire et exercer de telles fonctions au sein d'entreprises nationales ou d'établissements publics nationaux. Là encore, c'est normal parce que les responsables de ces organismes sont nommés par l'exécutif. La loi organique du 11 octobre 2013 ajoute que, sauf si le parlementaire y est désigné en cette qualité, sont incompatibles avec son mandat les fonctions de membre du Conseil d'administration de ces organismes et celles de membres ou de président d'une autorité administrative ou publique indépendante. Un parlementaire désigné en cette qualité dans une institution ou un organisme extérieur ne peut percevoir à ce titre aucune rémunération, gratification ou indemnité.

b) Les fonctions publiques électives

Il y a incompatibilité entre le mandat de parlementaire et un autre mandat national. On ne peut être à la fois député et sénateur ou parlementaire et président de la République.

Depuis une loi organique du 5 avril 2000, il y a aussi incompatibilité avec un mandat de représentant au Parlement européen.

En revanche, le cumul avec un mandat local est possible mais limité. En vertu d'une loi organique du 30 décembre 1985 modifiée en 2000 et en 2013, on ne peut cumuler son mandat de parlementaire qu'avec un seul des quatre mandats suivants : conseiller régional (ou conseiller à l'Assemblée de Corse), conseiller général, conseiller de Paris, conseiller municipal d'une commune d'au moins 1 000 habitants.

Cette loi ne vise pas à protéger l'indépendance des parlementaires ; elle vise seulement à préserver leur disponibilité. Le cumul de plus de deux mandats importants empêche en effet l'élu d'exercer correctement toutes ses fonctions. En revanche, on considère que le cumul de plusieurs mandats de moindre importance peut se faire sans dommage.

Conformément aux propositions de la Commission Jospin, la loi organique du 14 février 2014 interdit, à compter de 2017, le cumul avec des fonctions exécutives locales entendues largement : maire et adjoint au maire, président et vice-président d'un établissement public de coopération intercommunale, d'un Conseil départemental, régional ou d'un syndicat mixte, président ou membre du conseil exécutif de Corse et président ou vice-président de l'assemblée de Corse, fonctions exécutives des collectivités d'outre-mer et de toute autre collectivité créée par la loi. L'incompatibilité s'étend même aux fonctions exécutives d'un établissement public local, du centre national ou d'un centre de gestion de la fonction publique territoriale, d'une société d'économie mixte ou d'une société publique locale et d'un organisme HLM.

Dans les trente jours de la proclamation des résultats de l'élection qui l'a mis en situation d'incompatibilité, le parlementaire doit démissionner d'un des mandats ou fonctions qu'il détenait antérieurement ; en cas d'élections acquises le même jour, il doit démissionner du mandat ou de la fonction acquis dans la circonscription la moins peuplée.

2) Incompatibilités avec certaines activités privées

La plupart des activités privées sont compatibles avec le mandat parlementaire. L'incompatibilité ne concerne que quelques professions particulièrement sensibles ; les dirigeants de six catégories d'entreprises :

- celles qui travaillent pour une collectivité publique ;
- celles qui reçoivent des subventions publiques ;
- celles qui font publiquement appel à l'épargne ;
- les sociétés de promotion ou de construction immobilière ;
- celles qui contrôlent ou détiennent plus de la moitié du capital des sociétés précédemment citées ;
- les sociétés d'économie mixte.

La loi organique du 15 septembre 2017 rend aussi incompatibles l'activité de conseil (avocat) sauf si la personne l'exerçait plus d'un an avant le début de son mandat parlementaire et l'activité de représentant d'intérêts (groupe de pression).

L'indépendance du parlementaire à l'égard des intérêts privés est plus généralement assurée par l'interdiction de tout mandat impératif (Const., art. 27). Le parlementaire est le représentant de la nation tout entière et non le représentant de ses électeurs.

Un projet de loi organique qui s'inscrit dans la réforme des institutions voulue par le président Macron vise à introduire une limitation du cumul des mandats dans le temps interdisant aux parlementaires d'exercer plus de trois mandats identiques, complets et consécutifs. Il n'a pas encore été concrétisé.

B - Les immunités

Les immunités sont destinées à protéger le parlementaire contre les poursuites judiciaires qui pourraient avoir pour but de l'intimider ou de l'empêcher de siéger, mais elles ne feront pas obstacle à la mise en jeu de sa responsabilité pénale devant la Cour pénale internationale pour les crimes de portée internationale les plus graves. Il existe deux immunités.

1) L'irresponsabilité

Aucun parlementaire ne peut être recherché, arrêté, détenu ou jugé à l'occasion des opinions ou votes émis par lui dans l'exercice de ses fonctions (Const., art. 26, al. 1). L'exercice des fonctions est entendu largement. L'irresponsabilité concerne les propos tenus en séance publique, mais aussi en commission, ou dans le cadre de missions à l'extérieur du Parlement. Elle s'applique aussi aux écrits : questions écrites, rapports parlementaires et même comptes rendus publiés de bonne foi par les journaux.

En revanche, ne sont pas couverts par l'irresponsabilité les propos et opinions ne se rattachant pas directement à l'exercice des fonctions : paroles prononcées à titre privé dans les couloirs du Parlement, et *a fortiori* à l'extérieur, articles de presse ou affiches électorales. Les actes couverts par l'irresponsabilité sont protégés de manière absolue :

- d'une part, l'irresponsabilité est perpétuelle. Elle est valable même après la fin du mandat ;
- d'autre part, elle interdit aussi bien les procès civils que les poursuites pénales.

En revanche, elle n'interdit pas les sanctions purement internes au Parlement, telles que le rappel à l'ordre, au cas où les propos du parlementaire seraient excessifs. Ces sanctions sont prévues par le règlement intérieur de chaque assemblée.

2) L'inviolabilité

L'inviolabilité concerne les actes accomplis par le parlementaire en dehors de l'exercice de ses fonctions (Const., art. 26, al. 2, 3 et 4). Cependant, elle n'a aucun caractère absolu ; il serait en effet scandaleux que les parlementaires soient au-dessus des lois :

- ***elle ne protège le parlementaire que contre les poursuites pénales pour crime ou délit.*** Elle ne le protège pas contre les contraventions ni contre les procès civils. De plus, elle ne joue jamais en cas de crime ou délit flagrant ou de condamnation définitive ;
- surtout, ***elle ne fait que retarder le moment de l'arrestation ou de la mesure privative ou restrictive de liberté*** pour permettre au parlementaire d'exercer ses fonctions.

L'inviolabilité peut être levée dans tous les cas avec l'autorisation du Bureau de l'assemblée concernée. Avant la réforme constitutionnelle du 4 août 1995, le Bureau n'intervenait que hors session pour autoriser l'arrestation. Durant les sessions, c'était l'assemblée tout entière qui avait compétence pour autoriser l'arrestation et même les simples poursuites. Une telle immunité est apparue excessive au législateur de 1995, dans le cadre de la longue session unique qu'il instituait. Cela explique qu'on ait généralisé la compétence du Bureau et la possibilité de poursuivre un parlementaire sans levée préalable de l'inviolabilité.

L'assemblée concernée conserve toutefois la possibilité de requérir la suspension des poursuites, de la détention ou des mesures privatives ou restrictives de liberté pour la durée de la session. À cet effet, ladite assemblée peut être réunie de plein droit pour des séances supplémentaires.

C - Les indemnités et avantages

Le principe d'une rémunération des parlementaires, posé dès 1848 avec l'avènement du suffrage universel, permet à des personnes peu fortunées de devenir parlementaires et constitue une manière de lutter contre la corruption.

L'article 25 de la Constitution prévoit l'existence d'une indemnité parlementaire et renvoie à une loi organique le soin de la fixer. Une ordonnance de 1958 institue une indemnité en deux parties. À cette indemnité, s'ajoutent un certain nombre d'avantages.

1) L'indemnité principale

Elle est calculée par référence au traitement des fonctionnaires de l'État classés dans la catégorie « hors échelle ». C'est la moyenne du traitement le plus élevé et du traitement le plus bas de cette catégorie. Ce mode de calcul indirect, qui était déjà en vigueur sous la IVe République, est très moral, puisque le pouvoir ne peut augmenter les parlementaires qu'en augmentant les fonctionnaires.

2) *L'indemnité de fonction*

Elle est égale au quart de l'indemnité principale. Son montant peut théoriquement être réduit si le parlementaire manque d'assiduité. Pendant longtemps, les parlementaires n'ont été imposés que sur les 11/20e de leur indemnité. Mais la loi du 3 février 1992 prévoit leur imposition dans les conditions de droit commun.

3) *Les avantages matériels*

Outre sa rémunération, le parlementaire bénéficie d'avantages matériels : bureau, collaborateurs, franchise postale pour le courrier expédié depuis l'Assemblée, un certain nombre de communications téléphoniques gratuites, une carte de circulation gratuite sur tout le réseau SNCF, un certain nombre de voyages aériens gratuits entre Paris et sa circonscription. Ces facilités ne sont pas des privilèges mais des moyens nécessaires au bon exercice de son mandat. La loi ordinaire du 15 septembre 2017 remplace l'indemnité représentative de frais de mandat permettant de financer ces avantages par une avance mensuelle équivalente dont le bureau de chaque assemblée détermine le régime et le déontologue contrôle l'usage.

D - La déontologie des parlementaires

La loi organique du 11 octobre 2013 renforce considérablement les règles de transparence imposées aux parlementaires depuis 1988. Dans les deux mois de son entrée en fonction, le parlementaire doit adresser au président de la Haute autorité pour la transparence de la vie publique une déclaration patrimoniale. Il adresse aussi au président de la Haute autorité et au bureau de son assemblée une déclaration d'intérêts ainsi que la liste des activités professionnelles ou d'intérêt général même non rémunérés qu'il envisage de conserver. Toute modification substantielle de sa situation doit également être déclarée dans les deux mois. Une déclaration patrimoniale doit enfin être déposée à la Haute autorité six mois avant la fin de son mandat.

Le bureau de l'assemblée examine si les activités mentionnées dans la déclaration d'intérêts et d'activités sont compatibles avec le mandat parlementaire. En cas de doute sur la compatibilité, le Conseil constitutionnel peut être saisi par le parlementaire, par le bureau de l'assemblée ou par le garde des Sceaux. Si le Conseil juge qu'il y a incompatibilité, le parlementaire a trente jours pour faire son choix. Passé ce délai, le Conseil, saisi par le bureau ou par le garde des Sceaux, prononce sa démission d'office. La Haute autorité rend publique la déclaration d'intérêts et d'activités.

La loi *Sapin 2* du 9 décembre 2016 crée un répertoire des représentants d'intérêts (groupes de pression) auprès des pouvoirs publics et la loi ordinaire pour la confiance dans la vie publique du 15 septembre 2017 dispose que chaque assemblée doit fixer des règles visant à prévenir et à faire cesser les conflits d'intérêts entre un intérêt public et des intérêts privés concernant les parlementaires. Ces derniers doivent aussi noter, dans un registre des déports, toutes leurs décisions de ne pas participer aux travaux législatifs pour cause de conflits d'intérêts.

La déclaration patrimoniale est contrôlée par la Haute autorité au vu des éléments fournis par l'administration fiscale mais elle n'est pas rendue publique. Les électeurs pourront seulement la consulter à la Préfecture.

En vertu de la loi organique du 14 avril 2011 modifiée par celle du 11 octobre 2013, la Haute autorité saisit le bureau de l'assemblée au cas où le dépôt des déclarations n'a pas été fait. Le Conseil constitutionnel, saisi par le bureau, constate le cas échéant l'inéligibilité du parlementaire concerné pendant un an et le déclare démissionnaire d'office par la même décision. De plus, le fait d'omettre sciemment de déclarer une part substantielle de son patrimoine ou d'en fournir une évaluation mensongère est puni d'amende et d'emprisonnement, voire d'interdiction des droits civiques.

En vertu de la loi organique du 15 septembre 2017, dès son entrée en fonction, le parlementaire reçoit de l'administration fiscale une attestation révélant sa situation. Au cas où il n'a pas payé ses impôts, s'il ne régularise pas sa situation, l'attestation est transmise au bureau de l'assemblée. Et s'il persiste à ne pas se mettre en règle, le bureau saisit le Conseil constitutionnel qui peut prononcer la démission d'office du parlementaire et le déclarer inéligible à toute élection pour une durée maximale de trois ans.

À la suite de l'affaire *Fillon* (qui avait fourni à son épouse un emploi fictif d'assistante parlementaire), la loi ordinaire du 15 septembre 2017 interdit aux parlementaires, sous peine d'emprisonnement et d'amende, d'employer comme collaborateurs certains membres de leur famille tels que leur conjoint, mais les autorise à employer d'autres membres tels que frère ou sœur à condition d'en avertir le bureau et le déontologue de leur assemblée. Elle encadre également les emplois de collaborateurs en prévoyant que les parlementaires peuvent embaucher, sous contrat de droit privé, des assistants qu'ils rémunèrent grâce à des crédits de leur assemblée.

La pratique de la réserve parlementaire consistant, pour le gouvernement, à amender le projet de loi de finances afin d'y intégrer des dépenses proposées par des parlementaires, ne reposait sur aucun texte car elle contournait l'article 40 de la Constitution déclarant irrecevables les dépenses directement proposées par les parlementaires et permettait des dérives clientélistes dans leurs circonscriptions. La loi organique du 11 octobre 2013 avait imposé la publication des bénéficiaires de cette réserve mais celle du 15 septembre 2017 l'a carrément supprimée. Cette mesure n'est radicale qu'en apparence car le gouvernement pourra toujours utiliser son droit d'amendement pour financer des projets officieusement suggérés par des parlementaires.

BIBLIOGRAPHIE

ACQUAVIVA (J.-C.), *Les députés*, 1997, Gualino, Les Carrés sup.

ARDANT (P.), « La mobilité des sièges des députés, 1962-1978 », Pouvoirs n° 6, 1978, p. 183

BERNOT (J.) et ROCCA SERRA (J.), *Les sénateurs*, 1998, Gualino, Les Carrés sup.

BIDEGARAY (C.), « Remarques sur quelques difficultés du droit électoral à propos des élections législatives des 12 et 19 mars 1978 », RDP 1980, p. 289.

DEMICHEL (A.), « De l'incompatibilité entre les fonctions de ministre et le mandat parlementaire », RDP 1960, p. 616.

LANCELOT (A.), « Une élection contraignante ? Remarques sur les rigueurs du système majoritaire », RF sc. pol., 1967, p. 559.

LIGNEAU (Ph.), « La suppléance parlementaire », RDP 1970, p. 109.

MARTIN (P.), « Les élections législatives partielles en France de 1973 à 1980, mécanismes et enseignements », RF sc. pol. 1981, p. 535.

MORIN (G.), « L'impossible réforme du statut des suppléants parlementaires », RDP 1979, p. 1559.

RENOUX (T.), « Immunité et parlementaires chargés de mission : plaidoyer pour une cause défunte », Revue française de droit constitutionnel 1990, 2, p. 239.

REYDELLET (M.), « Le cumul des mandats », RDP 1979, p. 693.

UNTERMAIER-KERLEO (E.), « Les lois pour la confiance dans la vie politique : toujours plus de déontologie mais pas de choc de confiance », Droit administratif, n° 1, janvier 2018, p. 17.

CHAPITRE 16

Le fonctionnement du Parlement

Le fonctionnement de chaque assemblée est normalement prévu par le règlement intérieur qu'elle élabore librement. Mais la Constitution de 1958 prévoit elle-même de nombreuses règles de fonctionnement. De plus, elle décide que les règlements des assemblées doivent être soumis au Conseil constitutionnel avant leur mise en application afin de contrôler leur conformité à la Constitution. Le Parlement n'est donc plus aussi libre qu'auparavant.

1. LES RÉUNIONS DES ASSEMBLÉES

Les sessions sont les périodes de l'année pendant lesquelles le Parlement peut se réunir. Les séances sont les réunions proprement dites.

A - Les sessions

Il y a trois types de sessions.

1) *La session ordinaire*

À l'origine, l'article 28 de la Constitution prévoyait deux sessions ordinaires par an : la session d'automne, qui s'ouvrait le 2 octobre et s'achevait 80 jours plus tard ; la session de printemps, qui s'ouvrait le 2 avril et s'achevait 90 jours plus tard. Cela faisait en tout moins de 6 mois par an.

Afin de renforcer les pouvoirs du Parlement, la révision constitutionnelle du 4 août 1995 remplace ces deux courtes sessions par une session ordinaire unique qui commence le premier jour ouvrable d'octobre et prend fin le dernier jour ouvrable de juin. Ces neuf mois permettent au Parlement de légiférer plus efficacement et de contrôler le gouvernement de manière continue.

Mais si cela n'est pas suffisant, on peut toujours convoquer des sessions extraordinaires.

2) *Les sessions extraordinaires*

L'article 29 de la Constitution indique qu'elles peuvent être demandées par le Premier ministre ou par la majorité des députés, sur un ordre du jour déterminé.

Mais lorsque l'initiative vient des députés, elle est sévèrement réglementée : d'une part, la session doit prendre fin dès l'épuisement de l'ordre du jour et ne peut durer plus de douze jours ; d'autre part, les députés ne peuvent demander une nouvelle session dans le mois qui suit la clôture de la précédente.

L'article 30 de la Constitution ajoute que les sessions sont ouvertes et closes par décret du président de la République.

3) Les réunions de plein droit

Elles se produisent dans quatre circonstances :

– ***lorsque l'Assemblée nationale a été dissoute***, la nouvelle Assemblée se réunit de plein droit le deuxième jeudi qui suit son élection ; si cette date ne coïncide pas avec une session ordinaire, une session de quinze jours est ouverte de droit (Const., art. 12) ;
– ***lorsque l'article 16 de la Constitution est en vigueur***, le Parlement se réunit de plein droit ;
– ***lorsque le président de la République veut adresser un message aux assemblées alors que celles-ci ne sont pas en session***, elles se réunissent spécialement à cet effet (Const., art. 18) ;
– ***lorsqu'une assemblée veut suspendre, pour la durée de la session, la détention, la mesure privative ou restrictive de liberté, ou la poursuite dont l'un de ses membres est l'objet***, ladite assemblée est réunie de plein droit, le cas échéant, pour des séances supplémentaires (Const., art. 26, dans sa rédaction modifiée par la réforme du 4 août 1995).

B - Les séances

Depuis la révision du 4 août 1995, l'article 28 de la Constitution limite le nombre de jours de séance que chaque assemblée peut tenir au cours de la session ordinaire à 120. Cependant, la tenue de jours supplémentaires peut être décidée, soit par le Premier ministre après consultation du président de l'assemblée concernée, soit par la majorité des membres de chaque assemblée.

Les semaines de séances sont fixées par chaque assemblée. Les jours et les horaires des séances sont déterminés par le règlement de chaque assemblée.

Selon l'article 33 de la Constitution, les séances sont publiques. N'importe quel citoyen peut donc y assister. Certaines séances sont retransmises à la télévision, sur France 3, et une loi du 30 décembre 1999 a créé une chaîne de télévision parlementaire ; surtout, le compte rendu intégral des débats est publié au Journal Officiel.

Cependant, l'article 33 prévoit la possibilité, pour chaque assemblée, de siéger en comité secret à la demande du Premier ministre ou d'1/10e de ses membres. Cette disposition n'a jamais été appliquée.

Le président de la République n'a pas accès aux assemblées, mais les membres du gouvernement y ont accès (Const., art. 31).

2. LES ORGANES DES ASSEMBLÉES

A - Les organes de base

1) Les groupes

Ce sont des rassemblements de parlementaires par affinités politiques. En principe, ils coïncident avec les partis politiques. Leur création est subordonnée à deux conditions :

Il faut un effectif minimum	Il faut une déclaration politique
Il est de quinze membres à l'Assemblée nationale et, depuis 2011, de dix membres au Sénat.	Elle est signée par tous les membres du groupe et remise à la présidence de la chambre.

Selon la réforme constitutionnelle du 23 juillet 2008, les règlements des assemblées, qui déterminent les droits des groupes parlementaires, doivent reconnaître des droits spécifiques aux groupes d'opposition et aux groupes minoritaires. Pour ce faire, le règlement de l'Assemblée nationale, tel que modifié en 2009, s'emploie à identifier ces deux types de groupes : chaque groupe est libre de se déclarer d'opposition ; à défaut d'une telle déclaration, ils seront considérés comme minoritaires, à l'exception, évidemment, de celui d'entre eux qui compte l'effectif le plus élevé.

Les membres d'un groupe sont tenus à une certaine discipline de vote. Les parlementaires qui sont proches d'un groupe sans partager toutes ses positions peuvent s'y apparenter. Ils ont ainsi tous les avantages de la structure sans être astreints à sa discipline.

Au Sénat, il existe même une liaison encore plus faible : le rattachement administratif.

Des parlementaires peuvent aussi n'être rattachés à aucun groupe. On les classe alors dans la catégorie des non-inscrits. S'ils sont assez nombreux, les règlements des chambres leur permettent de se rassembler pour bénéficier des avantages accordés aux groupes.

Les groupes sont en effet la cellule de base des assemblées. C'est à partir d'eux que se constituent tous les autres organes intérieurs.

2) Les commissions

Des assemblées de plusieurs centaines de membres ne pourraient pas travailler efficacement si leur tâche n'était pas préparée par des formations restreintes. Ces formations restreintes, les commissions parlementaires, sont de trois sortes :

– ***les commissions législatives*** ont pour objet d'examiner les projets et propositions de lois avant leur discussion en séance plénière. Elles peuvent être permanentes ou spéciales. L'article 43 de la Constitution dispose qu'un texte peut être soumis à une commission spéciale à la demande du gouvernement ou de l'assemblée qui en est saisie. Si une telle demande n'est pas faite, le texte sera soumis à une commission permanente. Chacune des chambres comporte en effet huit commissions permanentes capables d'examiner n'importe quel texte (il n'y en avait que six avant la réforme de 2008). Le règlement de l'Assemblée nationale, modifié en 2009, dispose que la présidence de l'une d'entre elles, la commission des finances, est réservée à un député d'opposition ;

– ***les commissions d'enquête*** n'étaient, à l'origine pas prévues par la Constitution mais par une ordonnance de 1958. La réforme constitutionnelle de 2008 comble cette lacune en prévoyant que pour le contrôle de l'action gouvernementale et l'évaluation des politiques publiques, des commissions d'enquête peuvent être créées au sein de chaque assemblée afin de recueillir, dans les conditions prévues par la loi, des éléments d'information. La loi détermine leur organisation et leur fonctionnement. Le règlement de chaque assemblée fixe leurs conditions de création. Le règlement de l'Assemblée nationale prévoit, depuis 2009, que le président ou le rapporteur d'une commission d'enquête ne peut être qu'un député d'opposition ; il prévoit aussi la possibilité, pour les groupes d'opposition ou minoritaires, d'obtenir l'ouverture, une fois par session, d'un débat sur la création d'une commission d'enquête ;
– ***les commissions ad hoc*** sont temporaires par définition, puisque les assemblées les créent pour résoudre des questions individuelles.

3) Les délégations

Une loi de 1979 a tourné la limitation constitutionnelle du nombre de commissions permanentes en instituant dans chaque assemblée une délégation pour les Communautés européennes. C'est par l'intermédiaire de ces organes, devenus délégations pour l'Union européenne, que le gouvernement informait les assemblées sur les actes communautaires (Const., art. 88-4). La réforme de 2008 a rendu inutile ce subterfuge en prévoyant l'institution au sein de chaque assemblée, d'une commission chargée des affaires européennes.

D'autres délégations ont encore été créées, parfois sous forme d'offices communs aux deux chambres, comprenant des députés et des sénateurs. Ainsi, en 1983, un office parlementaire d'évaluation des choix scientifiques et technologiques a vu le jour. En 1996, deux offices supplémentaires ont été institués pour évaluer respectivement les politiques publiques et la législation.

B - Les organes de direction

1) Le président

Chaque assemblée élit son président. Le président de l'Assemblée nationale est élu pour toute la durée de la législature ; le président du Sénat est élu à chaque renouvellement de la moitié des sénateurs. Les présidents des assemblées ont pour rôle de diriger les débats, mais ils disposent d'autres compétences :
– ils sont consultés par le président de la République avant la dissolution de l'Assemblée nationale et avant la mise en œuvre de l'article 16 ;
– chacun d'eux est consulté par le Premier ministre pour décider si l'assemblée qu'il dirige tiendra des jours supplémentaires de séance ;
– chacun d'eux nomme trois membres du Conseil constitutionnel et dispose du droit de saisir ce Conseil ;
– le président du Sénat a en plus le privilège d'assurer l'intérim de la présidence de la République ;

– le président de l'Assemblée nationale a le double privilège de présider la réunion des deux assemblées en haute cour (pour la destitution du président de la République) et en Congrès (pour l'approbation d'une révision constitutionnelle et à l'occasion d'une déclaration du chef de l'État).

2) Le Bureau

C'est l'organe collectif de direction de l'assemblée. Il est présidé par le président de l'assemblée et composé de membres élus par les parlementaires, tous les ans à l'Assemblée nationale et tous les trois ans au Sénat. Outre le président, il y a ***trois catégories de membres*** :

– ***les vice-présidents*** (six à l'Assemblée nationale et quatre au Sénat) ont pour rôle de remplacer le président dans la présidence des séances ;
– ***les questeurs*** (trois dans chaque assemblée) sont chargés de l'organisation administrative et financière de l'assemblée et de la gestion du personnel ; chaque chambre emploie en effet environ un millier de fonctionnaires ;
– ***les secrétaires*** (douze à l'Assemblée nationale et huit au Sénat) assistent le président de séance dans l'organisation des votes, contrôlent les résultats des scrutins et apposent leur signature à côté de celle du président pour authentifier le procès-verbal de chaque séance.

Le Bureau a aussi des attributions collectives. Par exemple : il a le pouvoir d'autoriser la levée de l'inviolabilité parlementaire, ou encore, de saisir le Conseil constitutionnel pour apprécier si un parlementaire se trouve dans un cas d'incompatibilité.

3) La Conférence des présidents

Une fois par semaine dans chaque assemblée, elle réunit :

– le président de l'assemblée ;
– les vice-présidents ;
– les présidents des groupes ;
– les présidents des commissions législatives ;
– le rapporteur général de la Commission des finances ;
– un membre du gouvernement.

La Conférence des présidents a pour rôle d'élaborer l'ordre du jour. Mais l'article 48, même dans sa rédaction modifiée par la réforme de 2008, favorise le gouvernement pour la détermination de cet ordre du jour.

BIBLIOGRAPHIE

AMELLER (M.) et BERGOUGNOUS (G.), *L'Assemblée nationale*, 2000, PUF, Que sais-je ?

AVRIL (P.) et GICQUEL (J.), *Droit parlementaire*, 2014, LGDJ, Précis Domat.

BAGUENARD (J.), *Le Sénat*, 1997, PUF, Que sais-je ?

BOURDON (J.), *Les assemblées parlementaires sous la Ve République*, 1981, La Documentation française, NED.

LAPORTE (J.) et TULARD (M. J.), *Le droit parlementaire*, 1986, PUF, Que sais-je ?

MAUS (D.), *Le Parlement sous la Ve République*, 1996, PUF, Que sais-je ?

Pouvoirs n° 34, « L'Assemblée nationale », 1986.

Pouvoirs n° 44, « Le Sénat », 1988.

CHAPITRE 17

Le domaine de la loi

Avant la Ve République, faisait partie du domaine de la loi, tout ce sur quoi statuait le Parlement. Le règlement, œuvre du pouvoir exécutif, était toujours subordonné à la loi : il ne pouvait que préciser les détails d'application de la loi.

La Constitution de 1958 a voulu changer cela en limitant le domaine de la loi au profit du règlement. Mais la pratique n'a pas suivi cette innovation ; elle tend à restituer à la loi l'intégralité de son domaine.

1• LA LETTRE DE LA CONSTITUTION

La Constitution limite donc le domaine de la loi, institue un domaine du règlement et sanctionne les empiétements du législateur sur ce domaine réglementaire.

A - La limitation du domaine de la loi

Elle résulte de l'article 34 de la Constitution, qui énumère limitativement les matières devant faire partie de ce domaine. L'article 34 divise ces matières en deux rubriques :

Les matières dont la loi fixe les règles	Les matières dont la loi ne détermine que les principes fondamentaux
C'est-à-dire celles qui sont considérées comme tellement essentielles qu'elles doivent être réservées au Parlement dans leur ensemble. *Exemple* : les garanties fondamentales accordées aux citoyens pour l'exercice des libertés publiques.	C'est-à-dire celles qui sont considérées comme moins importantes, dont les détails pourront être mis en œuvre par des règlements d'application. *Exemple* : l'organisation générale de la défense nationale.

La révision constitutionnelle du 22 février 1996 a élargi pour la première fois ce domaine législatif en ajoutant à la liste de l'article 34 les lois de financement de la Sécurité sociale. La révision du 23 juillet 2008 l'a également élargi en ajoutant, par exemple, la liberté, le pluralisme et l'indépendance des médias.

Le dernier alinéa de l'article 34 donne la possibilité de préciser et de compléter le domaine de la loi par une loi organique. Mais cela ne veut pas dire qu'on puisse ajouter des matières à ce domaine. Cela signifie seulement qu'on peut enrichir l'énumération en en respectant l'esprit. De toute façon, cette faculté n'a jamais joué.

B - L'institution d'un domaine du règlement

Elle résulte de l'article 37 alinéa 1 de la Constitution, aux termes duquel « les matières autres que celles qui sont du domaine de la loi ont un caractère réglementaire ». On a déduit de cette disposition que la compétence du règlement devient la compétence de droit commun, alors que la compétence de la loi, limitativement énumérée, n'est plus qu'une compétence d'attribution.

De plus, les règlements dont parle l'article 37 sont par hypothèse indépendants de toute loi. On a donc pensé qu'à côté des règlements traditionnels, qui ne sont que des règlements d'application des lois, l'article 37 a créé des règlements autonomes, non subordonnés aux lois puisqu'intervenant dans un domaine différent. Par exemple : la détermination des crimes et des délits est du domaine de la loi selon l'article 34. *A contrario*, la détermination des contraventions sera du domaine du règlement.

C - La protection du domaine du règlement contre la loi

Elle résulte des articles 41 et 37, alinéa 2 de la Constitution.

1) *L'article 41 de la Constitution*

Il permet de protéger le domaine du règlement au cours de la procédure législative. Si le gouvernement ou le président de l'assemblée saisie estime qu'une proposition de loi ou un amendement empiètent sur le domaine réglementaire, il peut opposer l'irrecevabilité : le Conseil constitutionnel, saisi par l'un ou par l'autre, devra statuer dans les huit jours. En pratique, cette procédure est rarement employée.

2) *L'article 37 alinéa 2 de la Constitution*

Il permet au gouvernement de sanctionner des lois empiétant sur le domaine réglementaire quelle que soit la date de promulgation, en les modifiant par décret pris après avis du Conseil d'État.

Si la loi a été faite avant 1958	Si la loi a été faite après 1958
Le décret peut la modifier sans formalité préalable. Il n'y a rien d'étonnant à ce qu'elle empiète sur le domaine du règlement puisqu'avant 1958 ce domaine n'existait pas.	C'est plus délicat car le Parlement est censé ne pas ignorer les domaines respectifs de la loi et du règlement. Le gouvernement ne peut la modifier par décret qu'après que le Conseil constitutionnel a déclaré qu'elle empiétait sur le domaine réglementaire.

La Constitution protège donc efficacement l'exécutif contre les empiétements du Parlement, mais elle ne prévoit aucune protection du Parlement contre les empiétements de l'exécutif.

Si un règlement empiète sur le domaine de la loi, il pourra être annulé par le Conseil d'État, juge de l'exécutif, mais il faudra pour cela qu'un citoyen ayant intérêt à agir saisisse le Conseil d'État, et comme ce dernier n'est pas enfermé dans des délais, il s'écoulera parfois deux ou trois ans avant qu'il rende sa décision.

La lettre de la Constitution limite donc excessivement le Parlement, mais l'interprétation qu'on en a faite lui a rendu une partie de ses compétences.

2. L'INTERPRÉTATION DE LA CONSTITUTION

La jurisprudence du Conseil constitutionnel s'est employée à restaurer les compétences antérieures du législateur par divers procédés.

A - Le Conseil constitutionnel fait remarquer que le domaine de la loi ne se limite pas à l'article 34

Le Préambule de la Constitution, auquel le Conseil a reconnu valeur constitutionnelle, renvoie à la Déclaration de 1789, au Préambule de 1946 et, depuis une réforme constitutionnelle du 1er mars 2005, à la Charte de l'environnement de 2004. Or, ces trois textes confient à la loi des pouvoirs importants.

En outre, de nombreux autres articles de la Constitution viennent conférer des compétences au législateur :

- la loi détermine les conditions pour être électeur (art. 3) ;
- le Parlement autorise la déclaration de guerre et la prolongation de l'engagement des forces armées à l'étranger au-delà de quatre mois (art. 35) ;
- le Parlement autorise la prorogation de l'état de siège au-delà de douze jours (art. 36) ;
- les traités internationaux les plus importants ne peuvent être ratifiés ou approuvés qu'en vertu d'une loi (art. 53) ;
- la liberté individuelle est protégée par l'autorité judiciaire dans les conditions prévues par la loi (art. 66) ;
- les collectivités territoriales s'administrent librement dans les conditions prévues par la loi (art. 72).

Évidemment, il n'y a pas d'incohérence majeure dans la Constitution : tous ces articles confirment l'énumération de l'article 34 plus qu'ils ne l'étendent. Mais le Conseil les utilise pour conforter la compétence législative.

B - Le Conseil constitutionnel abolit la distinction consacrée par l'article 34 entre les règles et les principes fondamentaux

Cette distinction semble claire en théorie mais se révèle inutilisable en pratique. En fait, dans toutes les matières énumérées à l'article 34, le Parlement trace les grandes lignes et laisse, comme par le passé, le gouvernement fixer les détails par des règlements d'application.

C - Le Conseil constitutionnel relativise la distinction issue des articles 34 et 37 entre le domaine de la loi et celui du règlement

Dans sa décision du 30 juillet 1982 concernant une loi sur le blocage des prix, le Conseil déclare en effet qu'une loi empiétant sur le domaine du règlement n'est pas inconstitutionnelle. Le raisonnement du Conseil part des moyens dont dispose le gouvernement pour protéger son domaine : les articles 37 alinéa 2 et 41 de la Constitution.

Le gouvernement a la faculté de les utiliser ou de ne pas les utiliser :

- s'il ne les utilise pas, c'est qu'il autorise implicitement le Parlement à empiéter sur le domaine réglementaire ;
- s'il les utilise, il peut de toute façon reprendre les matières qui sont les siennes.

Mais certains auteurs font remarquer que l'article 41 n'est pratiquement pas utilisé et que l'article 37, alinéa 2 l'est relativement peu. Ils en déduisent qu'aucun domaine n'est interdit à la loi, ou si l'on préfère, qu'aucun domaine n'est réservé au règlement. En d'autres termes, ils en concluent que « les règlements autonomes n'existent pas ». C'est là le titre d'un article publié en 1987 par le doyen Favoreu. Comme par le passé, tous les règlements seraient des règlements d'exécution des lois.

Grâce à ces efforts du Conseil constitutionnel, le Parlement n'a donc pas trop souffert, sur ce point, des dispositions restrictives de la Constitution de 1958.

BIBLIOGRAPHIE

Favoreu (L.), « Les règlements autonomes existent-ils ? », in *Mélanges Burdeau*, 1977, p. 405.

Favoreu (L.), « Les règlements autonomes n'existent pas », RFDA 1987, p. 871.

Le domaine de la loi et du règlement (colloque organisé par la Faculté de droit et de science politique d'Aix-Marseille sous la direction de Louis Favoreu), 1981, Economica-PUAM.

De Soto (J.), « La loi et le règlement dans la Constitution de 1958 », RDP 1959, p. 240.

Waline (M.), « Les rapports entre la loi et le règlement avant et après 1958 », RDP 1959, p. 699.

CHAPITRE 18

L'élaboration des lois

1 • L'ÉLABORATION DES LOIS ORDINAIRES

Sous la Ve République, bien que l'élaboration des lois ordinaires soit l'œuvre du Parlement, c'est le gouvernement qui possède la maîtrise de la procédure.

La procédure législative ordinaire est décrite par les articles 39 à 49 de la Constitution. On peut la décomposer en quatre grandes phases.

A - L'initiative

Selon l'article 39, l'initiative des lois appartient concurremment au Premier ministre et aux Parlementaires.

1) L'initiative gouvernementale

Lorsque l'initiative vient du gouvernement, on dit qu'il s'agit d'un projet de loi.

L'article 39 pose deux conditions de forme :

- il faut que ***le projet soit soumis pour avis au Conseil d'État*** (selon l'article 70 de la Constitution, tout plan ou tout projet de loi de programme à caractère économique, social ou environnemental doit aussi être soumis pour avis au Conseil économique, social et environnemental). Ces avis sont consultatifs ;
- il faut que ***le projet soit adopté par le conseil des ministres*** pour montrer la solidarité de tous les membres du gouvernement à son égard. Ensuite, le Premier ministre peut le déposer devant l'une ou l'autre des assemblées.

L'article 39 impose également au gouvernement de soumettre certains projets en premier lieu à l'une ou l'autre assemblée :

- les projets de loi de finances et les projets de loi de financement de la Sécurité sociale doivent d'abord être déposés à l'Assemblée nationale ;
- les projets ayant pour principal objet l'organisation des collectivités territoriales doivent d'abord être déposés au Sénat.

Enfin, la réforme de 2008 renvoie à une loi organique la présentation des projets de loi déposés devant les assemblées ; la loi organique du 15 avril 2009 impose, pour chaque projet de loi, une étude d'impact qui en définit notamment les objectifs, les conditions d'application et les conséquences ; cette étude doit être jointe au projet dès sa transmission au Conseil d'État et déposée sur le bureau de la première assemblée saisie en même temps que le projet. Seuls les projets de loi constitutionnelle, les projets de loi de finances et de financement de la Sécurité sociale, les projets de loi de programmation des finances publiques et ceux prorogeant des états de crise sont dispensés de cette obligation. Les projets de loi ne peuvent être inscrits à l'ordre du jour si la Conférence des présidents de la première assemblée saisie constate une méconnaissance de cette loi organique. En cas de désaccord entre la Conférence des présidents et le gouvernement, le président de l'assemblée intéressée ou le Premier ministre peut saisir le Conseil constitutionnel qui statue dans les huit jours. Le premier désaccord de ce type a concerné le projet de loi sur la délimitation des régions. La Conférence des présidents du Sénat ayant estimé insuffisante l'étude d'impact jointe à ce projet, le Premier ministre a saisi le Conseil constitutionnel qui a jugé qu'en l'espèce, la loi organique n'avait pas été méconnue (Décision du 1er juillet 2014).

2) L'initiative parlementaire

Lorsque l'initiative vient du Parlement, on dit qu'il s'agit d'une proposition de loi.

Elle peut être le fait de tout député ou de tout sénateur ; chacun déposant sa proposition devant l'assemblée dont il est membre.

Depuis la réforme de 2008, le président d'une assemblée peut soumettre pour avis au Conseil d'État, avant son examen en commission, une proposition de loi déposée par un membre de cette assemblée, avec l'accord de ce dernier.

Les propositions doivent respecter deux limitations de fond :

- ***l'article 40 de la Constitution déclare irrecevables les propositions qui auraient pour conséquence de diminuer les ressources ou d'aggraver les charges publiques.*** Cette irrecevabilité financière peut être invoquée aussi bien par le gouvernement que par les parlementaires, devant le Bureau de l'Assemblée. Si le Bureau la conteste, c'est le Conseil constitutionnel qui tranchera ;
- ***l'article 41 de la Constitution déclare irrecevables les propositions qui empiéteraient sur le domaine réglementaire.*** Le gouvernement ou le président de l'assemblée saisie peuvent invoquer cette irrecevabilité. En cas de désaccord, c'est encore le Conseil constitutionnel qui tranchera.

B - L'examen par chaque assemblée

Qu'il soit proposition ou projet, le texte sera examiné par une assemblée, puis par l'autre, selon une procédure en trois phases.

1) L'examen en commission

La commission législative prépare le travail de la séance publique.

Les projets et propositions de loi sont envoyés pour examen à l'une des commissions permanentes, à moins que le gouvernement ou l'assemblée saisie ne demande leur examen par une commission désignée spécialement à cet effet.

Avant 2008, les projets étaient privilégiés car la commission ne pouvait qu'y annexer les amendements qu'elle souhaitait leur apporter ; en revanche, elle pouvait modifier à sa guise les propositions.

Depuis la réforme de 2008, l'inégalité en faveur du gouvernement est réduite : la discussion des projets, comme celle des propositions, portera, en séance, sur le texte adopté par la commission. Le privilège de l'exécutif ne subsiste plus que dans deux domaines : les projets de lois de finances et de financement de la Sécurité sociale, pour lesquels la discussion portera sur le texte présenté par le gouvernement.

L'article 44 de la Constitution permet au gouvernement de s'opposer au cours du débat, à tout amendement qui n'a pas été soumis antérieurement à la commission.

2) *L'inscription à l'ordre du jour*

Depuis la réforme de 2008, le gouvernement n'a plus l'entière maîtrise de l'ordre du jour mais sa domination reste assurée. Certes, l'article 48 dispose que l'ordre du jour est fixé par chaque assemblée. Cependant, deux semaines de séances sur quatre sont réservées en priorité et dans l'ordre que le gouvernement a fixé, à l'examen des textes dont il demande l'inscription à l'ordre du jour. En outre, les projets de loi de finances et de financement de la Sécurité sociale, les projets relatifs aux états de crise et les demandes d'autorisation d'engagement des forces armées à l'étranger sont, à la demande du gouvernement, inscrits à l'ordre du jour en priorité.

Pour le reste, une semaine de séances sur quatre est réservée en priorité, et dans l'ordre fixé par chaque assemblée, au contrôle de l'action du gouvernement et à l'évaluation des politiques publiques ; un jour de séance par mois est réservé à un ordre du jour arrêté par chaque assemblée à l'initiative des groupes d'opposition et des groupes minoritaires ; et une séance par semaine au moins est réservée en priorité aux questions des parlementaires. Tout cela ne laisse pas beaucoup de temps pour l'examen des propositions de lois.

3) *L'examen en séance publique*

Depuis la réforme de 2008, la discussion en séance, en première lecture, d'un projet ou d'une proposition de loi ne peut intervenir, devant la première assemblée saisie, qu'à l'expiration d'un délai de six semaines après son dépôt. Devant la seconde assemblée saisie, ce délai est de quatre semaines à compter de la transmission. Cela laisse aux parlementaires le temps nécessaire pour examiner ces textes attentivement.

Cependant, ces délais ne s'appliquent pas lorsque la procédure accélérée a été engagée ; de plus, ils ne concernent pas les projets de loi de finances, les projets de loi de financement de la Sécurité sociale et les projets relatifs aux états de crise.

L'examen se fait en trois étapes.

a) La discussion générale

Elle porte sur les grandes lignes du texte. À ce stade, l'opposition dispose de quelques moyens de procédure pour interrompre, ou au moins pour retarder les débats :

- ***l'exception d'irrecevabilité***, qui consiste à dire que le texte ne doit pas être discuté parce qu'il est inconstitutionnel ;
- ***la question préalable***, qui a le même objet, mais parce que le texte est inopportun ;
- ***la motion de renvoi en commission***, qui est une demande de supplément d'information aboutissant à faire recommencer toute la procédure.

b) La discussion et le vote des articles

Ils permettent d'examiner le texte de façon détaillée. On étudie les amendements déposés par les ministres et par les parlementaires. Ces derniers sont soumis aux mêmes limitations que les propositions : ils sont irrecevables s'ils déséquilibrent les finances de l'État ou s'ils empiètent sur le domaine du règlement.

La réforme de 2008 précise que le droit d'amendement s'exerce en séance ou en commission selon les conditions fixées par les règlements des assemblées et dans le cadre déterminé par une loi organique. Cet encadrement est destiné à empêcher l'opposition de se livrer à l'obstruction en multipliant à l'excès des amendements artificiels. La loi organique du 15 avril 2009 prévoit donc qu'après le début de l'examen du texte en séance publique, seuls sont recevables les amendements du gouvernement ou de la commission saisie au fond ; les amendements des parlementaires, en revanche, cessent d'être recevables. La loi organique confère aux règlements des assemblées de nombreuses compétences qui ne sont pas toutes défavorables aux parlementaires. Ainsi, les règlements peuvent instituer une procédure impartissant des délais pour l'examen d'un texte en séance ; mais lorsqu'un amendement est déposé par le gouvernement ou la commission alors que les amendements des parlementaires ne sont plus recevables, les règlements doivent prévoir d'accorder un temps supplémentaire de discussion aux parlementaires à la demande d'un président de groupe. Le règlement de l'Assemblée nationale, modifié en 2009, indique que c'est la conférence des présidents qui a le pouvoir de fixer une durée maximale pour l'examen d'un texte ; un temps est alors accordé à chaque groupe ; les groupes d'opposition bénéficiant d'un temps supérieur.

c) Le vote sur l'ensemble du texte

Il termine l'examen. Comme tous les votes, il peut se faire à main levée, par assis et debout, ou, s'il y a un doute, au scrutin public. Ce dernier procédé permet d'identifier les votants, mais aussi, de faire voter les absents en tournant la clef de leurs boîtiers électroniques (la Constitution l'interdit, mais le Conseil constitutionnel le tolère). En 1991, les groupes de l'Assemblée nationale se sont accordés sur le principe d'un vote personnel pour les textes importants.

En 1993, le président de l'Assemblée a décidé d'appliquer ce principe à toutes les étapes de la procédure législative.

Le gouvernement dispose de deux moyens de contrainte pour orienter les votes :

L'article 44 alinéa 3 de la Constitution	L'article 49 alinéa 3 de la Constitution
C'est le vote bloqué, utilisable dans les deux assemblées. Il oblige les parlementaires à se prononcer par un seul vote, en ne retenant que les amendements proposés ou acceptés par le gouvernement. Il est destiné à contraindre les parlementaires de la majorité trop perfectionnistes, qui voudraient améliorer un texte contre l'avis de l'exécutif.	Il n'est utilisable qu'à l'Assemblée nationale car il fait appel au mécanisme de la motion de censure. Le texte est considéré comme adopté sauf si une motion de censure est votée. Ainsi, le sort du texte est lié à celui du gouvernement. Les députés de la majorité insatisfaits par le texte, sont obligés de l'accepter quand même car ils ne pourraient l'écarter qu'en renversant le gouvernement. Depuis la réforme de 2008, son usage est limité aux projets de loi de finances, de financement de la Sécurité sociale et un autre projet ou proposition de loi par session.

C - Les rapports entre les assemblées

Ils sont réglés par l'article 45 de la Constitution.

Une fois que le texte est adopté par l'une des assemblées, il est transmis à la seconde, et il devrait circuler entre les deux jusqu'à ce qu'il soit adopté en termes identiques : c'est la navette.

Mais cela peut durer indéfiniment. C'est pourquoi, après deux lectures par chaque assemblée, le Premier ministre ou, pour une proposition de loi, les présidents des deux assemblées agissant conjointement peuvent interrompre la navette en réunissant une commission mixte paritaire.

Si le gouvernement a décidé d'engager la procédure accélérée sans que les conférences des présidents s'y soient conjointement opposées, c'est après une seule lecture par chaque assemblée que la commission mixte paritaire peut être réunie.

La commission comprend sept députés et sept sénateurs, dont le rôle est de proposer un compromis sur les dispositions du texte restant en discussion.

Si elle n'y parvient pas, la navette reprend, mais après une nouvelle lecture par chaque assemblée, le gouvernement peut demander à l'Assemblée nationale de statuer définitivement.

Si elle y parvient, le gouvernement peut soumettre le compromis aux deux assemblées (aucun amendement n'est alors recevable sans l'accord du gouvernement).

Si les assemblées ne s'accordent pas sur ce compromis, on se trouve ramené au cas précédent, c'est-à-dire qu'après une nouvelle lecture par chaque assemblée, le gouvernement peut demander à l'Assemblée nationale de statuer définitivement. (L'assemblée peut reprendre, soit le texte élaboré par la commission mixte, soit le dernier texte voté par elle, modifié le cas échéant par des amendements adoptés par le Sénat.)

Le gouvernement est maître du jeu : à tous les stades, il dispose de possibilités et non d'obligations.

S'il n'intervient pas dans le processus	S'il intervient dans le processus
Il permet au Sénat d'être à égalité avec l'Assemblée nationale.	Il fait prévaloir l'Assemblée nationale sur le Sénat.

D - La phase non parlementaire

Lorsque la loi est définitivement votée, elle doit être transmise au gouvernement, et le président de la République doit la promulguer dans les quinze jours qui suivent cette transmission.

Deux événements peuvent suspendre ce délai de promulgation :

- ***la décision du président de la République de demander au Parlement une nouvelle délibération de la loi*** (Const., art. 10) ;
- ***la saisine du Conseil constitutionnel***, qui peut se faire par le président de la République, le Premier ministre, les présidents des assemblées, soixante députés ou soixante sénateurs (Const., art. 61). Le Conseil doit statuer dans le délai d'un mois, ou, si le gouvernement déclare l'urgence, dans les huit jours. S'il juge la loi

inconstitutionnelle, elle ne peut pas être promulguée ; lorsqu'une partie seulement est inconstitutionnelle, le Conseil indique si elle est inséparable ou séparable du reste ; dans le premier cas, la promulgation ne peut pas se faire ; dans le second cas, le Président peut promulguer la partie conforme.

La promulgation a pour effet de rendre la loi exécutoire. C'est pourquoi la date de la loi est celle de sa promulgation.

Mais ensuite, il faut encore que la loi soit publiée pour être portée à la connaissance des citoyens. La publication se fait au Journal Officiel.

Pendant longtemps, le caractère obligatoire de la loi a été subordonné à des délais (à Paris, il fallait attendre un jour franc, c'est-à-dire 24 heures après sa publication, et en province, il fallait attendre un jour franc après l'arrivée du JO au chef-lieu d'arrondissement).

Les technologies du XXIe siècle ont permis de simplifier tout cela : depuis une ordonnance de 2004, l'édition électronique du JO, mise à la disposition du public de manière permanente et gratuite, a la même valeur que son édition papier. La loi entre en vigueur sur tout le territoire à la date qu'elle fixe, ou à défaut, le lendemain de sa publication au JO. En cas d'urgence, elle peut entrer en vigueur dès sa publication lorsque son décret de promulgation le prévoit. À l'inverse, l'entrée en vigueur des dispositions nécessitant des mesures d'application est reportée à la date d'entrée en vigueur de ces mesures.

2• L'ÉLABORATION DES LOIS PARTICULIÈRES

Trois catégories de lois sont élaborées selon des procédures qui diffèrent, sur certains points, de la procédure ordinaire. Ce sont :
- les lois de finances et les lois de financement de la Sécurité sociale ;
- les lois organiques ;
- les lois constitutionnelles.

A - Les lois de finances et les lois de financement de la Sécurité sociale

À l'origine, le Parlement n'était compétent que pour déterminer, par les lois de finances, les ressources et les charges de l'État. C'est la révision constitutionnelle du 22 février 1996 qui a institué les lois de financement de la Sécurité sociale. Ces lois déterminent les conditions générales de l'équilibre financier de la Sécurité sociale et, compte tenu de leurs prévisions de recettes, fixent ses objectifs de dépenses.

Les articles 34, 47 et 47-1 de la Constitution renvoient à des lois organiques le soin de préciser les conditions du vote des lois de finances et des lois de financement de la Sécurité sociale. Ces lois sont soumises à quatre particularités. Les trois premières concernent leur procédure ; la dernière concerne leur contenu.

1) *L'initiative*

En ce qui concerne les lois de finances et les lois de financement de la Sécurité sociale, l'article 39 de la Constitution ne mentionne que les projets. Cela signifie que l'initiative de ces lois est réservée au gouvernement. Le Parlement ne fait que donner une autorisation à l'exécutif.

2) *Le dépôt à l'Assemblée nationale*

L'article 39 ajoute que les projets de loi de finances et les projets de loi de financement de la Sécurité sociale doivent être soumis en premier lieu à l'Assemblée nationale. Cela se justifie car cette assemblée est élue au suffrage universel direct. Elle est donc plus représentative des contribuables et des assurés sociaux que le Sénat.

3) *Les délais*

Les articles 47 et 47-1 de la Constitution imposent au Parlement des délais pour le vote des lois de finances et des lois de financement de la Sécurité sociale :

- pour ***les lois de finances*** : l'article 47 prévoit que le Parlement doit se prononcer dans un délai de 70 jours. Si l'Assemblée nationale ne s'est pas prononcée dans les 40 jours, le Sénat est saisi et il doit statuer dans les 15 jours ;
- pour ***les lois de financement de la Sécurité sociale*** : l'article 47-1 prévoit que le Parlement doit se prononcer dans un délai de 50 jours. Si l'Assemblée nationale ne s'est pas prononcée dans les 20 jours, le Sénat est saisi et il doit statuer dans les 15 jours.

Dans les deux cas, il ne reste que 15 jours pour l'adoption définitive.

Si le Parlement ne respecte pas ces délais, les articles 47 et 47-1 de la Constitution permettent au gouvernement de mettre les projets en vigueur par ordonnance.

Ce sont des dispositions très sévères car elles dessaisissent entièrement le Parlement. En effet, contrairement aux ordonnances de l'article 38, celles des articles 47 et 47-1 ne sont pas soumises à ratification. Il faut quand même préciser que le gouvernement ne peut utiliser cette procédure que si le Parlement ne se prononce pas. Il ne pourrait pas l'employer dans le cas où les assemblées rejetteraient son projet. En pratique, aucun gouvernement n'a encore fait usage de cette procédure.

4) *La règle d'or*

En 2011, a été entreprise une réforme visant à inscrire dans la Constitution le principe de l'équilibre budgétaire, à expliciter cet équilibre dans des lois de programmation pluriannuelles et à permettre au Conseil constitutionnel de censurer les lois de finances ou de financement de la Sécurité sociale qui ne le respecteraient pas. Cette réforme dite de la « règle d'or » a été adoptée par les deux chambres mais n'a pas été soumise au Congrès car la gauche y étant opposée, la majorité requise pour l'approuver n'aurait pu être atteinte.

Cette règle d'or est contenue dans le traité budgétaire européen signé le 2 mars 2012 par M. Sarkozy. Le Conseil constitutionnel, saisi par le Président Hollande, a jugé le 9 août 2012 que ce traité n'était pas contraire à la Constitution. La limitation des déficits publics figurant dans les traités de Maastricht et de Lisbonne, la Constitution a déjà été révisée pour permettre la ratification de ces conventions et n'a donc plus besoin de l'être. La règle d'or peut ainsi être traduite dans une simple loi organique.

Une loi du 22 octobre 2012 ayant autorisé la ratification du traité budgétaire européen, la loi organique du 17 décembre 2012 détermine donc le contenu des lois de programmation des finances publiques et institue un Haut Conseil des finances publiques. Cet organisme indépendant, placé auprès de la Cour des comptes et dirigé par le premier président de celle-ci, examine les principes macroéconomiques du gouvernement et la conformité de la programmation à l'objectif de réduction des déficits.

B - Les lois organiques

Les lois organiques sont celles qui ont pour objet de préciser l'organisation ou le fonctionnement des pouvoirs publics en développant les règles énoncées dans la Constitution.

L'article 46 de la Constitution se contente d'en donner une définition formelle en disant que sont organiques, les lois auxquelles la Constitution confère ce caractère.

Justement, la Constitution renvoie plusieurs fois à des lois organiques pour préciser ses dispositions.

La plupart ont dû être élaborées dès le début de la Ve République car elles étaient nécessaires à la mise en place des institutions.

Comme le gouvernement était alors la seule institution existante, l'article 92 de la Constitution lui a permis d'édicter ces lois organiques par ordonnances.

Étant donné qu'elles complètent la Constitution, les lois organiques s'imposent aux lois ordinaires. Le Conseil constitutionnel le confirme puisqu'il contrôle la conformité des lois ordinaires non seulement par rapport à la Constitution, mais aussi, s'il y a lieu, par rapport aux lois organiques.

Depuis la mise en place des institutions, il est évident que seul, le Parlement a le pouvoir d'élaborer des lois organiques, c'est-à-dire de modifier les ordonnances originelles.

L'article 46 de la Constitution indique que la procédure d'élaboration des lois organiques se distingue sur quatre points de la procédure ordinaire.

1) Le délai préalable

Les projets ou propositions de loi organique sont soumis, en première lecture, aux délais imposés aux projets ou propositions de loi ordinaire. Mais la particularité des projets ou propositions de loi organique est que, vu leur importance, même si la procédure accélérée a été engagée, ils ne peuvent être soumis à la première assemblée saisie qu'à l'issue d'un délai de quinze jours après leur dépôt.

2) L'adoption définitive

L'Assemblée nationale ne peut statuer définitivement après la réunion de la commission mixte, qu'à la majorité absolue de ses membres.

3) Le vote dans les mêmes termes

Les lois organiques relatives au Sénat et celle réglementant le droit de vote et d'éligibilité des Européens aux élections municipales (L., 25 mai 1998) doivent être votées dans les mêmes termes par les deux assemblées, c'est-à-dire qu'il n'y a pas de commission mixte. La navette se poursuit jusqu'à ce qu'il y ait un accord.

4) *La saisine obligatoire du Conseil constitutionnel*

Les lois organiques sont obligatoirement soumises au Conseil constitutionnel.

Il serait en effet fâcheux que des lois complétant la Constitution soient contraires à celle-ci.

Il est à noter, toutefois, que la plupart des lois organiques ont été élaborées sur la base de l'article 92, donc sans aucun contrôle de constitutionnalité.

C - Les lois constitutionnelles

La Constitution de 1958 prévoit elle-même les façons dont on peut la modifier. Elle a déjà été révisée à plusieurs reprises.

1) *Les dispositions constitutionnelles concernant la révision*

À l'origine, la Constitution comportait un article 85 qui concernait la révision des dispositions consacrées à la Communauté franco-africaine. Il fallait une loi votée dans les mêmes termes par le Parlement français et par le « Sénat » de la Communauté. La Communauté a cessé d'exister dès 1960, mais les dispositions qui s'y rapportaient – dont l'article 85 – n'ont été abrogées que par la loi constitutionnelle du 4 août 1995. Depuis lors, la révision n'est réglementée que par l'article 89. Elle est limitée par certaines dispositions.

a) L'article 89

Cet article constitue à lui seul le titre de la Constitution intitulé « de la révision ».

La Constitution étant rigide, le vote d'une loi constitutionnelle est beaucoup plus complexe que celui d'une loi ordinaire. L'article 89 distingue trois phases :

- ***l'initiative de la révision*** peut être prise soit par le président de la République sur proposition du Premier ministre (projet), soit par des parlementaires (proposition) ; les projets et propositions de loi constitutionnelle sont soumis aux délais imposés aux projets et propositions de loi ordinaire, mais pour les projets de loi constitutionnelle, la discussion en séance devant la première assemblée saisie porte sur le texte présenté par le gouvernement et non sur le texte adopté par la commission ;
- ***la révision proprement dite*** consiste en l'adoption du texte dans les mêmes termes par les deux assemblées, c'est-à-dire qu'il n'y a pas de commission mixte. La navette continue jusqu'à ce qu'il y ait accord, et s'il n'y a pas d'accord, on ne peut pas aller plus loin. Mais s'il y a accord, la loi n'est pas pour autant définitive ;
- ***l'approbation de la révision doit se faire par référendum***. Mais s'il s'agit d'un projet de loi, le président de la République a la possibilité de remplacer le référendum par un vote du Congrès (Assemblée nationale et Sénat réunis) à la majorité des 3/5e des suffrages exprimés. Les parlementaires ne peuvent alors qu'approuver ou rejeter le projet ; ils ne peuvent plus le modifier.

b) Les limites à la révision

L'article 89 interdit de réviser la forme républicaine du gouvernement. C'est une prohibition traditionnelle depuis la IIIe République.

Le même article interdit d'engager ou de poursuivre une révision lorsqu'il est porté atteinte à l'intégrité du territoire. C'est pour éviter que ne se reproduisent les erreurs de 1940.

L'article 7 interdit de faire usage de l'article 89 durant la vacance de la présidence de la République ou durant la période qui s'écoule entre la déclaration du caractère définitif de l'empêchement du Président et l'élection de son successeur.

L'article 16 semble interdire implicitement une révision pendant la période où il est appliqué puisqu'il est destiné à rétablir les institutions dont le fonctionnement normal a été interrompu.

Toutes ces limites ont été confirmées par le Conseil constitutionnel dans sa décision du 2 septembre 1992.

Loi constitutionnelle	Réforme	Initiative	Voie
30 décembre 1963	Déplacement des dates d'ouverture des sessions ordinaires du Parlement (art. 28)	Présidentielle	Congrès
29 octobre 1974	Élargissement du droit de saisine du Conseil constitutionnel à 60 députés ou 60 sénateurs (art. 61)	Présidentielle	Congrès
18 juin 1976	Solution au problème de l'empêchement ou du décès d'un candidat à l'élection présidentielle (art. 7)	Présidentielle	Congrès
25 juin 1992	Révision préalable à la ratification du traité de Maastricht sur l'Union européenne	Présidentielle	Congrès
27 juillet 1993	Réforme du Conseil supérieur de la magistrature et création de la Cour de justice de la République (art. 65, 68 et s.)	Présidentielle	Congrès
25 novembre 1993	Limitation de l'exercice du droit d'asile (ajout d'un art. 53-1)	Présidentielle	Congrès
4 août 1995	Extension du champ d'application du référendum (art. 11) ; institution d'une session parlementaire ordinaire unique (art. 28) ; modification du régime de l'inviolabilité parlementaire (art. 26) et abrogation de diverses dispositions devenues sans objet (dispositions relatives à la Communauté et dispositions transitoires)	Présidentielle	Congrès
22 février 1996	Institution des lois de financement de la Sécurité sociale	Présidentielle	Congrès
20 juillet 1998	Insertion dans la Constitution d'un Titre contenant des dispositions transitoires relatives à la Nouvelle-Calédonie	Présidentielle	Congrès
25 janvier 1999	Révision préalable à la ratification du traité d'Amsterdam (art. 88-2 et 88-4)	Présidentielle	Congrès
8 juillet 1999	Promulgation de deux lois constitutionnelles approuvées lors d'une même réunion du Congrès : l'une, préalable à la ratification du traité créant la Cour pénale internationale (ajout d'un art. 53-2) ; l'autre, relative à l'égalité entre les femmes et les hommes (art. 3 et 4)	Présidentielle	Congrès
2 octobre 2000	Remplacement du septennat présidentiel par le quinquennat (art. 6)	Présidentielle	Référendum
25 mars 2003	Réforme relative au mandat d'arrêt européen (art. 88-2)	Présidentielle	Congrès

28 mars 2003	Organisation décentralisée de la République	Présidentielle	Congrès
1er mars 2005	Promulgation de deux lois constitutionnelles approuvées lors d'une même réunion du Congrès : l'une, préalable à la ratification du traité établissement une Constitution pour l'Europe (nouvelle rédaction du titre XV) ; l'autre, relative à la Charte de l'environnement (ajout d'une référence à ce texte dans le Préambule)	Présidentielle	Congrès
23 février 2007	Promulgation de trois lois constitutionnelles approuvées lors d'une même réunion du Congrès : la première définit restrictivement le corps électoral en Nouvelle-Calédonie, la deuxième réforme le statut pénal du président de la République et le troisième inscrit l'abolition de la peine de mort dans la Constitution	Présidentielle	Congrès
4 février 2008	Révision préalable à la ratification du traité de Lisbonne (titre XV)	Présidentielle	Congrès
23 juillet 2008	Loi de modernisation des institutions de la Ve République, qui modifie près de la moitié des articles de la Constitution	Présidentielle	Congrès

2) *La pratique de la révision*

Elle n'a pas toujours été exempte de contestations.

a) La pratique contestée de la révision par l'article 11

Le général de Gaulle a voulu par deux fois réviser la Constitution par la procédure du référendum législatif (Const., art. 11) parce qu'il savait qu'il n'obtiendrait pas le vote identique des deux assemblées, préalable au référendum constituant (Const., art. 89).

La réforme la plus fondamentale de la Ve République, qui a permis l'élection du président de la République au suffrage universel direct, a été faite en 1962 par le biais de l'article 11.

De Gaulle a voulu de nouveau employer cet article en 1969, pour transformer le Sénat et procéder à la régionalisation, mais le référendum a échoué, obligeant le général à démissionner.

La doctrine a débattu sur cette pratique.

Certains auteurs l'ont justifiée par la formulation de l'article 11, qui permet le référendum sur l'organisation des pouvoirs publics : la Constitution porte précisément sur les pouvoirs publics. Cette thèse se heurte toutefois à plusieurs dispositions constitutionnelles : l'article 89 est l'article unique du titre consacré à la révision, l'article 85, spécifique à la Communauté, ne se définissait que « par dérogation à la procédure prévue à l'article 89 » ; enfin, si l'article 11 était utilisable, il permettrait de contourner les limites à la révision posées par l'article 89.

On a dit aussi que le référendum effaçait l'éventuelle irrégularité de la procédure parce que le pouvoir constituant appartient au peuple. Le raisonnement n'est pourtant pas applicable au pouvoir constituant institué, qui ne peut s'exercer que par la procédure prévue dans la Constitution.

On a enfin fait valoir que même si la procédure était irrégulière, elle pourrait être à l'origine d'une coutume *contra legem*. Mais cela ne serait le cas que s'il y avait répétition et consensus. Or, la procédure n'a fonctionné avec succès qu'une seule fois, et elle a été très critiquée par beaucoup de juristes et par les autres organes constitutionnels. Elle a même été à l'origine du renversement du gouvernement. M. Mitterrand, qui avait d'abord qualifié cette procédure de « violation de la loi fondamentale », semble s'être rallié à la thèse de la coutume, dans un entretien avec le professeur O. Duhamel publié en 1988 (v. bibliographie en fin de chapitre).

Dans un arrêt du 30 octobre 1998 (*Sarran*), le Conseil d'État a bien distingué les référendums « en matière législative dans les cas prévus par l'article 11 de la Constitution » et les référendums « en matière constitutionnelle comme le prévoit l'article 89 ».

b) La pratique de la révision par les articles 85 et 89

Certaines révisions ont été menées à bien :

- ***l'article 85 n'a été utilisé qu'une fois, en 1960***, afin de permettre de réformer la Communauté par accord conclu entre tous ses États membres ;
- ***l'article 89 a été utilisé de nombreuses fois*** (v. tableau *supra*), mais toujours sur initiative présidentielle.

Pendant longtemps, la seule voie empruntée a été celle du Congrès. Il a fallu attendre l'an 2000 et la réforme instituant le quinquennat pour inaugurer la voie du référendum.

D'autres révisions empruntant la voie de l'article 89 ont été interrompues. Adoptées dans les mêmes termes par les assemblées, elles n'ont été soumises ni au référendum ni au Congrès, par crainte de les voir rejetées. Certains auteurs estiment qu'elles pourraient être poursuivies au stade où elles ont été interrompues mais la pratique n'a pas confirmé cette thèse :

- ***en 1973***, a été entamée la réforme visant à réduire le mandat présidentiel de 7 à 5 ans (réforme réalisée en 2000 mais en recommençant toute la procédure) ;
- ***en 1974***, a été initiée la révision tendant à permettre aux anciens ministres de retrouver leur siège au Parlement (réforme réalisée en 2008 mais en reprenant également toute la procédure) ;
- ***en 2000***, le Président Chirac a dû annuler la convocation du Congrès à cause de l'opposition des parlementaires de droite, renonçant ainsi à une réforme du Conseil supérieur de la magistrature qu'il avait entreprise, en pleine période de cohabitation, de concert avec le gouvernement Jospin ;
- ***en 2011***, a été votée par les deux assemblées la révision dite de la « règle d'or » visant à imposer l'équilibre des finances publiques ; mais l'opposition de la gauche rendait difficile son approbation ; le basculement du Sénat à gauche a définitivement dissuadé le Président Sarkozy de réunir le Congrès ;
- ***en 2016***, l'Assemblée avait accepté de voter dans les mêmes termes que le Sénat un projet de réforme modifiant les attributions du CSM afin d'accorder plus d'indépendance au parquet, mais le Congrès n'a pas été réuni car le texte n'aurait pas recueilli la majorité qualifiée.

Enfin, on peut évoquer les révisions par l'article 89 qui ont échoué à cause de l'opposition du Sénat :

- ***en 1984***, la tentative de révision destinée à permettre le référendum législatif en matière de libertés publiques ;

– *en 1990*, la tentative de réforme destinée à permettre la saisine du Conseil constitutionnel par les citoyens (réforme réalisée en 2008),
– *en 2016*, la tentative de constitutionnalisation du régime de l'état d'urgence et d'une déchéance de nationalité pour les terroristes.

BIBLIOGRAPHIE

AMIEL (H.), « Les lois organiques », RDP 1984, p. 405.

AUTIN (J.-L.), « Les exceptions d'irrecevabilité soulevées par les parlementaires français », RDP 1983, p. 687.

AVRIL (P.), « Le vote bloqué », RDP 1965, p. 399.

BERLIA (G.), « Le problème de la constitutionnalité du référendum du 28 octobre 1962 », RDP 1962, p. 936.

BONNARD (M.), « Les commissions spéciales à l'Assemblée nationale », RF sc. pol. 1981, p. 191.

CARITEY (J.), « La crise des procédures parlementaires en matière budgétaire », RDP 1974, p. 501.

COTTERET (J.-M.), « L'ordre du jour des assemblées parlementaires », RDP 1961, p. 813.

DELCAMP (A.), « Le rôle législatif du Sénat », RDP 1972, p. 1175.

FOUCHER (B.), « Le dernier mot à l'Assemblée nationale », RDP 1981, p. 1200.

LAMPUE (P.), « Le mode d'élection du président de la République et la procédure de l'article 11 », RDP 1962, p. 931.

LAVROFF (D.-G.), « Les commissions de l'Assemblée nationale sous la Ve République », RDP 1971, p. 1429.

MAESTRE (J.-C.), « Remarques sur les procédures utilisées pour réviser la Constitution en vingt ans de Ve République », in *Mélanges Kayser*, 1979, p. 213.

NEMERY (J.-C.), « Le principe du vote personnel dans la Constitution de la Ve République », RDP 1987, p. 995.

PIERRE (M.), « Note sur la rationalisation de la navette parlementaire et l'équilibre des pouvoirs constitutionnels », RDP 1982, p. 1675.

PUGET (H.), « L'élaboration des lois dans le régime actuel de la France », Revue administrative 1963, p. 327.

ROY (M.-P.), « L'application de l'article 89 de la Constitution de 1958 », RDP 1980, p. 687.

« Sur les institutions » (entretien du président Mitterrand avec le professeur O. Duhamel), Pouvoirs n° 45, 1988, p. 131.

CHAPITRE 19

Le contrôle parlementaire sur le gouvernement

L'article 24 de la Constitution de 1958 tel que modifié par la réforme de 2008 dispose que le Parlement contrôle l'action du gouvernement et évalue les politiques publiques.

La Ve République est un régime parlementaire rationalisé ; la fonction de contrôle parlementaire sur le gouvernement est donc étroitement encadrée. La réforme de 2008, qui renforce les pouvoirs du Parlement, ne change rien sur ce point. L'article 34-1, issu de cette réforme, permet aux assemblées d'exprimer leur opinion ou leur volonté sur un problème donné, en votant des résolutions, mais précise aussitôt que sont irrecevables les propositions de résolution mettant en cause la responsabilité du gouvernement ou contenant des injonctions à son égard.

Le contrôle s'effectue à l'aide de certains moyens d'information et peut déboucher sur la mise en jeu de la responsabilité politique du gouvernement.

1 • LES MOYENS D'INFORMATION

Les parlementaires ont des pouvoirs de contrôle en matière européenne, mais dans les autres domaines, ils peuvent rechercher des informations par le biais des commissions ou en posant des questions aux ministres.

A - Les pouvoirs de contrôle en matière européenne

Les actes adoptés par le conseil des ministres de l'Europe, auquel participe un ministre français, s'appliquent directement en France. Le Parlement français a longtemps été exclu de ce processus décisionnel. C'est pourquoi les révisions constitutionnelles de 1992 et de 1999, préalables à la ratification des traités de Maastricht et d'Amsterdam, avaient prévu un droit à l'information du Parlement en la matière. La révision constitutionnelle de 2005, préalable à la ratification du traité constitutionnel européen, améliorait ce mécanisme, mais son application était subordonnée à l'entrée en vigueur du traité constitutionnel. Or, le référendum du 29 mai 2005 a refusé d'autoriser la ratification de ce traité.

La révision constitutionnelle du 4 février 2008, préalable à la ratification du traité de Lisbonne, a réécrit le titre XV de la Constitution consacré à l'Union européenne, procédant ainsi à l'approfondissement des pouvoirs de contrôle accordés au Parlement français. Ces dispositions s'appliquent depuis l'entrée en vigueur du traité de Lisbonne.

En vertu de l'article 88-4 de la Constitution, le gouvernement doit soumettre à l'Assemblée nationale et au Sénat, dès leur transmission au Conseil de l'Union européenne, les projets d'actes législatifs européens ainsi que les autres projets ou propositions d'actes de l'Union européenne comportant des dispositions qui sont du domaine de la loi ; il peut également soumettre aux assemblées les autres projets ou propositions d'actes ainsi que tout document émanant d'une institution de l'Union européenne. L'Assemblée nationale et le Sénat peuvent ensuite voter des résolutions, même en dehors des sessions, pour donner leurs avis sur ces projets, propositions ou documents. Ces avis ne s'imposent pas au gouvernement, mais il pourra en tenir compte lorsqu'il négociera avec ses partenaires européens, notamment en vue de l'adoption des actes.

En vertu de l'article 88-6 de la Constitution, ajouté par la réforme du 4 février 2008, le Parlement français se voit attribuer des pouvoirs de défendre les compétences de l'État contre les empiétements de l'Union européenne en invoquant le principe de subsidiarité. L'Assemblée nationale ou le Sénat peuvent en effet émettre un avis motivé sur la conformité d'un projet d'acte législatif européen à ce principe de subsidiarité. L'avis doit être adressé par le président de l'assemblée concernée aux présidents du Parlement européen, du Conseil et de la Commission européenne. Le gouvernement doit en être informé. Si cela ne suffit pas, chaque assemblée peut former un recours devant la Cour de justice de l'Union européenne contre un acte législatif européen pour violation du principe de subsidiarité. Ce recours doit être transmis à la Cour par le gouvernement. À ces fins, des résolutions peuvent être adoptées, même en dehors des sessions, selon des modalités fixées par le règlement de chaque assemblée.

Enfin, en vertu de l'article 88-7, également issu de la réforme du 4 février 2008, le Parlement français peut s'opposer à une modification des règles d'adoption d'actes de l'Union européenne dans les cas prévus au titre de la révision simplifiée des traités ou de la coopération judiciaire civile. Cette opposition nécessite le vote d'une motion adoptée en termes identiques par l'Assemblée nationale et le Sénat.

B - Les commissions parlementaires

1) Les commissions législatives

Leur rôle ne se limite pas à la procédure législative ; il s'étend à l'information du Parlement.

Les règlements des assemblées prévoient que les commissions permanentes peuvent procéder à l'audition des ministres.

Elles peuvent aussi confier à un ou plusieurs de leurs membres des missions d'information temporaires.

Une loi du 14 juin 1996 leur permet de convoquer toute personne dont elles estiment l'audition nécessaire, à condition de ne pas aborder des sujets secrets et de respecter la séparation de l'autorité judiciaire. Le fait de ne pas répondre à leur convocation est puni d'amende.

Le législateur de 1996 a aussi créé deux offices parlementaires : l'un évalue les politiques publiques ; l'autre évalue et simplifie la législation. Chaque office est composé de députés et de sénateurs. Un représentant de chacune des commissions permanentes de l'Assemblée et du Sénat y siège de droit.

La réforme constitutionnelle du 23 juillet 2008 a confié aux commissions permanentes compétentes de chaque assemblée le rôle d'émettre un avis public sur les nominations à des fonctions importantes effectuées par le président de la République. Lorsque l'addition des votes négatifs représente au moins trois cinquièmes des suffrages exprimés au sein des deux commissions, la nomination ne peut avoir lieu.

Enfin, depuis 1996, les commissions législatives peuvent demander à la chambre qui les a constituées de leur conférer, pour une mission déterminée et une durée n'excédant pas 6 mois, les prérogatives attribuées aux commissions d'enquête.

2) Les commissions d'enquête

Prévues à l'origine par une ordonnance de 1958 modifiées par des lois de 1977 et de 1991, l'existence des commissions d'enquête est constitutionnalisée par la réforme de 2008.

Les commissions d'enquête ont pour rôle de recueillir des éléments d'information soit sur des faits déterminés, soit sur la gestion des services publics ou des entreprises nationales.

Elles ne peuvent être créées sur des faits ayant donné lieu à des poursuites judiciaires et aussi longtemps que ces poursuites sont en cours. Si une commission a déjà été créée, sa mission prend fin dès l'ouverture d'une information judiciaire relative aux faits sur lesquels elle est chargée d'enquêter.

Les membres des commissions d'enquête sont désignés de façon à y assurer une représentation proportionnelle des groupes politiques.

Ces commissions sont temporaires. Elles ne durent que six mois et on ne peut les reconstituer dans l'année qui suit la fin de leurs travaux.

Elles peuvent convoquer des personnes pour les interroger et se faire communiquer des documents. La personne qui refuse de coopérer est passible d'emprisonnement, d'amende et d'interdiction temporaire de l'exercice des droits civiques. Leurs auditions sont publiques ; elles organisent cette publicité par les moyens de leur choix mais peuvent aussi décider l'application du secret. Dans ce dernier cas, toute personne divulguant une information relative à leurs travaux dans un délai de trente ans sera punie des peines prévues à l'article 378 du Code pénal (C. pén., art. 226-13).

Le rapport résultant de leurs travaux est publié, sauf si un vote de l'assemblée décide de le garder secret.

C - Les questions des parlementaires

1) Les questions écrites

Elles ne sont prévues ni par la Constitution, ni par les lois organiques, mais seulement par les règlements de l'Assemblée nationale et du Sénat.

Chaque question écrite est publiée au Journal Officiel et la réponse du ministre doit l'être aussi.

Le ministre dispose d'un mois pour répondre à compter de la publication de la question.

S'il estime ce délai insuffisant, il a droit à un mois supplémentaire.

Mais s'il ne répond pas dans les délais, le parlementaire peut transformer sa question écrite en question orale.

2) Les questions orales

À l'origine, l'article 48 de la Constitution ne permettait de consacrer qu'une séance hebdomadaire aux questions orales : cela avait donné lieu aux questions orales classiques. Mais en prévoyant qu'une séance par semaine au moins est réservée en priorité aux questions orales, la réforme du 4 août 1995 prend en compte la pratique des « questions au gouvernement » qui s'était jusque-là développée en marge du texte constitutionnel :

- ***les questions orales classiques*** ont été créées conformément à la Constitution. Les règlements des assemblées prévoient qu'elles doivent être posées par écrit, publiées au Journal Officiel, puis inscrites à l'ordre du jour. Elles peuvent être sans débat ou avec débat. Dans le premier cas, seul l'auteur de la question peut reprendre la parole après la réponse du ministre ; dans le second cas, tous les groupes parlementaires peuvent prendre part à la discussion mais celle-ci ne peut donner lieu à aucun vote. Elle ne peut donc jamais déboucher sur le renversement du gouvernement comme sous les IIIe et IVe Républiques. En pratique, ces questions orales classiques ont peu de succès parce qu'elles ont lieu en fin de semaine, alors que les parlementaires rejoignent leurs circonscriptions, et aussi, à cause de la longueur de la procédure qui est peu propice à l'actualité. C'est la raison pour laquelle on a créé coutumièrement une autre forme de questions orales ;
- ***les « questions au gouvernement »*** ont fait leur apparition en 1974 à l'Assemblée nationale et en 1982 au Sénat. Elles ont l'avantage de n'être pas filtrées par la Conférence des présidents et peuvent donc être posées très peu de temps avant le début de la séance. Elles ont lieu le mardi et le mercredi après-midi à l'Assemblée et le jeudi au Sénat. Les ministres et les parlementaires sont donc présents, d'autant que France 3 retransmet la séance en direct. Depuis la session de printemps 1993, il a été décidé de ne plus communiquer à l'avance le thème des questions aux ministres. Ces derniers sont donc obligés de réagir spontanément. Depuis la révision de 1995, ces questions issues de la coutume, sont implicitement prévues par la Constitution.

2. LA MISE EN JEU DE LA RESPONSABILITÉ POLITIQUE DU GOUVERNEMENT

Elle est prévue aux articles 49 et 50 de la Constitution.

A - La question de confiance

Le Premier ministre, après délibération du conseil des ministres, engage devant l'Assemblée nationale la responsabilité du gouvernement sur son programme, ou éventuellement sur une déclaration de politique générale (art. 49, al. 1).

Les députés votent pour décider s'ils vont faire ou non confiance au gouvernement, et ce vote se fait au scrutin public à la tribune (contrairement au vote électronique, ce procédé ne permet pas de faire voter les absents).

Cela est dangereux pour le gouvernement car le vote est acquis à la majorité des suffrages exprimés.

On pourrait penser que si le gouvernement veut obtenir la confiance de l'Assemblée sur le programme qu'il va mettre en œuvre, il doit engager sa responsabilité dès qu'il est nommé. Le fait que l'article 49 alinéa 1 soit rédigé à l'indicatif semble confirmer une obligation puisqu'en droit l'indicatif vaut impératif. Cependant, l'article n'impose aucun délai. Donc, la pratique, toujours favorable au gouvernement, a débouché sur une simple faculté. Le gouvernement peut poser la question de confiance quand il le souhaite. Mais comme il y a un risque, il ne sera guère enclin à le faire.

Si des députés sont mécontents de sa politique, il leur faudra donc demander à l'Assemblée de voter une motion de censure.

B - La motion de censure

La motion de censure (art. 49, al. 2) est un texte par lequel l'Assemblée nationale met en cause la responsabilité du gouvernement.

Des députés hostiles au gouvernement déposent cette motion, et l'Assemblée se prononce.

Mais cette procédure est encadrée tellement sévèrement qu'une seule motion de censure a été votée depuis 1958 : c'était en 1962, pour dénoncer l'irrégularité de la révision constitutionnelle qui allait aboutir à l'élection du président de la République au suffrage universel direct. Le dépôt et le vote de la motion de censure sont soumis à cinq conditions restrictives :

- la motion ***n'est recevable que si elle est signée par 1/10e au moins des membres*** composant l'Assemblée nationale ;
- le ***vote ne peut avoir lieu que 48 heures après le dépôt de la motion***, de manière à éviter que les députés ne renversent le gouvernement sous le coup de l'énervement ;
- la motion ***ne peut être adoptée qu'à la majorité des membres composant l'Assemblée.*** Pour le gouvernement, c'est beaucoup moins risqué que la question

de confiance qui n'exige que la majorité des suffrages exprimés. Là aussi, le système est celui du scrutin public à la tribune qui interdit de faire voter les absents ;

- seuls ***sont recensés les votes favorables à la motion de censure***. Cela signifie que les députés absents ou abstentionnistes sont considérés comme contre la motion. La confiance se présume. Le renversement du gouvernement étant un acte grave, on ne peut l'obtenir en restant passif ;
- ***un député ne peut être signataire de plus de trois motions de censure*** au cours d'une même session ordinaire et de plus d'une au cours d'une même session extraordinaire, à moins que ce ne soit dans le cadre de l'article 49 alinéa 3.

C - L'association de la question de confiance et de la motion de censure

L'article 49 alinéa 3, qui jusqu'à la réforme de juillet 2008, pouvait s'appliquer sans limitation, ne peut désormais jouer que pour les projets de loi de finances ou de financement de la Sécurité sociale ainsi que pour un autre projet ou une proposition de loi par session.

L'article 49 alinéa 3 permet au Premier ministre, après délibération du conseil des ministres, d'engager devant l'Assemblée nationale la responsabilité du gouvernement sur le vote du projet ou de la proposition de loi.

Le texte est alors considéré comme adopté par l'Assemblée, sauf si une motion de censure, déposée dans les 24 heures qui suivent, est votée.

Dès que le Premier ministre annonce qu'il fait usage de l'article 49 alinéa 3, le débat sur le texte s'interrompt et trois cas peuvent se présenter :

- soit, aucune motion de censure n'est déposée dans les 24 heures : le texte est adopté sans même avoir été voté ;
- soit une motion est déposée mais pas votée : cela revient au même ;
- soit la motion est déposée et votée : le texte est alors rejeté et le gouvernement renversé.

Ce mécanisme est destiné à faire pression sur la majorité. Il s'utilise lorsqu'une partie de cette majorité n'est pas d'accord avec un texte que défend le gouvernement. Bien qu'étant favorable au gouvernement, cette fraction sera tentée de voter contre ce texte. L'usage de l'article 49 alinéa 3 permet de lier le sort du gouvernement à celui du texte. Les députés hésitants céderont normalement à la pression : ils ne prendront pas le risque, à cause d'un désaccord ponctuel, de renverser un gouvernement qu'ils soutiennent.

Quoiqu'il n'ait pas été créé pour cela, ce mécanisme peut aussi servir à surmonter une obstruction de l'opposition. Lorsque cette dernière dépose de très nombreux amendements afin de retarder la discussion, l'article 49 alinéa 3 a en effet l'avantage d'interrompre le débat et de faire adopter le texte sans vote.

Le paradoxe, c'est qu'en associant deux procédés permettant à l'Assemblée de contrôler le gouvernement, la Constitution permet au gouvernement de contrôler l'Assemblée.

Le risque existe, malgré tout, que le gouvernement soit renversé, surtout s'il s'appuie sur une majorité de coalition ; mais jusqu'à présent, cela n'est jamais arrivé. L'article 49 alinéa 3 s'est toujours révélé favorable au gouvernement.

D - La démission du gouvernement mis en minorité

Si l'Assemblée nationale refuse sa confiance au gouvernement, ou adopte une motion de censure, le Premier ministre doit remettre au président de la République la démission du gouvernement (art. 50).

E - La faculté de demander au Sénat l'approbation d'une déclaration de politique générale

Le gouvernement est responsable devant l'Assemblée nationale et non devant le Sénat. Pourtant, l'article 49 alinéa 4 donne au Premier ministre la faculté de demander au Sénat l'approbation d'une déclaration de politique générale.

Cela ressemble à la procédure de la question de confiance devant l'Assemblée prévue à l'article 49 alinéa 1, mais ici, le Premier ministre peut agir sans délibération préalable du conseil des ministres et il ne peut pas solliciter d'approbation sur son programme.

En fait, cette disposition permet au gouvernement de gagner sur tous les tableaux : si le Sénat approuve sa déclaration, il en sortira renforcé ; s'il la désapprouve, il ne sera pas pour autant obligé de démissionner. Mais cette hypothèse est peu vraisemblable car un gouvernement qui n'a pas l'appui du Sénat n'utilisera pas cette faculté.

F - La faculté de faire une déclaration devant l'une ou l'autre des assemblées

Depuis la réforme de 2008, le gouvernement peut, de sa propre initiative ou à la demande d'un groupe parlementaire, faire devant l'une ou l'autre des assemblées une déclaration sur un sujet déterminé. Cette déclaration donne lieu à débat et peut, si le gouvernement le décide, faire l'objet d'un vote. Mais ce vote ne peut en aucun cas engager la responsabilité du gouvernement (art. 50-1).

BIBLIOGRAPHIE

Ameller (M.), « L'heure des questions », in *Mélanges Burdeau*, 1977, p. 355.

Desandre (J.), *Les commissions parlementaires d'enquête et de contrôle*, 1976, La Documentation française, NED.

Gaillard (M.), « Le retour des résolutions parlementaires : la mise en œuvre de l'article 88-4 de la Constitution », Revue Française de droit constitutionnel 1993, n° 16, p. 707.

Lascombe (M.), « Le Premier ministre, clef de voûte des institutions ? L'article 49 alinéa 3 et les autres... », RDP 1981, p. 105.

Le Men (J.-F.), *L'information du Parlement français*, 1984, La Documentation française, NED.

CHAPITRE 20

Le Conseil constitutionnel

1 • LE STATUT DU CONSEIL CONSTITUTIONNEL

Sont importantes les règles encadrant le recrutement des conseillers, garantissant leur indépendance et fixant leurs modalités de fonctionnement.

A - Le recrutement des membres du Conseil constitutionnel

L'article 56 de la Constitution distingue deux catégories de membres.

1) *Les membres nommés*

Ils sont au nombre de neuf :
- trois sont désignés par le président de la République ;
- trois sont désignés par le président de l'Assemblée nationale ;
- trois sont désignés par le président du Sénat.

Depuis la réforme de 2008, ces nominations sont encadrées par une procédure spéciale : les nominations effectuées par le président de la République sont soumises à l'avis public de la commission chargée des lois constitutionnelles de chaque assemblée ; et lorsque l'addition des votes négatifs dans chaque commission représente au moins 3/5e des suffrages exprimés au sein des deux commissions, la nomination ne peut se faire. Les nominations effectuées par le président de chaque assemblée ne sont en revanche soumises qu'à l'avis de la commission permanente compétente de l'assemblée concernée.

Les neuf membres sont nommés pour neuf ans. Ils ne peuvent effectuer qu'un mandat. Le Conseil est renouvelable par tiers tous les trois ans.

2) *Les membres de droit*

Ce sont les anciens présidents de la République. Ils font partie du Conseil à vie.

Les présidents de la IVe République, Auriol et Coty, y ont siégé. Valéry Giscard d'Estaing a été, depuis 2004, le premier ancien président de la Ve République à y siéger. Jacques Chirac l'y a rejoint en 2007 et Nicolas Sarkozy en 2012. Mais M. Chirac a renoncé à siéger en 2011 pour raison de santé et M. Sarkozy en a fait de même en 2013 à la suite du rejet de son compte de campagne. M. Hollande a refusé de siéger au Conseil à l'issue de son mandat présidentiel.

Cette règle faisant des anciens présidents de la République des membres de droit à vie du Conseil constitutionnel est en effet de plus en plus critiquée compte tenu de la juridictionnalisation de l'institution. Un projet de loi constitutionnelle élaboré en 2013 à l'initiative du Président Hollande visait à supprimer, pour l'avenir, ces membres de droit. Mais ce projet n'a pas abouti, faute de majorité au Parlement. Le Président Macron l'a repris à son compte mais sans en fixer la date.

B - L'exercice des fonctions des membres du Conseil constitutionnel

Aucun titre n'est exigé pour être membre du Conseil constitutionnel mais les autorités ont de plus en plus tendance à choisir des juristes.

L'indépendance des conseillers est garantie par le fait que leur mandat est non renouvelable et irrévocable, mais aussi par des incompatibilités et par des obligations.

1) Les incompatibilités

Jusqu'en 1995, les fonctions de membre du Conseil constitutionnel n'étaient incompatibles qu'avec quatre fonctions : membre du gouvernement, du Parlement, du Conseil économique et social, et dirigeant ou responsable d'un parti politique.

La loi organique du 19 janvier 1995 a ajouté à cette liste l'exercice de tout mandat électoral. La loi organique du 29 mars 2011 a également rendu incompatibles les fonctions de Défenseur des droits. Et la loi organique du 11 octobre 2013 sur la transparence de la vie publique a étendu l'incompatibilité à l'exercice de toute fonction publique et de toute autre activité professionnelle ou salariée, y compris la profession d'avocat. Les membres du Conseil constitutionnel peuvent seulement se livrer à des travaux scientifiques, littéraires ou artistiques.

2) Les obligations

Avant d'entrer en fonction, les membres nommés prêtent serment devant le président de la République. Ils jurent de respecter trois règles :

- l'obligation d'***impartialité*** ;
- l'obligation du ***secret des délibérations et des votes*** ;
- l'obligation de ***réserve*** : les membres du Conseil ne doivent prendre aucune position publique ni donner aucune consultation sur les questions relevant de la compétence du Conseil.

C - Le fonctionnement du Conseil constitutionnel

1) Le président du Conseil constitutionnel

Il est nommé par le président de la République parmi les membres nommés ou parmi les membres de droit.

Le plus souvent, le chef de l'État choisit le président du Conseil constitutionnel parmi les membres qu'il a lui-même nommés. Mais cette pratique n'est pas absolue : ainsi, Yves Guéna, désigné au Conseil par le président du Sénat, a été promu président de la juridiction par Jacques Chirac le 1er mars 2000.

Le président du Conseil constitutionnel a des pouvoirs importants : c'est lui qui organise le travail du Conseil, et surtout, il a voix prépondérante en cas de partage des voix.

Comme les autres membres du Conseil constitutionnel, le président est irrévocable. Mis en cause par la justice pour des faits datant de l'époque où il était ministre des Affaires étrangères, le président Roland Dumas a décidé en 1999 de suspendre ses fonctions au Conseil. Renvoyé un an plus tard devant le tribunal correctionnel, il a dû se résoudre à démissionner afin de préserver l'image de l'institution.

2) *Le secrétaire général du Conseil constitutionnel*

Il est nommé par décret du président de la République sur proposition du président du Conseil constitutionnel.

Il dirige une administration interne au Conseil dont le rôle est d'enregistrer les requêtes, de préparer le travail, de rédiger les comptes rendus et de publier le recueil annuel des décisions.

2. LES ATTRIBUTIONS DU CONSEIL CONSTITUTIONNEL

Le Conseil constitutionnel a une compétence d'attribution, c'est-à-dire qu'il ne peut émettre un avis ou une décision que dans les cas expressément prévus par les textes. Les décisions ne sont susceptibles d'aucun recours ; elles s'imposent aux pouvoirs publics et à toutes les autorités administratives et juridictionnelles. Le premier président de la Cour de cassation l'a opportunément rappelé au Président Sarkozy qui avait cru pouvoir lui demander de faire des propositions visant à contourner une décision du Conseil (*Cons. const., 21 févr. 2008, Loi relative à la rétention de sûreté*).

L'attribution essentielle est le contrôle de constitutionnalité. Mais il y a aussi toute une série d'autres attributions.

A - Le contrôle de constitutionnalité

Le Conseil contrôle la conformité de certaines normes par rapport aux normes constitutionnelles. Cela soulève deux problèmes : celui des normes de référence (par rapport à quelles normes constitutionnelles le contrôle s'effectue-t-il ?) et celui du champ d'application du contrôle (quelles sont les normes contrôlées ?).

1) *Les normes de référence du contrôle de constitutionnalité*

Les premières décisions du Conseil ne visaient que la Constitution stricto sensu. Mais dans une décision du 19 juin 1970, budget des Communautés européennes, il inclut dans ses visas le Préambule de la Constitution, et dans la décision fondatrice du 16 juillet 1971, liberté d'association, il contrôle la conformité d'une loi à ce Préambule.

On en déduit que font également partie du « bloc de constitutionnalité » les textes auxquels renvoie ce Préambule : la Déclaration de 1789, le Préambule de 1946 et depuis une réforme constitutionnelle du 1er mars 2005, la Charte de l'environnement de 2004. Il existe donc quatre normes de référence.

a) La Constitution de 1958 stricto sensu

C'est essentiellement une Constitution politique, qui détermine la composition, le fonctionnement et les attributions des pouvoirs publics, les relations entre ces pouvoirs, ainsi que la forme de la démocratie et le degré de décentralisation de l'État.

Mais c'est aussi, accessoirement, une Constitution sociale, qui peut permettre au Conseil de protéger les droits de l'homme et du citoyen à travers certaines de ses dispositions : égalité devant la loi sans distinction d'origine, de race ou de religion (art. 1), suffrage universel, égal et secret (art. 3), liberté individuelle (art. 66)...

b) La Déclaration de 1789

Le Conseil en fait pour la première fois application dans une décision du 27 décembre 1973, taxation d'office, pour défendre l'égalité devant la loi.

Il a reconnu implicitement la valeur constitutionnelle de tous les articles de la Déclaration dans sa décision du 16 janvier 1982, nationalisations.

Certaines décisions sont particulièrement audacieuses : le Conseil constitutionnalise la liberté d'entreprendre qui ne figure pas explicitement dans la Déclaration, en considérant qu'elle découle de son article 4 aux termes duquel « la liberté consiste à pouvoir faire tout ce qui ne nuit pas à autrui » (*Cons. const., 16 janv. 1982, précité*). Il considère que la libre communication des pensées et des opinions garantie par l'article 11 de la Déclaration ne serait pas effective si le pluralisme ne régnait pas dans les programmes audiovisuels (*Cons. const., 18 sept. 1986, Liberté de communication*). Il déduit aussi de cet article 11 la liberté d'accès à internet et en conclut que l'interruption de l'abonnement en cas de téléchargement illégal ne saurait être décidée par une autorité administrative mais par un juge (*Cons. const., 10 juin 2009, Création et internet*).

c) Le Préambule de 1946

Ce texte réaffirme des principes fondamentaux reconnus par les lois de la République et proclame des principes politiques, économiques et sociaux particulièrement nécessaires à notre temps :

- ***les principes fondamentaux reconnus par les lois de la République*** : la réaffirmation de ces principes par le Préambule de 1946 ne s'accompagne d'aucune précision sur leur contenu ni sur les lois qui les ont reconnus. Cette imprécision a permis au Conseil, par une interprétation audacieuse du Préambule, de « découvrir » des normes de référence utiles à son contrôle, notamment pour protéger des droits fondamentaux ne figurant explicitement dans aucun texte constitutionnel : liberté d'association (*Cons. const., 16 juill. 1971*), droits de la défense (*Cons. const., 2 déc. 1976*), liberté individuelle (*Cons. const., 12 janv. 1977*), liberté de l'enseignement (*Cons. const., 23 nov. 1977*), liberté de conscience (*idem*) et indépendance des professeurs d'université (*Cons. const., 20 janv. 1984*) ;
- ***les principes politiques, économiques et sociaux particulièrement nécessaires à notre temps*** : le Préambule de 1946 proclame ces principes dans son alinéa 2 et

les énumère dans ses alinéas 3 à 18. Dans sa décision du 15 janvier 1975 (interruption volontaire de grossesse), le Conseil motive son raisonnement par l'un de ces principes, selon lequel la nation garantit à l'enfant la protection de la santé. Beaucoup d'autres décisions suivront, motivées par ces principes, dont la plupart sont des droits de créances sur l'État (droits de l'homme de la deuxième génération) que le Conseil devra parfois concilier avec les libertés individuelles proclamées en 1789 (droits de l'homme de la première génération).

d) La Charte de l'environnement de 2004

Une loi constitutionnelle du 1er mars 2005 complète le Préambule de la Constitution de 1958 pour y ajouter la référence à la Charte de l'environnement de 2004.

Cette Charte proclame le droit à l'environnement (droit de l'homme de la troisième génération), ainsi que les droits et devoirs qui en découlent pour les personnes publiques et privées, sur le plan interne comme sur le plan international.

Le Conseil constitutionnel doit donc contrôler la conformité des lois à cette Charte particulièrement ambitieuse. Par une décision du 19 juin 2008, loi relative aux OGM, il a reconnu explicitement la valeur constitutionnelle de « l'ensemble des droits et devoirs » définis dans ce texte. Dans une décision du 29 décembre 2009 (*loi de finances pour 2010*), il censure la taxe carbone car les émissions des industries les plus polluantes en étaient exonérées. La Charte imposant à toute personne de préserver l'environnement, les exemptions instituées par la loi sont jugées contraires à la lutte contre le réchauffement climatique et à l'égalité devant les charges publiques.

2) Le champ d'application du contrôle de constitutionnalité

Si l'on excepte le contrôle des lois du pays, votées par l'assemblée délibérante de Nouvelle-Calédonie et spécifiques à ce Territoire, ainsi que la procédure prévue pour les collectivités d'outre-mer par l'article 74 de la Constitution depuis la réforme du 28 mars 2003, on peut regrouper ce contrôle en trois rubriques.

a) Le contrôle de la répartition des compétences entre lois et règlements et l'examen des conditions de présentation des projets de loi

Le contrôle de la répartition des compétences entre lois et règlements a représenté, dans un premier temps, la part la plus importante de l'activité du Conseil.

Deux procédures ont été instituées pour défendre le domaine réglementaire contre les empiétements de la loi :

L'irrecevabilité	La délégalisation
Article 41 de la Constitution : le gouvernement ou le président de l'assemblée saisie peut l'invoquer au moment de la discussion d'un texte, pour écarter une proposition ou un amendement empiétant sur le domaine réglementaire. Le Conseil tranche dans les huit jours.	Article 37 alinéa 2 de la Constitution : le gouvernement peut modifier une loi par décret, après sa promulgation si le Conseil constitutionnel déclare qu'elle empiète sur le domaine réglementaire.

Cependant, la jurisprudence du Conseil a relativisé la distinction entre les domaines législatif et réglementaire : puisque le gouvernement peut toujours récupérer les matières que le Parlement lui a prises, une loi empiétant sur le domaine réglementaire n'est pas par elle-même inconstitutionnelle.

L'examen des conditions de présentation des projets de loi résulte de la réforme de 2008. Depuis cette réforme, en vertu de l'article 39, les projets ne peuvent être inscrits à l'ordre du jour si la Conférence des présidents de la première assemblée saisie constate une méconnaissance de la loi organique du 15 avril 2009. Celle-ci impose de joindre à chaque projet une étude d'impact. En cas de désaccord entre la Conférence des présidents et le gouvernement, le président de l'assemblée intéressée ou le Premier ministre saisit le Conseil constitutionnel qui statue dans les huit jours.

b) Le contrôle des lois organiques, des règlements des assemblées et des propositions de lois destinées au référendum

Le contrôle de ces trois types de normes présente la particularité d'être obligatoire :
- ***pour les lois organiques***, c'est le Premier ministre qui doit saisir le Conseil, avant leur promulgation ;
- ***pour les règlements des assemblées***, ce sont les présidents des assemblées qui doivent le faire, avant leur mise en application ;
- ***pour les propositions de lois destinées au référendum***, c'est le président de l'assemblée saisie qui doit les transmettre au Conseil.

Si le Parlement avait la possibilité de voter les lois organiques et les règlements des assemblées comme il l'entend, il pourrait en profiter pour rehausser ses pouvoirs par rapport à l'exécutif ; ce dernier bénéficie donc du caractère obligatoire du contrôle.

De même, si la réforme de 2008 a rendu obligatoire le contrôle des propositions de loi mentionnées à l'article 11 avant qu'elles ne soient soumises au référendum, on peut remarquer que les projets de loi destinés au référendum, œuvre du président de la République, échappent à ce contrôle.

c) Le contrôle des lois ordinaires et des engagements internationaux

Dans ces deux cas la saisine est facultative.

1. Pour les lois ordinaires (Const., art. 61, al. 2 et 61-1)

Il y a eu des changements très importants quant aux personnes pouvant effectuer cette saisine. À l'origine seules quatre autorités pouvaient le faire : le président de la République, le Premier ministre, le président de l'Assemblée nationale et le président du Sénat.

Depuis la révision constitutionnelle de 1974, soixante députés ou soixante sénateurs peuvent aussi saisir le Conseil. C'est une chance pour l'opposition. Le Conseil, toutefois, ne pouvait intervenir qu'avant la promulgation de la loi. La loi promulguée était définitive, même si elle était inconstitutionnelle. C'est pourquoi on avait entrepris en 1990 une nouvelle réforme visant à permettre aux citoyens de contester une loi promulguée en autorisant la saisine du Conseil sur renvoi des juges ordinaires ; mais cette réforme a échoué. Elle avait été à nouveau tentée en 1992 sans plus de succès.

Il a fallu attendre la révision constitutionnelle de 2008 pour que cet important pas soit franchi. En vertu de l'article 61-1 de la Constitution, lorsqu'à l'occasion d'un procès en cours devant une juridiction, l'une des parties soutient qu'une disposition législative porte atteinte aux droits et libertés garantis par la Constitution, le Conseil constitutionnel peut être saisi de cette question sur renvoi du Conseil d'État ou de la Cour de cassation dans un délai déterminé. Si le Conseil constitutionnel déclare la disposition contraire à la Constitution, elle est abrogée à compter de la publication de la décision ou d'une date ultérieure fixée par cette décision. Le Conseil détermine les conditions et limites dans lesquelles les effets produits par la disposition peuvent être remis en cause.

La loi organique du 10 décembre 2009 précise les détails de la procédure applicable à la question dite prioritaire de constitutionnalité. Cette question doit être examinée avant une éventuelle question de conventionnalité (d'où le qualificatif de *prioritaire*). Elle ne peut être relevée d'office par les juges. Elle peut être soulevée par les justiciables devant les juridictions relevant du Conseil d'État ou de la Cour de cassation, ou directement en cassation.

Si la question est soulevée en première instance ou en appel, la juridiction concernée la transmet sans délai au Conseil d'État ou à la Cour de cassation lorsque trois conditions sont remplies :

- que la disposition contestée soit applicable au litige ou à la procédure, ou qu'elle constitue le fondement des poursuites ;
- qu'elle n'ait pas déjà été déclarée conforme à la Constitution par le Conseil constitutionnel, sauf changement de circonstances ;
- et que la question ne soit pas dépourvue de caractère sérieux.

En principe, la juridiction sursoit à statuer après la transmission de la question.

Le Conseil d'État ou la Cour de cassation dispose de trois mois pour juger si la question est nouvelle ou si elle présente un caractère sérieux. Si c'est le cas, le renvoi au Conseil constitutionnel s'impose.

Le Conseil, saisi de la question, en avise le président de la République, le Premier ministre et les présidents des assemblées afin qu'ils puissent lui adresser leurs observations. La décision doit être rendue dans les trois mois de la saisine, au terme d'une procédure contradictoire et dans le cadre d'une audience publique.

La première décision du Conseil constitutionnel examinant une question prioritaire de constitutionnalité s'est soldée par une censure. Le Conseil d'État lui avait transmis une question soulevée par des ressortissants algériens, contestant des dispositions législatives qui avaient gelé leurs pensions militaires. Le Conseil a déclaré inconstitutionnels des articles de lois de 1981, 2002 et 2006 pour rupture du principe d'égalité, car ils prévoyaient, pour les anciens combattants des ex-colonies françaises, des pensions très inférieures à celles des Français. Le Conseil a fixé la date d'abrogation des dispositions litigieuses et prescrit au législateur d'édicter de nouvelles règles (*Cons. const., 28 mai 2010, QPC, cristallisation des pensions*).

Cette décision a été suivie par beaucoup d'autres. Plus d'une centaine sont rendues chaque année, ce qui prouve que les justiciables se sont approprié la nouvelle voie de droit qui leur a été offerte.

Parallèlement à ces élargissements du droit de saisine, le Conseil a institué, tout au long de sa jurisprudence, une solide protection des citoyens contre la loi. La limite à cette protection, c'est qu'il refuse de contrôler les lois référendaires car elles sont « l'expression directe de la souveraineté nationale » (*Cons. const., 6 nov. 1962, Loi référendaire, confirmée par Cons. const., 23 sept. 1992, Maastricht III*). Ce refus s'étend logiquement au contrôle *a posteriori* (*Cons. const., 25 avr. 2014, QPC, Province Sud de Nouvelle-Calédonie*).

2. Pour les engagements internationaux (Const., art. 54)

Les modalités de saisine ont suivi une évolution comparable à celle des lois ordinaires mais plus tardive. Pendant longtemps, la saisine a été réservée au chef de l'État, au Premier ministre et aux présidents des assemblées. Il a fallu attendre la révision constitutionnelle de 1992, préalable à la ratification du traité de Maastricht, pour permettre à soixante députés ou soixante sénateurs de saisir le Conseil. Les engagements internationaux bénéficient d'une primauté. C'est pourquoi, si le Conseil déclare qu'un tel engagement est contraire à la Constitution, l'autorisation de le ratifier ou de l'approuver ne peut intervenir qu'après la révision de la Constitution. C'est ce qui est arrivé en 1992 pour le traité de Maastricht et en 1999 pour les traités d'Amsterdam et de Rome (traité créant la Cour pénale internationale). C'est aussi ce qui est arrivé en 2008 pour le traité de Lisbonne.

B - Les attributions autres que le contrôle de constitutionnalité

Elles sont assez diverses mais on peut les regrouper autour de trois pôles.

1) *Les attributions concernant l'élection et le mandat du président de la République*

Il y en a trois principales :

- le Conseil ***intervient à tous les stades de l'élection présidentielle***, sauf dans la campagne électorale, qui est supervisée par la Commission nationale de contrôle.
  Au stade de l'organisation, le Conseil règle le problème du décès ou de l'empêchement d'un candidat (Const., art. 7), arrête la liste des candidats et examine les réclamations contre ses propres décisions concernant cette liste.
  Au stade du vote, il effectue le recensement des votes et examine les réclamations. Il peut être saisi pour cela par les électeurs (si leurs réclamations ont été portées au procès-verbal du bureau de vote), par les candidats ou par le préfet (dans les 48 heures de la clôture du scrutin). En cas d'irrégularité, il a le pouvoir d'annuler tout ou partie des opérations électorales. Il proclame enfin les résultats (Const., art. 58). En matière de financement, il examine les recours déposés par les candidats contre les décisions de la Commission nationale des comptes de campagne ;
- le Conseil, saisi par le gouvernement, ***a seul le pouvoir de constater l'empêchement du président de la République*** (Const., art. 7) ;
- le Conseil ***doit donner des avis au président de la République en cas d'utilisation de l'article 16 de la Constitution***. Depuis la réforme de 2008, il peut aussi donner des avis sur la persistance des conditions de mise en œuvre de cet article ; il le fait sur saisine parlementaire après 30 jours d'exercice des pouvoirs exceptionnels, et de plein droit après 60 jours.

2) *Les attributions concernant le référendum*

Selon l'article 60 de la Constitution, le Conseil veille à la régularité des opérations de référendum prévues aux articles 11 et 89 et au titre XV. Il en proclame les résultats.

Il peut être saisi par les électeurs (si leurs réclamations ont été portées au procès-verbal du bureau de vote) ou par le préfet (dans les 48 heures de la clôture du scrutin).

S'il s'agit d'une proposition de loi adoptée dans le cadre d'un référendum d'initiative partagée, le Conseil veille à la régularité du recueil des soutiens des électeurs. Il peut être saisi par tout électeur durant la période de recueil ou dans un délai de dix jours suivant sa clôture. En cas d'irrégularités, il peut annuler tout ou partie des opérations. Enfin, il déclare si la proposition a bien obtenu le soutien d'au moins 1/10e des électeurs inscrits sur les listes électorales.

3) *Les attributions concernant l'élection et le mandat des parlementaires*

- le Conseil ***est chargé*** par l'article 59 de la Constitution du contentieux ***de l'élection des députés et des sénateurs***. Il peut être saisi dans les dix jours de la proclamation des résultats par tout candidat ou électeur de la circonscription ;
- par voie de conséquence, le Conseil ***contrôle l'éligibilité et les incompatibilités des parlementaires*** : pour l'éligibilité, le contrôle se fait à l'occasion de la contestation de l'élection ; mais si l'inéligibilité se déclare par la suite, le Conseil peut être saisi par le Bureau de l'Assemblée concernée, le garde des Sceaux ou le ministère public. Pour les incompatibilités, le Conseil peut être saisi par le Bureau de l'Assemblée concernée, le garde des Sceaux ou le parlementaire intéressé ;
- en tant que juge de l'élection, le Conseil ***est compétent en matière de financement des campagnes électorales***. Saisi par la Commission nationale des comptes de campagne, il doit prononcer l'inéligibilité pour une durée maximale de trois ans du candidat dont le compte a été rejeté à bon droit par la Commission en cas de volonté frauduleuse ou de manquement particulièrement grave aux règles de financement ; il peut déclarer inéligible pour la même durée le candidat dont le compte n'a pas été déposé dans le délai ou qui a dépassé le plafond des dépenses électorales.

Le Conseil, saisi par le bureau de l'assemblée concernée, a ***le pouvoir de contrôler la situation fiscale des parlementaires*** (v. *supra*, Chapitre 15).

BIBLIOGRAPHIE

ARDANT (P.), *Décisions du Conseil constitutionnel*, 1995, PUF, Que sais-je ?

CHEROT (J.-Y.), « L'exception d'inconstitutionnalité devant le Conseil constitutionnel », AJDA 1982, p. 59.

DRAGO (G.), *Contentieux constitutionnel français*, 2016, PUF, Thémis.

FAVOREU (L.), *La politique saisie par le droit. Alternances, cohabitation et Conseil constitutionnel*, 1988, Economica.

FAVOREU (L.) et PHILIP (L.), *Le Conseil constitutionnel*, 2005, PUF, Que sais-je ?

FAVOREU (L.) et PHILIP (L.), *Les grandes décisions du Conseil constitutionnel*, 2018, Dalloz.

FRANCK (C.), *Les grandes décisions de la jurisprudence, Droit constitutionnel*, 1978, PUF.

GENEVOIS (B.), *La jurisprudence du Conseil constitutionnel*, 1988, STH.

GRANRUT (B.), « Faut-il accorder aux citoyens le droit de saisir le Conseil constitutionnel ? », RDP 1990, p. 309

HAMON (L.), *Les juges de la loi*, 1987, Fayard.

LUCHAIRE (F.), *Le Conseil constitutionnel*, 1997, Economica.

LUCHAIRE (F.), *La protection constitutionnelle des droits et des libertés*, 1987, Economica.

LUCHAIRE (F.), « Une réforme constitutionnelle différée : le contrôle de la loi promulguée sur renvoi des juridictions », RDP 1990, p. 1623.

MATHIEU (B.) et autres, *Les grandes délibérations du Conseil constitutionnel*, 2014, Dalloz.

MAUGÜE (C.), STAHL (J.-H.), *La question prioritaire de constitutionnalité*, 2012, Dalloz.

Pouvoirs n° 13, « Le Conseil constitutionnel », 1980.

RENOUX (T.), *Le Conseil constitutionnel et l'autorité judiciaire*, 1984, Economica-PUAM.

Revue française de droit constitutionnel, n° 4, « L'exception d'inconstitutionnalité (le projet de réforme de la saisine du Conseil constitutionnel) », 1990.

RIVERO (J.), *Le Conseil constitutionnel et les libertés*, 1984, Economica-PUAM.

ROUSSEAU (D.), GAHDOUN (P.-Y.), BONNET (J.), *Droit du contentieux constitutionnel*, 2016, LGDJ, Précis Domat.

ROUSSEAU (D.), BONNET (J.), *L'essentiel de la QPC*, 2016, Gualino, Carrés Rouge.

TURPIN (D.), *Contentieux constitutionnel*, 1994, PUF.

Lexique

Bicamérisme ou bicaméralisme : division du Parlement en deux chambres.

Bipartisme : système dans lequel deux partis ont vocation à accéder au pouvoir.

Chambre : synonyme d'assemblée parlementaire. La Chambre basse est celle qui est élue au suffrage universel direct. La Chambre haute est celle qui est nommée, héréditaire, ou par extension, élue au suffrage indirect.

Confédération : association d'États souverains reposant sur un traité aux termes duquel les pays membres délèguent certaines de leurs compétences à des organes communs.

Constitution : elle peut toujours se définir par sa matière : c'est l'ensemble des règles relatives à l'organisation des pouvoirs publics et souvent, aux droits des citoyens d'un État, quels que soient la source (législative ou coutumière) et le rang de ces règles. Elle peut parfois se définir par sa forme : c'est alors une Constitution rigide, c'est-à-dire une loi qu'on ne peut élaborer et réviser que selon une procédure plus complexe que la procédure des lois ordinaires, et qui est donc supérieure à elles. Lorsqu'elle se confond par sa forme avec les lois ordinaires, c'est une Constitution souple.

Décret : décision réglementaire (c'est-à-dire de portée générale) ou individuelle prise par le président de la République ou par le Premier ministre.

Décret-loi : terme employé sous les IIIe et IVe Républiques, désignant un décret qui, après habilitation du Parlement, pouvait modifier une loi.

Démocratie : « *Gouvernement du peuple, par le peuple et pour le peuple* » (A. Lincoln).

Démocratie directe : régime dans lequel les citoyens exercent le pouvoir par eux-mêmes.

Démocratie représentative : régime dans lequel les citoyens élisent des représentants pour exercer le pouvoir.

Démocratie semi-directe : régime dans lequel les citoyens élisent des représentants mais peuvent aussi participer à l'exercice du pouvoir.

Dictature : à Rome ce mot désignait l'attribution exceptionnelle de tous les pouvoirs à un magistrat dans le but de faire face à un danger menaçant temporairement l'État. C'est aussi le sens de l'article 16 de la Constitution française de 1958. Par extension, le terme désigne aussi un régime autoritaire permanent, établi et maintenu par la force, où un seul concentre tous les pouvoirs. C'est le cas de la dictature napoléonienne.

Duguit (Léon) : grand publiciste français (1859-1928), qui fut doyen de la Faculté de Droit de Bordeaux et auteur d'un *Traité de droit constitutionnel* en cinq volumes. Sa célébrité est telle qu'il figure au Petit Larousse.

Électorat : qualité d'électeur. L'électorat est un droit dans la théorie de la souveraineté populaire, mais seulement une fonction dans la théorie de la souveraineté nationale. La Ve République, qui combine les deux théories, a opté pour l'électorat-droit.

Éligibilité : aptitude à être élu.

État d'urgence : à l'instar des articles 16 et 36 de la Constitution de 1958, l'état d'urgence est un régime d'exception permettant de restreindre les libertés publiques pour faire cesser des troubles graves à l'ordre public ou faire face à une calamité publique. Créé par la loi du 3 avril 1955 à cause de la guerre d'Algérie, l'état d'urgence n'est pas prévu par la Constitution. Le Sénat s'est opposé en 2016 à sa constitutionnalisation. Comme l'état de siège, il est décrété en conseil des ministres et ne peut être prorogé au-delà de 12 jours que par une loi. À la différence de l'état de siège, il ne transfère pas les pouvoirs de police à l'armée mais accroît ceux des autorités civiles. Au lendemain des attentats terroristes du 13 novembre 2015, l'état d'urgence a été décrété sur l'ensemble du territoire national et prorogé par six lois jusqu'au 1er novembre 2017. Il est partiellement transposé par la loi du 30 octobre 2017 en raison de la persistance du terrorisme. Motivée par l'épidémie de Covid-19, la loi du 23 mars 2020 a créé un état d'urgence sanitaire permettant aussi de restreindre des libertés en cas de catastrophe sanitaire mettant en péril, par sa nature et sa gravité, la santé de la population. Il est également décrété en conseil des ministres, mais c'est au-delà d'un mois qu'il ne peut être prorogé que par une loi.

État : au sens large, c'est un groupe humain – la nation – vivant sur un territoire et dirigé par un pouvoir disposant du monopole de la contrainte. Au sens étroit, c'est une personne morale de droit public, souveraine. Si elle est en plus soumise au droit, on parlera d'un État de droit.

État fédéral : synonyme de fédération.

Fédération : État composé d'États fédérés auxquels il se superpose. L'autonomie des États fédérés est garantie par leur participation à l'exercice du pouvoir fédéral.

Hauriou (Maurice) : grand publiciste français (1856-1929) qui fut doyen de la Faculté de Droit de Toulouse et auteur, notamment, d'un *Précis de droit constitutionnel*. Comme son ami et rival Duguit, il figure au Petit Larousse. Son fils, André Hauriou, fut aussi un grand constitutionnaliste.

Incompatibilité : interdiction de cumuler des mandats ou fonctions qui n'empêche pas de se présenter aux élections, mais contraint l'élu à opter entre le mandat dont il vient d'être investi et les mandats ou fonctions incompatibles.

Inéligibilité : incapacité d'être élu.

Inviolabilité : elle évite aux parlementaires les poursuites pénales pour crimes et délits commis en dehors de leurs fonctions, mais elle ne joue pas en cas de flagrant délit et peut toujours être levée.

Irresponsabilité : elle évite aux parlementaires d'être poursuivis pour les opinions ou votes émis dans l'exercice de leurs fonctions, et elle est absolue.

Législature : cela désigne la période pour laquelle une assemblée parlementaire est élue, et parfois, l'assemblée elle-même.

Loi : texte élaboré par le Parlement. De la loi ordinaire, on distingue la loi constitutionnelle (qui désigne une loi de révision de la Constitution, et parfois, la Constitution elle-même), la loi organique (qui est destinée à préciser ou à compléter la Constitution), les lois de finances (loi de finances de l'année ou budget ; loi de finances rectificative, qui modifie le budget en cours d'année ; et loi de règlement, par laquelle le Parlement contrôle l'exécution du budget) et les lois de financement de la Sécurité sociale.

Mandat impératif : les parlementaires (mandataires) peuvent recevoir des instructions de leurs électeurs (mandants) et être révoqués par eux. C'est une conception liée à la théorie de la souveraineté populaire.

Mandat représentatif : les parlementaires représentent la nation et sont donc indépendants de leurs électeurs pendant la durée de leur mandat. Cependant, ils courent toujours le risque de ne pas être réélus ! C'est une conception liée à la théorie de la souveraineté nationale.

Monarchie : régime dans lequel la dévolution du pouvoir est héréditaire et où « *un seul gouverne, mais par des lois fixes et établies* » (Montesquieu). Elle peut être absolue (concentration des pouvoirs par le roi) ou limitée par une Constitution (séparation des pouvoirs).

Monocamérisme ou monocaméralisme : système dans lequel le Parlement ne comprend qu'une seule chambre.

Multipartisme : système dans lequel plusieurs partis ont vocation à accéder au pouvoir, et sont généralement contraints, pour ce faire, de conclure des alliances souvent fragiles.

Ordonnance : terme employé sous la Ve République à la place de décret-loi, et désignant un acte pris par le gouvernement dans le domaine de la loi, après habilitation du Parlement. La Constitution de 1958 avait aussi prévu des ordonnances destinées à la mise en place de ses institutions. Elle prévoit également des ordonnances par lesquelles le gouvernement peut mettre en vigueur son projet de budget en cas de retard du Parlement.

Organicisme : doctrine philosophique du XIXe siècle qui prétendait que l'organisation et le fonctionnement des sociétés étaient comparables à ceux des êtres vivants.

Orléanisme : régime parlementaire dualiste, c'est-à-dire dans lequel le gouvernement est responsable devant le Parlement et devant le chef de l'État ; lequel joue un rôle actif dans l'exécutif. C'était la conception de Louis-Philippe (branche des Orléans), sous la monarchie de Juillet.

Parlement : assemblée délibérante dont le rôle est l'élaboration de la loi et le contrôle du gouvernement.

Parlementarisme : synonyme de régime parlementaire.

Parti politique : organisation durable, aussi bien au plan national qu'au plan local, qui cherche à obtenir un soutien populaire pour accéder au pouvoir et y réaliser son projet.

Plébiscite : détournement du référendum par un homme d'État, qui entend obtenir du peuple un témoignage de confiance envers sa personne plutôt qu'une décision sur le texte qu'il propose.

Référendum : procédure permettant au peuple de se prononcer sur un texte.

Régime d'assemblée ou conventionnel : régime de séparation formelle des pouvoirs, c'est-à-dire dans lequel l'exécutif est distinct de l'assemblée mais lui est juridiquement soumis (l'exécutif collégial est nommé par le Parlement, peut être censuré par le Parlement mais ne peut ni démissionner ni dissoudre le Parlement). Son appellation vient de son fonctionnement pendant la période de la Convention (1792-1795).

Régime parlementaire : régime de séparation souple des pouvoirs, c'est-à-dire dans lequel chacun des deux pouvoirs participe à la fonction de l'autre et dispose de moyens d'action sur l'autre (l'exécutif comprend un chef de l'État politiquement irresponsable, mais un gouvernement politiquement responsable devant le Parlement et qui peut dissoudre le Parlement).

Régime présidentiel : régime de séparation stricte des pouvoirs, c'est-à-dire dans lequel chacun des deux pouvoirs est cantonné dans sa fonction et ne dispose d'aucun moyen d'action sur l'autre (l'exécutif appartient en totalité à un président élu par le peuple, qui n'est pas politiquement responsable devant le Parlement et ne peut dissoudre le Parlement).

Règlement : acte de portée générale édicté par le pouvoir exécutif, soit pour l'application d'une loi (règlement d'application), soit pour régir des matières qui lui sont réservées (règlement autonome sous la Ve République).

République : régime dans lequel la dévolution du pouvoir ne se fait ni par l'hérédité (contrairement à la monarchie) ni par la force (contrairement à la dictature) mais par l'élection.

Séparation des pouvoirs : principe selon lequel le même organe ne doit pas exercer toutes les fonctions de l'État. Locke, puis Montesquieu, ont formulé ce principe. Montesquieu a opéré la différenciation entre les pouvoirs législatif, exécutif et juridictionnel, qui s'est imposée dans la pratique.

Souveraineté : essence suprême du pouvoir de l'État : indépendance dans l'ordre international et supériorité dans l'ordre interne.

Souveraineté nationale : théorie selon laquelle c'est dans la nation, entité indivisible, que réside la souveraineté. Elle ne peut l'exercer que par l'intermédiaire de ses représentants (démocratie et mandat représentatifs) que les citoyens ont pour fonction d'élire (électorat-fonction).

Souveraineté populaire : théorie selon laquelle c'est dans le peuple, composé de tous les citoyens, que réside la souveraineté. Chaque citoyen en détient une parcelle et a donc le droit (électorat-droit) de participer directement à son exercice (démocratie directe). S'il existe des représentants, ils sont soumis aux instructions de leurs électeurs et peuvent être révoqués par eux (mandat impératif).

Union personnelle : union de deux États qui, par les aléas de la généalogie, ont le même monarque.

Union réelle : union de deux États qui, outre la personne du monarque, ont en commun certains ministères.

Votation : se distingue de l'élection en ce que le vote ne consiste pas à choisir une personne mais à se prononcer directement sur une question. Cela désigne les procédés de démocratie directe ou semi-directe (référendum).

Bibliographie générale

• *Traités, manuels et mémentos*

ARDANT (P.) et MATHIEU (B.), *Droit constitutionnel et institutions politiques*, 32e éd., 2020-2021, LGDJ, Manuel.

AVRIL (P.), GICQUEL (J.), *Lexique de droit constitutionnel*, 2016, PUF, Que sais-je ?

BARANGER (D.), *Le droit constitutionnel*, 2017, PUF, Que sais-je ?

BURDEAU (G.), *Traité de science politique*, 10 tomes, 2e et 3e éd., 1978-1985, LGDJ.

CADART (J.), *Institutions politiques et droit constitutionnel*, 2e et 3e éd., 1990, Economica.

CADOUX (Ch.), *Droit constitutionnel et institutions politiques*, 2 vols., vol. 1 1988, vol. 2 1983, Cujas.

CHAGNOLLAUD (D.), *Droit constitutionnel contemporain*, 3 vol., 2017, 2017, 2011, Dalloz, Cours.

CHANTEBOUT (B.), *Droit constitutionnel*, 32e éd., 2015, Sirey, Université.

CONSTANTINESCO (V.), PIERRÉ-CAPS (S.), *Droit constitutionnel*, 7e éd., 2016, PUF, Thémis.

DEBBASCH (Ch.), DAUDET (Y.), *Lexique de politique*, 7e éd., 2001, Dalloz.

DEBBASCH (Ch.), PONTIER (J.-M.), BOURDON (J.), RICCI (J.-C.), *Droit constitutionnel et institutions politiques*, 4e éd., 2001, Economica.

DEBBASCH (R.), *Droit constitutionnel*, 10e éd., 2016, LexisNexis, Objectifs droit.

DELPERÉE (F.), *Droit constitutionnel*, 2 tomes, t. 1 1987, t. 2 1986, Bruxelles, Larcier.

DE VILLIERS (M.), LE DIVELLEC (A.), *Dictionnaire du droit constitutionnel*, 2017, Dalloz.

DREYFUS (F.), D'ARCY (F.), *Les institutions politiques et administratives de la France*, 1997, Economica.

DUHAMEL (O.), MÉNY (Y.), *Dictionnaire constitutionnel*, 1992, PUF.

DUHAMEL (O.), TUSSEAU (G.), *Droit constitutionnel et institutions politiques*, 4e éd., 2016, Seuil.

DUVERGER (M.), *Institutions politiques et droit constitutionnel*, 2 tomes, 1990, 1996, PUF.

FABRE (M.-H.), *Principes républicains de droit constitutionnel*, 1984, LGDJ.

FAVOREU (L.) et al., *Droit constitutionnel*, 22e éd., 2020, Dalloz, Précis.

FOILLARD (Ph.), *Droit Constitutionnel et institutions politiques*, 2018, Bruxelles, Larcier, Paradigmes.

GICQUEL (J.), GICQUEL (J.-E.), *Droit constitutionnel et institutions politiques*, 36e éd.; 2022-2023, LGDJ.

GOHIN (O.), *Droit constitutionnel*, 3e éd., 2016, LexisNexis, Manuels.

GUCHET (Y.), *Éléments de droit constitutionnel*, 1982, Albatros.

GUILLENSCHMIDT (M. de), *Droit constitutionnel et institutions politiques*, 3e éd., 2010, Economica.

HAMON (F.), TROPER (M.), *Droit constitutionnel*, 43e éd., 2022-2023, LGDJ, Manuel.

JACQUÉ (J.-P.), *Droit constitutionnel et institutions politiques*, 2016, Dalloz, Mémentos.

LECLERCQ (C.), *Droit constitutionnel et institutions politiques*, 10e éd., 2000, Litec.

LE POURHIET (A-M.), *Droit constitutionnel*, 7e éd., 2016, Economica, Corpus.

MEKHANTAR (J.), *Droit politique et constitutionnel*, 2e éd., 1999, Eska.

PACTET (P.), MÉLIN-SOUCRAMANIEN (F.), *Droit constitutionnel*, 2018, Sirey, Université.

PORTELLI (H), *Droit constitutionnel*, 2017, Dalloz, HyperCours.

PRÉLOT (M.), BOULOUIS (J.), *Institutions politiques et droit constitutionnel*, 1990, Dalloz.

TURPIN (D.), *Droit constitutionnel*, 2e éd., 2007, PUF, Quadrige.

VERPEAUX (M.), *Droit constitutionnel français*, 2e éd., 2015, PUF, Droit fondamental.

VIALLE (P.), *Droit constitutionnel et science politique*, 2 vols., 1998, L'Hermès.

ZOLLER (E.), *Introduction au Droit public*, 2e éd., 2013, Dalloz, Précis.

• Méthodologie et exercices corrigés

ARDANT (P.), *Droit constitutionnel et institutions politiques, préparation à l'examen*, 1997, LGDJ.

BARILARI (A.), GUÉDON (M.-J.), *Institutions politiques, plans détaillés*, 1998, Sirey, 1998.

BIDEGARAY (C.), EMERI (C.), SEURIN (J.-L.), *Droit constitutionnel et institutions politiques*, 1983, PUF, Thémis, exercices et corrigés.

CLESSIS (C.), ROBERT (J.), ROUSSEAU (D.), WAJSMAN (P.), *Droit constitutionnel*, 1997, Montchrestien, Exercices pratiques.

LECLERCQ (C.), CHALVIDAN (P.-H.), *Travaux dirigés de droit constitutionnel*, 2002, Litec.

LECLERCQ (C.), TRNKA (H.), *Droit constitutionnel*, 1997, Litec.

PACTET (P.), *Exercices de droit constitutionnel*, 1998, Dalloz.

THUMEREL (I.), TOULEMONDE (G.) et TURK (P.), *Principes fondamentaux de Droit constitutionnel*, 4e éd., 2016, Gualino, Exos LMD.

TURPIN (D.) (dir.), *Travaux dirigés Droit constitutionnel*, 1998, Gualino.

• Recueils de textes

DEBBASCH (Ch.), PONTIER (J.-M.), *Les constitutions de la France*, 1996, Dalloz.

DUVERGER (M.), *Constitutions et documents politiques*, 1996, PUF.

GREWE (C.), OBERDORFF (H.), *Les Constitutions des États de l'Union européenne*, 1999, La Documentation française, Retour aux textes.

MÉNY (Y.), *Textes constitutionnels et documents politiques*, 1989, Montchrestien.

PACTET (P.), *Textes de droit constitutionnel*, 1995, LGDJ.

RIALS (S.), *Textes constitutionnels français*, 2018, PUF, Que sais-je ?

RIALS (S.), BOUDON (J.), *Textes constitutionnels étrangers*, 2017, PUF, Que sais-je ?

RIALS (S.), MATHIEU (B.), VERPEAUX (M.), *Textes constitutionnels de la Ve République*, 2005, PUF, Que sais-je ?

• Ouvrages classiques

BARTHELEMY (J.), DUEZ (P.), *Traité de droit constitutionnel*, 1933, Dalloz, réimp. 1985, Economica.

CARRÉ DE MALBERG (R.), *Contribution à la théorie générale de l'État,* 2 tomes, 1922, Sirey, rééd. 1962, CNRS.

DUGUIT (L.), *Traité de droit constitutionnel*, 5 vols., 1929, De Boccard, rééd. 1972, CNRS.

ESMEIN (A.), NEZARD (H.), *Éléments de droit constitutionnel français et comparé*, 1928, Sirey.

HAURIOU (M.), *Précis de droit constitutionnel*, 1929, Sirey, rééd. 1965, CNRS.

LAFERRIÈRE (J.), *Manuel élémentaire de droit constitutionnel*, 1947, Montchrestien, Domat.

LIET-VEAUX (G.), *Droit constitutionnel*, 1949, rééd. 1984, Rousseau.

PINTO (R.), *Éléments de droit constitutionnel*, 1952, Morel et Corduant.

VEDEL (G.), *Manuel de droit constitutionnel*, 1949, rééd. 1985, Sirey.

• Revues

L'année politique, économique et sociale (créée en 1874).

Pouvoirs (revue française d'études constitutionnelles et politiques, créée en 1977).

Revue du droit public et de la science politique en France et à l'étranger (RDP, créée en 1893).

Revue française de droit constitutionnel (créée en 1990).

Revue française de science politique (RF sc. pol., créée en 1951).

Revue politique et parlementaire (RPP, créée en 1898).

• Sites internet

Assemblée nationale
http://www.assemblee-nationale.fr

Conseil constitutionnel
http://www.conseil-constitutionnel.fr

Gouvernement
http://www.gouvernement.fr

Journal Officiel
http://www.journal-officiel.gouv.fr

Présidence de la République
http://www.elysee.fr

Sénat
http://www.senat.fr

Service public de diffusion du droit
http://www.legifrance.gouv.fr

Index

V

W

100 %

PAPIER INTÉRIEUR
100 % RECYCLÉ

L'ouvrage que vous tenez entre vos mains est imprimé sur

papier 100 % recyclé.

Acteur de la transmission du savoir tout en étant toujours plus respectueux de l'environnement, Lextenso décide d'être le 1er éditeur juridique français à imprimer ses ouvrages sur du papier recyclé.

Cette évolution marque **une nouvelle étape dans la démarche écoresponsable** que nous avons initiée il y a plus de 5 ans : nous utilisons du papier d'origine européenne, issu de forêts gérées durablement et de sources contrôlées, des encres végétales et avons choisi d'imprimer en Europe (à moins de 500 km).

À l'horizon 2025, **notre ambition est d'éditer 80 % de nos ouvrages sur du papier recyclé.**

PEFC™
10-31-1316

PEFC recyclé

Ce produit est issu de sources recyclées et contrôlées.

www.pefc-france.org

IMPRIM'VERT®

Imprimé en France sur des papiers provenant exclusivement de l'Union européenne et issus de forêts gérées durablement par Dupliprint, 733 rue Saint-Léonard, 53100 Mayenne

Papier intérieur 100% fibres recyclées

Ce livre est imprimé sur un site sous management environnemental certifié AFAQ ISO 14001
Achevé d'imprimer en août 2022
Numéro d'impression : 2976083P
Dépôt légal : août 2022